Axel Oprotkowitz und Hagen Seehase

Ironsides

Die Geschichte des Englischen Bürgerkrieges

Verlagsanschrift: Schwarzenbergkaserne, Objekt 48, 5071 Wals.

Druck: Didi Jicha Print Management, Auerspergstraße 10, 5010 Salzburg.
ISBN: 978-3-901185-53-3

Come on my boys, my brave boys,
let us pray heartily and fight heartily,
I will run the same fortunes
and hazards with you,
remember the Cause is for God,
and for the defence of your selves,
your wives, and children:
Come my honest brave boys pray
heartily and God will bless us.

General Skippon

Danksagung
Wir möchten uns bei denen bedanken, ohne deren Mühe, Zuversicht, Talent und Hilfeleistung auf allen Ebenen dieses Buch nicht zustandegekommen wäre. In erster Linie wären das die Mitarbeiter des Österreichischen Milzverlages. Weiterhin gebührt David Th. Schiller ein großes Dankeschön.
Die vielen Reenactmentfotos von Linda und Nigel Hillyard (www.actiontake1.com). Dafür möchten wir an dieser Stelle unseren Dank aussprechen.
Und eine großer Dank auch an unsere Familien, die viel Geduld aufbrachten, während wir (wieder einmal) mit dem Verfassen von Büchern beschäftigt waren.
Hagen Seehase und Axel Oprotkowitz.

Inhaltsverzeichnis

König James I.

Die ersten Stuarts auf Englands Thron: James I. und Charles I.

Wir schreiben das Jahr 1603, ein Epochenwechsel kündigt sich an, der Hauptakteur, nicht ganz zu Unrecht „the wisest fool in christendom" genannt (oder gescholten), hatte aber zunächst nichts Wichtigeres zu tun, als Staatsvermögen zu verschleudern.

„Es war schon merkwürdig, da hatte eine tatkräftige Monarchin den Grundstein für die Weltmachtstellung einer Nation gelegt, der Erbe schien es gar nicht zu bemerken ..."

Als König James VI. Stuart von Schottland bei Berwick die englische Grenze überschritt, um in London zum König von England gekrönt zu werden, war der Jubel unbeschreiblich. Er trat die Nachfolge der politisch ausgesprochen erfolgreichen, in ihren letzten Regierungsjahren aber unpopulären Königin Elisabeth I. Tudor an. Die Reise nach London glich einem großen Triumphzug. Überall wurde der Stuart-König von begeisterten Menschenmassen begrüßt, es gab Volksfeste. Von Berwick bis London erhob James 300 Männer zu Rittern und er geizte auch sonst nicht mit Gnadenerweisen, mit denen Elisabeth I. so sparsam gewesen war. Und so triumphal die Herrschaft des neuen Herrscherhauses begann, so stabil und friedlich sie bei oberflächlicher Betrachtung erscheinen mag, sie barg schon den Keim ihres späteren Untergangs.

James VI. von Schottland war (und das war durchaus typisch für die Stuarts) schon im zarten Kindesalter auf den Thron gekommen. Er wurde am 19. Juni des Jahres 1566 als Sohn von Königin Maria Stuart („Mary, Queen of Scots") und Lord Darnley in Edinburgh geboren und am 29. Juli 1568 in Stirling gekrönt (derweil saß seine Mutter als Gefangene auf Loch Leven Castle). In den ersten elf Jahren seiner Herrschaft lag die Regierung in den Händen von vier einander nachfolgenden Regenten, von denen drei eines nicht ganz natürlichen Todes starben: Zwei wurden ermordet, ein weiterer zum Tode verurteilt und enthauptet. Der erste war James Stuart, der Earl of Moray, der ältere Halbbruder Maria Stuarts. Der Überlieferung nach wurde er am 23. Januar 1570 in Linlithgow von einem Hamilton erschossen, der sich hinter einer behängten Wäscheleine versteckt hatte. Das Haus, aus dem geschossen worden war, gehörte Erzbischof John Hamilton, der einige Monate später ohne viel Federlesens von den Anhängern Morays aufgehängt wurde.[1] Morays Nachfolger als Regent wurde der Earl of Lennox, er war Darnleys Vater und damit der Großvater des jungen Königs. Er sicherte sich mit englischer Waffenhilfe seine Position und hielt die Opposition der Anhänger von Maria Stuart nieder. Er residierte in Stirling, denn Edinburgh war eine Hochburg der exilierten und in England gefangenen Königin. Im August 1571 attackierten wilde Highlander die Stirling Plain. Clansmen der Hamiltons und der Gordons nahmen die Burg. Die Bürger der Stadt eilten zu den Waffen und jagten die Invasoren wieder hinaus, allerdings starb vorher noch

[1] Vgl. Prebble, John: The Lion in the North, Thousand Years of Scotland's History, London 1971, S.209.

der Regent durch die Klinge eines Gordons. Sein Nachfolger John Erskine, der Earl of Mar, starb nach nur wenigen Monaten an Melancholie, wie man sagte: An diesem Job konnte man auch verzweifeln. Sein Nachfolger James Douglas, der Earl of Morton, war der Champion der schottischen Protestanten. Mit englischer Hilfe nahm er Edinburgh Castle und machte damit die letzten Hoffnungen der schottischen Katholiken und der Anhänger Königin Marias zunichte.

Als James 12 Jahre alt war, überredeten ihn die Earls von Argyll und Atholl, den Regenten zu entlassen und stattdessen mit der Hilfe eines Geheimen Rates („Privy Council") zu regieren. Selbstverständlich gehörten beide Magnaten diesem Geheimen Rat an. Größten Einfluss auf den jungen König hatte sein Privatlehrer George Buchanan, ein Gelehrter mit extremen Ansichten. Er war Anhänger der radikalen Ausrichtung des Protestantismus und übertraf den 1572 verstorbenen John Knox noch an Rigorismus und glühendem Eifererturn. Bemerkenswert war auch sein fast pathologischer Hass auf Maria Stuart. Demgegenüber bewunderte Buchanan ausgerechnet den jämmerlichen Darnley, wohl den miesesten Charakter in der schottischen Geschichte. In diesem Sinne wurde James VI. erzogen: Die traumatisierenden Auswirkungen auf eine kindliche Psyche kann man sich ausmalen. Auf der anderen Seite war der junge König wohl der gebildetste Monarch Europas. Praktische Vernunft besaß er wohl nicht.

Im September 1579 kam ein entfernter Verwandter von Darnley, der Franzose Esme Stuart, Seigneur d'Aubigny, an den schottischen Hof.[2] Er gewann rasch des Königs Freundschaft und wurde mit Ehrungen überhäuft. Er erhielt die Grafschaft Lennox. Sein Spießgeselle wurde James Stewart of Ochiltree, ein alter Haudegen, den der König zum Earl of Arran erhob. Gemeinsam brachten die beiden Aufsteiger den alten Morton vor Gericht. Er wurde enthauptet, sein Kopf nach alter Väter Sitte auf eine Lanze gesteckt. Schottische Magnaten fürchteten den Einfluss dieser Emporkömmlinge und beschlossen, etwas zu unternehmen.

Im August 1582 jagte James in der Nähe von Perth. William Ruthven, der 1. Earl of Gowrie, entführte zusammen mit dem Earl of Mar und dem Earl of Glencairn den jungen König nach Huntingtower Castle, um ihn dem Einfluss ihrer Rivalen (namentlich Lennox und Arran) zu entziehen.[3] Zehn Monate lang hielten der Earl of Gowrie und seine Mitverschwörer den König gefangen und regierten das Land im Namen des Königs. Lennox hatte sich beizeiten in Sicherheit gebracht, Arran kam in den Kerker. Im Juni 1583 entkam James und die Earls von Atholl und Huntly erschienen mit ihren Highlandern zu seiner Unterstützung. Die meisten der „Gowrie-Verschwörer" verließen fluchtartig das Land, nur der Earl of Gowrie blieb. Er fühlte sich zu sicher. Arran, mittlerweile der Kanzler des Königs, brachte ihn mit einer Intrige aufs Schaffott.[4]

---

[2] Dieser Zweig der Stuarts stammte von während des Hundertjährigen Krieges als Söldner nach Frankreich gegangenen Familienmitgliedern der Stewarts of Darnley ab.
[3] Vgl. Preble, The Lion in the North, S. 220.
[4] Vgl. Haigh, Christopher: Politics in an Age of Peace and War, in: Morrill, John (Hg.): The Oxford illustrated history of Tudor and Stuart Britain, London u.a. 1996, S. 330 - 360, hier: S. 333.

Im Mai 1584 brachte der König mit den sogenannten „Black Acts" das Parlament („General Assembly") unter seine Kontrolle. 1585 stürzte Königin Elisabeth von England Arran. In einer Border-Fehde war ein Sohn des Earls of Bedford getötet worden, Elisabeth machte Arran verantwortlich und verlangte seine Auslieferung. James VI. lehnte ab und die englische Königin schickte die nach England geflüchteten Verschwörer der Gowrie-Conspiracy heim – diskret verstärkt mit englischem Geld und englischen Waffen. Der Lowlandadel und die protestantische Kirche (die „Kirk") kamen zu ihrer Unterstützung. Der schottische König verschanzte sich mit Arran und einigen Getreuen auf Stirling Castle. Arran war entschlossen, bis zum Äußersten Widerstand zu leisten, nur leider hatte die Burg keine Lebensmittelvorräte. Der König wurde gezwungen, Arran zu verbannen. Der kehrte zehn Jahre später heimlich zurück, doch sein Inkognito als „Captain Stewart" flog auf, er wurde von einem Verwandten Mortons getötet: das Gedächtnis der Douglases war lang.[5] In der Auseinandersetzung mit der Kirk hatte der König zunächst Erfolg, im Mai 1586 kam es zu einer Übereinkunft mit der General Assembly, dass der König Bischöfe einsetzen dürfe, die aber der Bestätigung der Assembly bedurften.

Ein anderes Problem war der Haushalt. Der König war schlicht und ergreifend durch eine zu aufwendige Hofhaltung an den Rand des Bankrotts geraten. Auf den Rat seines Kanzlers John Maitland of Thirlestane zog er alle episkopalen Pfründe ein. Das brachte zwar Geld in die Kassen, aber der König nahm sich die Möglichkeit, treue Gefolgsleute mit lukrativen Posten zu belohnen.

Mittlerweile hatte die englische Königin König James gegenüber diskret versichert, sie würde seinen Anspruch auf den englischen Thron nicht bestreiten. Allerdings benannte sie ihn keineswegs als Nachfolger und da existierte noch ein Akt des englischen Parlaments, der James von der Thronfolge ausschloss. Die diskrete Zusicherung James gegenüber reichte, sein Stillhalten in der Frage des weiteren Schicksals seiner Mutter zu erkaufen. Die saß auf Schloß Fotheringhay, und alle Versuche englischer oder schottischer Adliger, ihre Befreiung zu bewerkstelligen, waren nicht nur ins Leere gegangen, sondern hatten die Entschlossenheit der englischen Königin bestärkt. 1587 wurde Maria Stuart in Fotheringhay enthauptet. Damit löste Elisabeth vordergründig das militärische Eingreifen Philipps von Spanien aus, tatsächlich liefen die Vorbereitungen für die „Gran Armada" schon etwas länger. Schottland wäre für den spanischen König ein wichtiger Verbündeter gewesen, sehr zur Enttäuschung großer Teile des schottischen Adels hielt James VI. sein Land aus dem Krieg heraus, seine Neutralität hielt so den Engländern den Rücken frei. Allerdings scherten sich einige Clanchiefs im Norden nicht um die königlichen Ordern und ließen spanische Schiffe ihre Häfen anlaufen.

Der König widmete sich inzwischen seinen dynastischen Pflichten und wählte unter den möglichen Anwärterinnen Anne von Dänemark als zukünftige Königin aus. Sie war hübsch, freundlich, ausgeglichen und einfältig. James segelte im Oktober 1589 nach Oslo. Die Hochzeit wurde ausgelassen gefeiert und James

[5] Vgl. Prebble: The Lion in the North, S.221.

schien seine Zeit als Gast des dänischen Hofes sehr genossen zu haben. Jedenfalls kehrte er erst im Mai 1590 zurück. Die Ehe entwickelte sich zu einer Pflichtübung, allerdings erfüllte sie ihren dynastischen Hauptzweck: Drei Söhne und vier Töchter wurden geboren.[7]

1589 hatten englische Agenten belastende Korrespondenz zwischen schottischen Adligen und dem spanischen König abgefangen. Der Hauptbeschuldigte war George Gordon, der Earl of Huntly. Die Gordons hatten die Ohnmacht des Königtums in den vergangenen Jahrzehnten dazu ausgenutzt, ihre Macht in den Highlands beträchtlich auszuweiten. Gordon of Huntly wurde verhaftet und vor den König gebracht, der ihm in einer sentimentalen Szene versicherte, dass er an seine Unschuld glaube. Vor den Toren Edinburghs demonstrierten Huntlys Verbündete geradezu, dass der König irgendwie falsch lag, sie marschierten gegen die Stadt. Ihre Armee fiel aber ohne Feindberührung auseinander und die ganze Angelegenheit verlief im Sande. Nicht jedoch für Francis Stewart, den Earl of Bothwell. Er war ein Enkel jenes berühmten Bothwell (wir erinnern uns: der dritte Gemahl von Maria Stuart) und lebte auf der dünnen Grenzlinie zwischen Genialität und Wahn. Die Öffentlichkeit hielt ihn allen Ernstes für einen Hexenmeister (Hexenglauben war seinerzeit in Schottland sehr verbreitet), tatsächlich war er zumindest zeitweise ein gefährlicher Irrer. Einmal schlug er sich auf die Seite der Protestanten, das andere Mal auf die der Katholiken. Am ständigen Kleinkrieg entlang der Grenze hatte er regen (sprich lukrativen) Anteil. Einmal unternahm er mit seinen Borderern eine Attacke auf das Edinburgher Stadtgefängnis, den Tolbooth, und befreite einen seiner Leute. Als in North Berwick ein paar Frauen der Hexerei angeklagt wurden, belasteten sie Bothwell schwer. Der König war nur zu gerne bereit, den ganzen Unsinn zu glauben und ordnete die Verhaftung des Earls an. Der entkam aus dem Gefängnis und begab sich mit Hilfe seiner Freunde aus den Borders nach England. Weihnachten 1591 kehrte er zurück. Er drang in Edinburgh ein und schlug vor den Toren des königlichen Schlosses Holyrood Krawall. Dann vertrieben ihn die Bürger der Stadt. Bothwell sammelte dreihundert Mann und versuchte, den König zu entführen. Das misslang, aber Bothwell klopfte erneut an die Türen von Holyrood. Diesmal verlangte er selbst ein Verfahren wegen Hexerei, das wurde abgelehnt. Er verschwand aus Schottland und verstarb verarmt in Neapel.

James ging gegen die angeblichen oder tatsächlichen Verbündeten Bothwells vor und nahm den jungen James, Earl of Moray und Schwiegersohn des alten Regenten, ins Visier. Der „Bonnie Earl of Moray" gehörte auch zum Clan Stewart und hatte in der Burg Doune Castle in gefährlicher Nähe zu Stirling seine Basis. Der Earl sollte verhaftet werden. Den Auftrag dazu erteilte der König niemand anderem als dem Earl of Huntly aus dem Clan Gordon, der nur zu gerne annahm. Mit den Earls of Moray lagen die Gordons nämlich schon seit langem in Fehde. Huntly legte den Befehl des Königs sehr flexibel aus, er dachte gar nicht daran, den Earl lebendig zu fangen. Das hätte dem König bewusst sein müssen, vielleicht

---

[7] Vgl. Delderfield, Eric R.: Kings & Queens of England & Britain, Newton Abbot 1990, S.76.

stimmt es sogar wirklich, dass der „Bonnie Earl" der Geliebte der Königin war (wie es in einer berühmten Ballade heißt). Huntly jedenfalls machte sich mit vierzig ausgesuchten Kriegern des Clans Gordon auf den Weg. Bei Donibristle fanden sie ihr Opfer. Anstatt den „Bonnie Earl" zu arretieren, erschlugen Huntlys Leute ihr Opfer. Der König sanktionierte die Bluttat nachträglich durch eine lächerlich geringe Strafe, die er Huntly aufbrummte. Wenn er auch dem König in dieser Angelegenheit nützlich war, der Earl of Huntly war ein Gentlemen höchst gefährlicher Natur. Ambitioniert und in religiösen Angelegenheiten sehr eigen (das heißt katholisch), ließ er sich tatsächlich auf ein Bündnis mit dem spanischen König ein, dem sich die Earls von Errol und Angus anschlossen. Ziel war nichts weniger als die Wiedereinführung der alten katholischen Konfession und ein Einmarsch in England. Der erst neunzehnjährige Earl of Argyll aus dem Clan Campbell wurde mit der Bekämpfung Huntlys betraut. Der junge Earl brachte 12.000 Highlander auf die Beine, Campbells, MacGregors, MacNeils, Grants, Mackintoshes und MacLeans.[8] Die Gordons und die Hays (der Earl of Errol war ihr Chief) wurden jedoch von den kampfstarken Camerons unterstützt und besiegten 1594 in einer äußerst blutigen Schlacht bei Glenlivat die Streitkräfte Argylls. Nun setzte sich der König (gezwungenermaßen) an die Spitze seiner Armee und die Rebellen zogen sich kampflos zurück. Bei der Strafexpedition wurden die Residenzen der aufrührerischen Earls niedergebrannt, dann gaben die Rebellen auf. Ihnen wurde gnädigst vergeben, sie konnten ihre Residenzen wiederaufbauen. Für die Unterstützung der Campbells war der König dankbar, aber nicht so dankbar, dass er ihnen die unangefochtene Position als „Polizei" des Königs in den Highlands zugestanden hätte. Immerhin standen seit den Tagen von John Knox die Chiefs der Campbells der Kirk sehr nahe. James VI. erhob den Earl of Huntly zum Marquis und machte ihn wieder zum königlichen Lieutenant in den Highlands (daher der Name „Cock of the North").

Der König hatte so seine liebe Not mit den Hochländern, deren Mentalität er trotz seines Stuart-Blutes nicht verstand. 1597, als sich MacDonalds und MacLeans auf Islay bekriegten und die Clans des Nordens blutige Fehden im Strathnaver austrugen, versuchte der König, Ordnung durchzusetzen. Der König bestand darauf, dass jeder Chief für seine Ländereien königliche Titel vorweisen müsse, die im Falle von Missbetragen wiedereingezogen werden könnten. Viele Chiefs hatten aber von vornherein gar keine feudalen Titel und kämpften für ihren angestammten Landbesitz. Die Stewarts of Appin, die MacDonalds of Glencoe und die MacGregors erschienen trotz königlicher Vorladung gar nicht bei Hofe. Da das beste Mittel gegen Highlander eben Highlander waren, beauftragte der König mit den infamen „Writs of Fire and Sword" andere Clans mit der Befriedung der Highlands.[9] Das Resultat

[8] Die Briten würden es eine „uneasy alliance" nennen: Die MacGregors waren keine Freunde der Campbells, ebensowenig die MacLeans (deren Chief Lachlan Mor MacLean ein glühender Protestant war), die MacNeils waren dem Katholizismus gar nicht so abhold und führten ihn auf ihren Territorien wieder ein.

[9] Entlang der Westküste gab es von 1596 bis 1608 fünf derartige Strafexpeditionen: betroffen waren die MacGregors, die MacDonalds, die MacLeans und die MacLeods. Vgl. Kenyon, John u. Ohlmeyer, Jane: The Background to the Civil Wars, in: Dies.: The Civil wars, A Military History of England, Scotland and Ireland, 1638 - 1660, Oxford 1998, S. 3 - 40, hier: S. 6.

waren regierungsseitig sanktionierte Clanfehden. Besonders die Earls of Argyll (aus dem Clan Campbell), Sutherland (Clan Sutherland), Seaforth (Mackenzie) und der Marquis of Huntly (Gordon) taten sich hervor.

In den Highlands gab es viele Chiefs, die keinen feudalen Titel für „ihr" Land vorweisen konnten. Oft war der feudale Lehnsherr ein Fremder, die Loyalität der Clansmen gehörte aber ihrem Chief. So waren die MacDonells of Keppoch und die Camerons de jure Untergebene eines feudalen Landlords. Viele Hochadlige kauften Schulden insolventer Highland-Chiefs auf oder liehen ihnen Geld (und als Sicherheit verlangten sie die Anerkennung der Lehnshoheit). Auf diese Weise konnten besonders die Campbells im Westen der Highlands und die Mackenzies im hohen Norden der Highlands ihren Einflussbereich vergrößern. Aber auch jenseits der Highland-Line gab es Zwist und Hader. In Galloway kam es zu einer großen Fehde zwischen zwei Linien der Familie Kennedy. Die Kennedys of Cassilis und die Kennedys of Bargany bekämpften sich bis aufs Messer, in einer Schlacht bei Maybole im Jahre 1601 erreichte die Auseinandersetzung ihren Höhe-, nicht aber Endpunkt. Eine Mordserie innerhalb dieser Familie hielt noch einige Zeit die Region in Atem.

Mittlerweile war James VI. mit anderen Angelegenheiten beschäftigt. Seit 1601 stand James in geheimen Kontakt zu Elisabeths Kanzler Robert Cecil. Dieser sicherte sich die Unterstützung der Befehlshaber von Armee und Flotte, um eine reibungslose Inthronisation des Schottenkönigs zu garantieren. 70-jährig verstarb Elisabeth I. von England am 24. März 1603 in Richmond. Ihr Tod löste in London eine Situation angespannter Ruhe aus, diese Stimmung hielt einen Tag vor, dann brach großer Jubel aus. Die Königin war in ihren letzten Jahren sehr unpopulär gewesen. Seit 1590 ging es mit der Prosperität bergab, die Tage der Ausplünderung des spanischen Imperiums durch englische Freibeuter gingen zu Ende. Die Ratgeber Königin Elisabeths starben: 1588 Leicester, 1590 Walsingham, 1598 Lord Burleigh senior. Das Jahr 1600 sah noch einmal einen militärischen Triumph der englischen Waffen über den spanischen Glaubensfeind. Lange schon hatte Elisabeth die niederländischen Aufständischen gegen die spanische Krone unterstützt. Am 2. Juli 1600 kam es bei Nieuport zur Schlacht zwischen 12.500 Soldaten der spanischen Krone (Spanier, Italiener, Wallonen und pikanterweise auch Anglo-Iren) unter Erzherzog Albrecht von Österreich und rund 10.000 niederländischen, friesischen und englischen Soldaten unter Fürst Moritz von Nassau. Die Entscheidung führte die Vorhut der niederländischen Armee herbei, in der zwei englische Regimenter unter Sir Francis Vere standen.[10]

Der Earl von Essex, einer der Günstlinge der englischen Königin, löste die letzte Krise in der Regierungszeit der Königin aus. Er war eifersüchtig auf Sir Robert Cecil, Lord of Burleigh (den Sohn William Cecils) und neidete dem die Ernennung zum Kanzler. Außerdem fühlte er sich abgeschoben, tatsächlich war er Befehlshaber in Irland. Also kehrte er ohne königliche Erlaubnis nach England zurück und wurde

[10] Vgl. Heath, Ian: Armies of the Sixteenth Century, St. Peter Port 1997, S.23.

deshalb für ein Jahr inhaftiert. Nach seiner Entlassung sammelte er einige hundert Adelige um sich und marschierte nach London. Der Aufstand, den er entfachte, brach schnell zusammen. 1600 wurde er nach kurzem Hochverratsprozess hingerichtet. Pikanterweise war einer seiner engsten Vertrauten und Protegees, Sir Francis Bacon, an der Abfassung der Anklageschrift beteiligt. Bacon, der ein großer Philosoph und Wissenschaftler war, hatte zum engeren Kreis einer Schauspieler- und Künstlergruppe gehört, die von Essex finanziell und auch sonst in jeder Weise unterstützt worden war.

Mit dabei war auch ein Mann aus Stratford-upon-Avon, Shakespeare mit Namen, dem man damals schon die Urheberschaft an einigen seiner exquisiten Dramen, Romeo und Julia beispielsweise, nicht überall abnehmen wollte. Er war z.B. nie in Italien gewesen. Bacon jedoch schon, der mit dem italienischen Philosophen Giordano Bruno einen regen Briefwechsel pflegte.[11]

1601 beschwerte sich das Parlament über die Lizenzen und Monopole der Krone. Das war mutig und es war neu: Königin Elisabeth hatte das Parlament immer im Griff gehabt und sich bisweilen wenig zimperlich im Umgang mit den Parlamentariern gezeigt. Besonders Cecil hatte so seine Methoden, um Abstimmungsergebnisse zu seinen Gunsten zu manipulieren. 1593 hatte er einmal die Türen des Unterhauses zusperren lassen, bis die Gesetzesvorlage die notwendige Mehrheit erhalten hatte. Immerhin konnte sich das englische Königreich der Tatsache rühmen, dass seine Untertanen die am geringsten besteuerten in Europa waren. Vermutlich reagierten sie auch europaweit am empfindlichsten, wenn ihnen der Staat in die Tasche greifen wollte, auf dem Kontinent war man ja solchen Kummer gewohnt.

Mit gespannter Erwartung freute sich die Mehrheit der rund vier Millionen Engländer und Waliser auf den schottischen König, der nun auch der ihre werden sollte. Am 3. April 1603 verabschiedete sich James VI. von Schottland in St. Giles von seinem Volk und brach nach London auf. Diese eine Woche[12] – Elisabeth war am 24. März verstorben – hatte den wilden Borderern an der Grenze England-Schottland genügt, eine Orgie von Verwüstung, Plünderung und Gewalt auszulösen. Mit der in den Highlands erprobten Taktik und Rücksichtslosigkeit[13] ging James gegen sie vor. Er beauftragte ausgerechnet einen der wildesten Borderer, Scott of Buccleuch, die Region zu befrieden. Der ging enthusiastisch ans Werk und

---

[11] Francis Bacon, geb. am 22. 1. 1561, gestorben am 9. 4. 1626.

[12] Sechs Tage nach dem Tod Elisabeths ging in Nordirland die Rebellion von Hugh O'Neill, dem Earl of Tyrone, zu Ende. O'Neill hatte seit 1594 den Aufstand gegen die englische Krone angeführt und trotz gelegentlicher Siege (Schlacht an der Yellow Ford 1598) und trotz spanischer Waffenhilfe (Landung in Kinsale 1601) zuletzt vor Lord Mountjoy kapitulieren müssen. Vgl. Beckett, James C.: Geschichte Irlands, Stuttgart 1977, S. 73 - 75.

[13] 2.000 Angehörige des gewaltätigen Borderclans Graham wurden in die Niederlande geschickt – bei Androhung der Todesstrafe im Falle einer Rückkehr. James wurde auf diese Art und Weise nicht nur die Störenfriede aus dem Eksdale los, er verstärkte noch die in den Niederlanden kämpfenden englischen Truppen. 1598 hatte Elisabeth den militärischen Schutz der Niederlande, den sie 1585 übernommen hatte, abgebrochen. Sie hatte eine Brigade von 8.000 Mann (darunter ein Drittel Schotten) unter Sir Francis Vere zurückgelassen. Diese Brigade wurde ein Teil der niederländischen Armee und zeichnete sich bei der Verteidigung von Oostende 1601 - 1604 besonders aus. Die streitbaren Borderer waren eine willkommene Verstärkung.

dem Wunsch des Königs entsprechend wurde aus dem ehemaligen Grenzland (nun in der Mitte des Reiches gelegen) eine relativ stabile Region. Natürlich gab es immer noch von Zeit zu Zeit Ärger mit Bewohnern, die vom angestammten Handwerk nicht lassen konnten, diese sogenannten „Moss Troopers" machten weiterhin die Gegend um den Hadrianswall unsicher.

Als König von Schottland war James VI. so sehr damit beschäftigt gewesen, sich auf dem Thron zu halten, dass jede soziale, wirtschaftliche oder religiöse Innovation unter dem Aspekt betrachtet wurde, ob sie die Herrschaft des Königs nun stabilisierte oder nicht.

Die Finanzpolitik des Königs war eine reine Katastrophe, seine Religionspolitik ähnlich schlimm. Dabei war sein Regierungsantritt von vielen religiösen Gruppen, den irischen Katholiken genauso wie den englischen Puritanern, begrüßt worden. Der Grund war einfach der, dass weder Katholiken noch Puritaner von Elisabeth I. viel erwarten konnten, obwohl diese kluge Monarchin alles andere als religiös fanatisch veranlagt war. Viele erwarteten von James einfach eine Besserung, obwohl diese Hoffnungen vielfach unbegründet und naiv waren. James musste die Hoffnungen vieler einfach enttäuschen. Die „häuslichen" Probleme, also die uralten Fehden und Friktionen des heimatlichen Schottland, waren natürlich auch nicht behoben.

Die Gefahr, die von den mächtigen Highlandclans ausging, hatte der König mitnichten gebannt, sie war nur verlagert worden. Durch den Balanceakt zwischen Gordon und Campbell hatte der König die Position des Throns zwar kurzfristig stärken können. Den Ruf der Prinzipientreue hatte er sich aber nicht erworben. Das königliche Beispiel der wechselnden Allianzen machte Schule, da es sich kaum von der gängigen Regierungspraxis des ganzen 16. Jahrhunderts in Schottland unterschied. Vor allem hatten sich die Spannungen zwischen Hochländern und Lowlandern in der Regierungszeit König James als schottischer König (durch verfehlte Siedlungspolitik) verschärft, sie sollten sich in seiner Regierungszeit als König von England und Schottland noch weiter zuspitzen.

Schon auf seiner Reise nach London erhob James viele seiner neuen Untertanen in den Ritterstand, in den ersten vier Monaten schlug er mehr Engländer zum Ritter, als es Elisabeth I. während ihrer ganzen Regierungszeit getan hatte.[14] James ging sehr großzügig mit Pensionen, Beförderungen und Steuerbefreiungen um, was den Staatshaushalt natürlich stark belastete. Die so gewonnene Popularität verspielte er aber sehr schnell mit seiner Religionspolitik. Eine seiner ersten Amtshandlungen war die Hampton Court Conference, zu der 14 episkopale Geistliche und nur vier puritanische Kleriker eingeladen waren. Gerade die Puritaner erhofften sich viel von dem im presbyterianischen Schottland aufgewachsenen König. Der jedoch schlug sich voll und ganz auf die Seite der Hochkirche und drohte, alle religiösen Opponenten des Landes zu verweisen. Einige dieser nahmen Verbindungen auf zur

[14] Vgl. Haigh: Politics in an Age of Peace and War, S. 346. Ähnlich sah es mit den Erhebungen in den erblichen Adelsstand aus: Gegen Ende der Regierung Elisabeths I. gab es rund 60 Peers, 1640 dagegen schon 140.

schottischen Kirk, manche gingen in den Untergrund. Einige verbotene Kongregationen suchten Zuflucht in Holland, darunter auch die Gemeinde von Scrooby aus Nottinghamshire: Später, im Jahre 1620, segelten sie auf der „Mayflower" nach Nordamerika und gründeten dort Plymouth.

Den englischen Katholiken versprach James I. Tolerierung. Er hob die Strafgesetze gegen die Katholiken auf, die auch unter Königin Eliabeth nie besonders konsequent gehandhabt worden waren. Theoretisch waren Katholiken von öffentlichen Ämtern ausgeschlossen und die Nichtteilnahme am anglikanischen Gottesdienst (im Kultus dem katholischen ohnehin sehr ähnlich) wurde bestraft. In den Midlands und besonders im Norden Englands (den Borders, Lancashire und Yorkshire) hatte sich der Katholizismus gehalten. Als James I. verkündete, Katholiken könnten ihre Religion frei ausüben, wenn sie sich loyal der Krone gegenüber verhielten, traten viele Katholiken an die Öffentlichkeit. Es waren so viele, dass König und Parlament einen Schrecken bekamen und sich beeilten, die Strafgesetze wieder in Kraft treten zu lassen. Die Katholiken fühlten sich betrogen. Der „Gunpowder Plot" von 1605 war die logische Konsequenz.

Eine Gruppe englischer Katholiken unter der Führung des ehemaligen Artillerieoffiziers Guy Fawkes versuchte am 5. November 1605, das Parlament während der Eröffnungssitzung in die Luft zu sprengen und so König, Unter- und Oberhaus auszulöschen.[15] Fawkes war ein 1570 geborener Gentleman aus Stonegat in Yorkshire, er hatte seine Güter verkauft und als Sprengmeister in spanischen Diensten gegen die Niederländer gekämpft. Der Anschlag schlug fehl, weil ein Mitverschwörer (man vermutet Dorothy Selby, Ehefrau von William Selby) die Nerven verlor und am 26. Oktober ein anonymes und einigermaßen vages Warnschreiben an einen Edelmann (William Parker, Lord Monteagle) schrieb, der Verbindungen zum königlichen Rat hatte. Hintergrund war die Befürchtung einiger Verschwörer, die Explosion könnte auch einige katholische Peers töten, die man auf diese Weise warnen wollte. Am 5. November durchsuchte der Lord Chamberlain Thomas Howard, Earl of Suffolk, den Keller des Parlaments in Begleitung von Monteagle und John Whynniard. Man fand Fawkes, der mit den Vorbereitungen zur Sprengung weitermachte. Fawkes wurde zu den herumliegenden Gegenständen befragt und er antwortete, sie gehörten Thomas Percy, in dessen Auftrag er hier im Keller arbeite. Dabei beließ man es fürs erste. Fawkes warnte noch Percy und ging dann ziemlich unbeeindruckt wieder zurück in den Keller. Mittlerweile war eine zweite Durchsuchung anberaumt worden, diesmal unter der Leitung von Sir Thomas Knyvett, einem Magistrat Westminsters. Kurz vor Mitternacht betrat der Suchtrupp den Keller. Man fand Fawkes, der hatte eine Uhr bei sich, sowie Luntenschnur. Corpus delicti waren aber auch die 36 Fässer Pulver, die im Keller standen. Man vernahm Fawkes, sogar der König persönlich befragte ihn, und Fawkes antwortete trotzig, er habe die Schotten zurück nach Schottland

---

[15] Vgl. Russell, Conrad: The Reformation and the Creation of the Church of England, 1500 - 1640, in: Morrill, John (Hg.): The Oxford illustrated history of Tudor & Stuart Britain, Newton Abbott 1996, S. 258 - 292, hier: S. 288.

Iustitia
De octo co
diebus 30.
Sumtum q
Sed tamen
rationem,h

Die Hinrichtung der „Pulververschwörer“.

sprengen wollen. Sonst verriet er nicht allzu viel. Der König ordnete an, gegen Fawkes sollten Foltermethoden angewendet werden, wobei mit den „milderen" anzufangen sei (das englische Recht verbot die Folter, es sei denn sie wurde vom König bzw. dem Privy Council angeordnet). Am 7. November gestand Fawkes seinen richtigen Namen und am 9. November die Namen weiterer Mitverschwörer. Die anderen Beteiligten wurden gefasst und zum Tode verurteilt. Am 31. Januar 1606 wurden Guy Fawkes, Thomas Wintour, Ambrose Rookwood und Robert Keyes zum Old Palace Yard in Westminster geführt, um hingerichtet zu werden.

Fawkes sollte gehängt, gestreckt, gevierteilt werden. Er kletterte aber so hoch auf der Leiter, dass der Sturz mit der Schlinge um den Hals so tief war, dass er sich gleich das Genick brach.

Diese „Pulververschwörung" und die dadurch ausgelösten Repressalien belasteten nicht nur das Verhältnis zum katholischen Spanien, mit dem James eine Verständigung und einen dauerhaftes Friedensverhältnis suchte, es desavouierte den König auch in den Augen beider Konfessionen: Die Katholiken warfen ihm Betrug vor, die radikalen Protestanten zu große Nachgiebigkeit gegenüber den „Papisten", den Katholiken. Es folgte eine Welle von antikatholischen Übergriffen, besonders gefährdet waren Geistliche des Jesuitenordens. Der 1604 mit Spanien geschlossene Friede hielt jedoch. James ging soweit, Sir Walter Raleigh, einen notorischen Piraten und Freibeuter, der der spanischen Schiffahrt immense Verluste beigebracht hatte, aber auch bewährter Soldat und treuer Diener der englischen Krone war, zu opfern. Raleigh hatte auf einer Fahrt nach Guyanna 1617 ein Gefecht mit spanischen Streitkräften gehabt. Er wurde 1618 im Tower enthauptet.[16]

Von den Beratern Elisabeths entließ der König zunächst nur Fortescue. Das „Privy Council", das Kabinett Elisabeths, erweiterte er um einige englische Adlige, um zwei Ratspräsidenten von Provinzräten und um vier Schotten. Bald ging in England das Gerücht, König James wolle die Regierung den Schotten überlassen, tatsächlich schuf er neben dem „Privy Council" noch einen zweiten Machtzirkel, die „Bedchamber", die aus Schotten bestand. So groß war das Misstrauen gegen die Schotten, dass schon 1604 die Idee von James I., ein Königreich Großbritannien zu schaffen, schlichtweg vom Parlament abgelehnt wurde. James nannte sich vom Oktober 1604 an James I., König von England, Schottland, Irland und Frankreich.[17]

Von 1619 bis 1625 wurden in England neue Goldmünzen geprägt. Sie hatten einen Nennwert von 20 Shilling und zeigten James I. im Lorbeerkranze, was bis dato in England völlig unüblich war. Diese Münzen nannte man nach dem Motiv „Laurels".

Am 21. März 1610 hielt James eine absolut unenglische Rede über den göttlichen Ursprung des Königtums. Das war an sich schon lächerlich, in England musste es ihm nur Feinde bringen. Vermutlich hatte James gar nicht einmal daran gedacht, die

---

[16] Nicht nur als Kapitän hatte Raleigh der Krone gedient, er hatte auch Kolonien in Amerika gegründet und die elisabethanische Siedlungspolitik in Irland unterstützt.

[17] Der Anspruch auf letzteres war ein jahrhundertealter, inzwischen allerdings nur rhetorischer Titel. Trotzdem wurde er erst im 19. Jahrhundert von der englischen Krone aufgegeben.

Rechte des Parlaments und damit eine der Säulen der englischen Staatsverfassung anzutasten, aber so hörte es sich an. Es war eben eine dumme Rede.

Die Finanzen entwickelten sich, wie erwähnt, kritisch: 1603/04 gab James 2.186 Pfund aus der Staatskasse an englische Untertanen, im gleichen Zeitraum aber 12.749 Pfund an Schotten. Dazu war er in gewisser Weise gezwungen, um in Schottland Ruhe zu erkaufen; und weil er die schottischen Pfründe schon längst vereinnahmt hatte, musste er damit nun die englische Staatskasse belasten. Das machte böses Blut, man erwartete nach dem Ende des endlos teuren Ringens mit Spanien nun eine billige Regierung. 1608 betrug die Staatsverschuldung 600.000 Pfund, und jährlich kamen Schulden in Höhe von 178.000 Pfund hinzu.[18] Alle Versuche, dem Finanzdilemma zu entrinnen, brachten klägliche Ergebnisse.

Bis zum Tode Robert Cecils (nun Earl of Salisbury) 1612 führte James die elisabethanische Politik im Großen und Ganzen fort. Das Parlament irritierte jedoch die Angewohnheit von König James I., göttliches Recht für sich zu reklamieren. Das Oberhaus stieß sich an der Praxis des Königs, Günstligen niedriger Geburt sein Ohr zu leihen (insbesondere, wenn sie Schotten waren). Einer von ihnen war Robert Carr, der als Earl of Somerset der erste Schotte im englischen Oberhaus wurde. James überließ die Politik mehr und mehr Somerset. Angeblich lief nichts in England ohne eine Bestechungssumme an Somerset. Dieser wurde von einem politischen Zirkel um den Earl of Pembroke gestürzt. Somerset wurde zusammen mit seiner Frau der Prozess wegen Mordes gemacht, beide wanderten in den Kerker. Der Prozess war der politische und gesellschaftliche Skandal in England. Zwar wurde das Ehepaar begnadigt, wurde aber vom Hofe verbannt. Somersets Nachfolger (nach einem Intermezzo mit Francis Bacon als Lordkanzler im Jahre 1618 - 1621) wurde der ambitionierte und leichtsinnige George Villiers, seit 1616 im Oberhaus, ab 1617 Earl of Buckingham, ab 1618 Marquis of Buckingham. Der alte Adel hasste ihn und man nahm dem König seine Protektion für Buckingham übel. Mit ihm begann eine Phase der außenpolitischen Aggressivität. Buckingham okkupierte fast alle wichtigen Bereiche der Regierung (mit der Rückendeckung des Parlaments), was James I. zumindest aber die Gelegenheit verschaffte, das heimatliche Schottland zu besuchen. Die Regierungsgewalt in den Highlands hatte er seinen Lieutenants, dem Earl of Argyll und dem Marquis of Huntly, überlassen. In gewissem Umfang wurden auch den Mackenzies of Kintail Ordnungsaufgaben übertragen. Allerdings sah sich der König von Zeit zu Zeit genötigt, zu intervenieren.

Unter dem Regiment von Buckingham ging außenpolitisch so manches schief. Elisabeth, die einzige überlebende Tochter des Königs, wurde dem Kurfürsten von der Pfalz, Friedrich V., angetraut. Die temperamentvolle Elisabeth weigerte sich, Deutsch zu lernen, brachte die Hofhaltung in Heidelberg (der kurpfälzischen Hauptstadt) durcheinander und stritt sich mit der Familie Friedrichs. Es wurde eine echte Liebesbeziehung (der für das Stuartkönigtum so wichtige Prinz Rupert entstammte dieser

[18] Vgl. Haigh: Politics in an Age of Peace and War, S. 349 - 350.

Verbindung). Allerdings wurde sie überschattet durch den eklatanten Fehlgriff des ehrgeizigen Kurfürsten: Er ließ sich von dem böhmischen Adel zum König krönen. Damit hatten die protestantischen Fürsten (deren Champion er war) eine Mehrheit im Kurfürstenkolleg, was wiederum die Position der katholischen Habsburger (ohnedies im Konflikt mit dem böhmischen Adel) bedrohte. Der Dreißigjährige Krieg brach aus, das habsburgische Spanien trat an die Seite der österreichischen Vettern, die katholische Liga ebenso. Friedrich von der Pfalz wurde 1620 in der Schlacht am Weißen Berge bei Prag geschlagen, er musste Böhmen fluchtartig verlassen (daher nannte man ihn den „Winterkönig") und die Pfalz wurde von spanisch-ligistischen Truppen besetzt.

Holland unterstützte die Protestanten in Deutschland und sah sich von Spanien bedroht. Die Stimmen in England mehrten sich, den Niederländern und den Pfälzern zu Hilfe zu kommen. Der Friede mit Spanien wurde brüchig. Dabei hatte sich James I. eine gemeinsame englisch-spanische Initiative zur Beendigung des Krieges in Deutschland und zur Reinstituierung seines Schwiegersohnes Friedrich von der Pfalz erhofft. Um die Beziehungen mit Spanien zu verbessern, gedachte James, den Thronfolger mit einer spanischen Prinzessin zu verheiraten. Das Unterhaus protestierte. James lehnte den Protest strikt als Einmischung in seine außenpolitischen Prärogative ab. Das Unterhaus übergab eine Resolution, die sein Recht, über alle Fragen zu debattieren, unterstrich. James zerriss die Resolution und entließ das Parlament.[19] Der König hielt an dem Heiratsplan fest und schickte Buckingham zusammen mit dem Kronprinzen Charles nach Madrid. Dort sollten sie um die Hand der Infanta, einer Enkelin Philipps II., werben. Am spanischen Hofe wurden die beiden Abgesandten tagelang hingehalten. Tatsächlich hatte die spanische Krone gar kein Interesse an einer solchen Heirat, zu einem Zeitpunkt, an dem der Sieg in Deutschland greifbar nahe schien. Die spanische Prinzessin wurde dem französischen König Louis XIII. angetraut. Buckingham und Charles kehrten nach England zurück, die englische Öffentlichkeit war erregt, Buckingham von Hass auf die stolzen spanischen Granden beseelt. Ein Parlament, das 1624 zusammentrat, sprach sich für den Krieg mit Spanien aus. Aber abgesehen von maritimen Operationen hatte England kaum eine Möglichkeit, Spanien militärisch anzugreifen. James I. wählte daher einen indirekten Weg: es wurde ein englisches Hilfskorps unter dem Befehl Christians von Mansfeld aufgestellt. Der Feldzug Mansfelds endete mit einem Fiasko, die englischen Truppen bildeten hernach eine Garnisonstruppe unter niederländischem Befehl. Die einzige größere Seeoperation der englischen Marine in der Herrschaftszeit von James I. war ebenfalls erfolglos – und teuer obendrein. 1620 hatte man Kriegsschiffe gegen das nordafrikanische Piratennest Algier gesendet, dank der ineffektiven Führung von Sir Robert Mansell endete die Affäre 1621 ohne rechten Erfolg.

James I. entglitten langsam die Zügel, tatsächlich hatten Buckingham und Prinz Charles alles unter ihrer Kontrolle. Am 27. März 1625 starb James I. und Charles

[19] Vgl. Kluxen, Kurt: Geschichte Englands, Von den Anfängen bis zur Gegenwart, Stuttgart 1985, S. 284.

König Charles I. und Henrietta Maria.

bestieg den Thron und heiratete am 1. Mai Henrietta Maria, die Prinzessin von Frankreich.

Charles der Erste war durch den frühzeitigen Tod seines älteren Bruders Henry zum Thronfolger geworden. Er war kein vielversprechendes Kind gewesen. Bis zum Alter von sieben Jahren konnte er nicht richtig laufen, bis zum Alter von fünf Jahren nicht sprechen (danach behielt er Zeit seines Lebens ein leichtes Stottern). Er war mutig, stolz, eitel und intrigant. Ein rechter Stuart also. Sein politisches Betragen lässt sich am treffendsten mit einem englischen Begriff beschreiben: „double dealing". Charles I. hatte ein unschlagbares Talent darin, gewonnenes Ansehen sofort wieder zu verspielen. Der Krieg gegen Spanien war populär, die französische Heirat nicht. Dies galt umso mehr, als Charles englische Schiffe französischem Kommando unterstellte. Und König Louis XIII. von Frankreich setzte ganz unverschämt diese Schiffe gegen französische Protestanten ein. Unter englischem Kommando fanden auch Flottenaktionen statt, die waren aber ein derart peinliches Fiasko, dass Buckingham langsam allen Rückhalt im Parlament verlor. Frankreich schloss 1626 Frieden mit Spanien, Buckingham setzte in seinem blinden Hass auf Spanien eine Kriegserklärung an Frankreich durch. Er wollte Frankreich in den Krieg mit Spanien zurückdrängen. Allerdings ging diese Rechnung nicht auf, in der Konsequenz befand sich England in einem Krieg gegen Frankreich und Spanien, englische Soldaten standen in den Niederlanden und das Parlament verweigerte die nötige Finanzierung der militärischen Abenteuer. Buckingham segelte mit 10.000 Mann und 90 Schiffen nach La Rochelle, um die belagerte Hugenottenstadt zu entsetzen. Da er die vorgelagerte Ile de Ré nicht nehmen konnte, war die teure Expedition ein Misserfolg. Der Zorn der Bevölkerung richtete sich zunächst gegen Buckingham. 1626 zerstörten aufgebrachte Seeleute seine Kutsche, 1628 kam es zu einem Aufstand vor seinem Haus, dann wurde sein Astrologe in Stücke gehackt.

Im Parlament nahm der Widerstand gegen den König und natürlich gegen Buckingham zu. Sir Edward Coke, weiland 1616 von James I. abgesetzter Richter, verfasste die berühmte „Petition of Right". Darin wurde unter Bezug zur Magna Charta gefordert, dass kein freier Mann ohne gesetzliches Urteil verhaftet oder exiliert werden darf. Nach drei Lesungen verabschiedete das Parlament die Resolution, der König gab widerwillig seine Zustimmung und dabei hätte es sein Bewenden gehabt, wenn nicht das Parlament weiterhin die Absetzung Buckinghams betrieben hätte. Der König rettete Buckingham, indem er am 26. Juni 1628 das Parlament vertagte. Buckingham verspottete noch seine Mitbürger, indem er verlauten ließ, es gäbe keine Römer mehr in England. Nun, falls er damit Leute wie Brutus meinte, mit dem Dolch im Gewande, so irrte er. Als er in Portsmouth ein Schiff bestiegen wollte (anlässlich einer zweiten Expedition nach La Rochelle) traf er auf seine Nemesis. Am 23. August 1628 ermordete Felton, ein Offizier, der keinen Sold erhalten hatte, Buckingham. Da Felton zu einer besonders radikalen Fraktion von Puritanern gehörte, bekam die Tat gleich einen religiösen Impetus. Das Staatsbegräbnis Buckinghams geriet zu einem Festzug, so unpopulär war Buckingham gewesen. Nur der König schien von Kummer überwältigt. Charles I. konnte einen Führer der gemäßigten parlamentarischen Opposition, Sir Thomas Wentworth, für sich gewinnen (durch Beförderung in ein hohes Richteramt).[20] Doch im Grunde hatte er nichts erreicht. Die Erhebung des Tonnen- und Pfundgeldes (einer Art Sondersteuer) machte den König besonders bei den Londoner Kaufleuten unbeliebt. Die Nachricht von der Kapitulation des hugenottischen La Rochelle vor den Streitkräften der französischen Krone (am 18. Oktober 1628) trug nicht zur Hebung der Stimmung bei, zumal die Engländer wie erwähnt, wiederholt, doch wirkungslos versucht hatten, La Rochelle zu helfen. Damit war der Krieg mit Frankreich faktisch beendet, da nun auch die theoretische Möglichkeit eines Brückenkopfs an der französischen Küste fehlte. Der Vertrag von Susa stellte 1629 den Frieden wieder her. Noch vor dem Friedensschluss trat das Parlament (das durch die Unterfinanzierung zu dem Debakel im Krieg mit Frankreich beigetragen

---

[20] Vgl. Philippson, Martin: Geschichte des Dreißigjährigen Krieges, Berlin 1928, S. 434.

König Charles I.

hatte) zusammen. Sofort kam es über kirchenpolitische Fragen zum Zerwürfnis mit dem König, nachdem der Sprecher der radikalen Opposition (Elliot) den König scharf angegriffen hatte.[21] Der König ließ das Parlament vertagen, doch schon im März 1629 kam es wieder zusammen. Der Speaker, damals noch der Beauftragte des Königs, verkündete dessen Absicht, das Parlament wieder vertagen zu wollen. Ohne den Speaker konnte das Parlament keinen rechtlich bindenden Beschluss fassen. Als Speaker Sir John Finch aufstehen wollte, um durch seinen Weggang das Haus beschlussunfähig zu machen, hielten ihn zwei Unterhausabgeordnete (Sir Denzil Holles und William Strode) fest. Finch musste also bleiben, weigerte sich aber, eine Resolution Elliots zu verlesen. Der König sckickte den Ordnungsoffizier des Parlamentes („Sergeant-at-arms"), um den „Mace" wegzunehmen, den großen Amtsstab, der die Autorität des Hauses symbolisierte. Dann erschien „Usher of the Black Rod", der höchste Parlamentsbeamte, und las eine königliche Botschaft vor, die Gehorsam gegenüber dem König verlangte. Trotzdem gingen die Abgeordneten nicht auseinander. Sie legten einige Grundsätze fest, von denen die beiden wichtigsten den König direkt betrafen: Wer religiöse Neuerungen einführe, sei ein Hochverräter; wer Tonnen- oder Pfundgeld erhebe, ohne das Parlament zu fragen, ebenfalls. Diese Resolutionen waren von Elliot inspiriert und von Sir Denzil Holles vorgetragen worden. Durch tumultuarischen Zuruf gab das Parlament seiner Zustimmung Ausdruck. Dann vertagte sich das Parlament selber. Das war starker Tobak. Das Oberhaus distanzierte sich vom Unterhaus, John Pym distanzierte sich, die City of London distanzierte sich, Wentworth schlug sich öffentlich auf die Seite des Königs. Der ließ neun führende Unterhausmitglieder anklagen, und da das Parlament vertagt war, hatten sie ihre Immunität als Abgeordnete verloren. Einige wurden freigesprochen, andere wanderten in den Tower, darunter Sir John Elliott, den Charles absurderweise für die Ermordung Buckinghams verantwortlich machte. Er blieb bis zu seinem traurigen Ende 1632 im Tower of London. Alle Gnadengesuche prallten an der Unversöhnlichkeit des Königs ab. Sogar die Überstellung des Leichnams an die Angehörigen wurde verweigert. Erneut hatte es Charles I. geschafft, Kredit in der öffentlichen Meinung ohne Not zu verspielen.[22] Die Emigration aus religiösen Motiven nahm zu. Die Pilgrim Fathers waren nicht die einzigen Emigranten aus Glaubensgründen. Ganze Schiffsladungen von radkalen Protestanten gingen nach Nordamerika, oft wurde die Abreise konspirativ organisiert. Häufig steckte der Haushalt des Earls of Lincoln dahinter, der seinen Hauptsitz, Tattershall Castle, zu einem Stützpunkt puritanischer Umtriebe gemacht hatte. Sogar die Schwester des Earls, Arbella Johnson, ging nach Massachusetts. Diese Kolonie litt aber entsetzlich unter Hunger und klimabedingtem Mangel. Auch Lady Arbella war unter den Toten. Trotzdem wuchs die Bevölkerung der Neuenglandkolonien bis 1649 auf 14.000 Einwohner.

Eigentlich war aber die parlamentslose Zeit von 1629 bis 1640 eine Periode des Friedens und der Prosperität. Charles I. regierte ohne einen fähigen Staatsminister;

[21] Vgl. Kluxen: Geschichte Englands, S. 292.
[22] Vgl. ebd.: S. 294.

Thomas Wentworth, sein bester Mann, war fast durchweg von Westminster abwesend.[23] Ständig im Whitehall Palace (der Residenz des Königs) war William Laud, erst Bischof von St. Davids (1621), dann von Bath und Wells (1626), ab 1628 von London, seit 1633 der Erzbischof von Canterbury. Der war mit seinen kirchenpolitischen Plänen aber eher eine Belastung als eine große Hilfe, das aber erkannte Charles nicht. Lauds Bestreben, die seit der Reformation säkularisierten kirchlichen Güter wieder in kirchlichen Besitz zurückzuführen, machen ihm natürlich bei den Landlords, die ehemals kirchliche Ländereien nun ihr Eigen nannten, keine Freunde. Auch in kirchlichen Kreisen gab es Opposition gegen Laud, aber der hatte das Ohr des Königs.

A propos Whitehall: Mit dem Banquetting House in Whitehall hatte Inigo Jones 1619 eines der ersten Gebäude Englands in klassischem Stil gebaut. Die eindrucksvollen Deckengemälde schuf Sir Peter Paul Rubens, der 1629 als Diplomat nach England kam und als Maler arbeitete; für seine Verdienste bekam er die damals astronomische Summe von 34.000 Pfund (nebst Goldkette und Medaille).

1630 wurde mit Spanien Frieden geschlossen. Im Friedensvertrag verpflichteten sich die Spanier, die Pfalz an den Kurfürsten Friedrich, den Schwager von Charles, zurückzugeben. Allerdings räumten die Spanier und ihre Verbündeten die Pfalz keineswegs. Seinerseits hielt sich auch Charles nicht so ganz aus dem Dreißigjährigen Krieg heraus, schwedische Anwerbungen in England und besonders in Schottland wurden weiterhin geduldet, ja sogar gefördert. Von 1624 bis 1637 rekrutierten Niederländer, Schweden, Dänen, Franzosen und Russen allein in Schottland 41.400 Mann! Englische Regimenter nahmen an der gescheiterten Kampagne der pfälzisch-schwedischen Armee in Westfalen teil (Niederlage von Vlotho am 17. Oktober 1638), den Oberbefehl bei der unglückseligen Aktion führte der schottische General James King.[24] Der Neffe des Königs, Prinz Ruprecht von der Pfalz, fiel in dieser Schlacht in die Hände der Kaiserlichen und wanderte für drei Jahre in Gefangenschaft (in Linz). Wir werden noch von ihm hören.[25]

König Charles I. tat das Seine (was aber nicht besonders viel war), um zu verhindern, dass die Küste der spanischen Niederlande in die Hände der Franzosen oder Niederländer fiel. Das lag im Interesse der City of London, dieser 400.000 Seelen-Stadt, deren Kaufleute in den Niederlanden inzwischen nicht mehr den Protegee und Glaubensbruder, sondern den aufstrebenden wirtschaftlichen Konkurrenten sahen. Charles Stuart verscherzte sich aber potentielle Sympathien der Kaufmannschaft dadurch, dass er weiterhin hohe Zölle (das Pfund- und Tonnengeld) erhob. Diese Einkünfte benötigte er, um den Flottenbau voranzutreiben. Charles' Aufbau der Royal Navy war unspektakulär, aber effektiv.

---

[23] Wentworth war seit 1628 Präsident des Council of the North und seit 1633 Lord Deputy of Ireland.

[24] Vgl. Apke, Günter: Drei Stunden an einem Sonntag im Oktober 1638, in: Heimtkundliche Beiträge aus dem Kreis Herford, Ausgabe 15. Dezember 1998, Herford 1998.

[25] Rupert/Ruprecht war 1619 in Prag geboren. Seine Jugend verbrachte er in Holland. Mit 14 (!) Jahren trat er in die niederländische Armee ein und nahm an der Attacke gegen Rheinberg teil. Er kämpfte bei Breda und Vlotho. In österreichischer Gefangenschaft bot man ihm einen hohen Kommandoposten in den Reihen der Kaiserlichen an, Rupert lehnte aus religiösen Gründen ab.

Das Prachtstück der Flotte war die „Sovereign of the Seas", ein prächtiges und majestätisches Schlachtschiff, das England in späteren Seekriegen treue Dienste leistete, obwohl es da schon veraltet und schwerfällig war.

Charles gebot über das Doppelte an Einnahmen, über die sein Vater James bei dessen Regierungsantritt verfügen konnte (inflationsbereinigt), aber er war eben nicht haushälterisch. In Schottland verlangte Charles die dem Adel verliehenen Krongüter zurück. Damit machte er sich ausgerechnet den schottischen Adel zum Feind, der in der Vergangenheit seinen Vater gegen die presbyterianische Kirche unterstützt hatte.[26] Charles erhob Schiffsgeld im ganzen Land, nach den Friedensschlüssen von 1629 und 1630 diente es offiziell zur Bekämpfung der Piraterie. Darüber kam es 1637 zu einem Prozess, der Furore machte: John Hampden weigerte sich, Schiffsgeld zu zahlen, weil er das königliche Recht, ohne Parlament Steuern einzuziehen, bestritt. Obwohl es nur um den lächerlichen Betrag von 20 Schilling ging, horchte das ganze Land auf. Hampden verlor den Prozess, neun von elf Richtern entschieden gegen ihn. Damit war den Gegnern des Königs nur zu deutlich geworden, dass die Justiz ein williges Werkzeug des Monarchen war ... So jedenfalls konnte man es auslegen.

Interessant war, dass es selbst Vollzugsorgane mit dem Eintreiben des Schiffsgeldes gar nicht so eilig hatten. So beschwerte sich Francis Asteley, der Sheriff von Norfolk, im Mai 1638 darüber, dass Matthew Stevenson und Roger Reynolds, zwei Chief Constables von Blofield Hundred in Norfolk, ihre Deputies nicht angewiesen hatten, Schiffsgelder einzutreiben.

Die wirtschaftliche Situation Englands entwickelte sich trotz oder wegen der Steuerverweigerungen positiv. Soziale Spannungen nahmen sogar ab. 1635 war es dem König (vielmehr seinem Lord Treasurer Sir Richard Weston) gelungen, den Haushalt auszugleichen. Der König war hocherfreut und beauftragte sogleich den Maler Peter Paul Rubens mit dem Deckengemälde der Banqueting House in Whitehall.

Dabei hatte sich der König einige sehr kuriose Einnahmequellen erschlossen. Er hatte einige uralte, schon seit Jahrzehnten nicht mehr beachtete Gesetze aus den Archiven gezogen und sogleich begonnen, Verstöße dagegen, die sich allgemein eingebürgert hatten, mit Geldstrafen zu belegen.

Die Religionspolitik der Krone wurde zu einem fatalen Bumerang. Seit 1633 betrieb der Erzbischof von Canterbury eine streng hierarchische Kirchenpolitik. Die puritanischen Prediger unter den Geistlichen ließ er davonjagen. In den Gottesdiensten wurde das Book of Common Prayer verwendet. Es erinnerte sehr an den Kultus der katholischen Kirche. Laud ließ es sich nicht nehmen, mit persönlichen Visitationen die strikte Einhaltung des neuen Gebetbuches zu überwachen. Laud sah in der Hierarchie eine göttliche Einrichtung, die in ihrer Vervollkommnung in der Krone gipfelte. Charles I. war natürlich geschmeichelt und übersah geflissentlich, wie das Book of Common Prayer die Gemüter erhitzte. Puritanische Prediger wie etwa William Pryne oder John Lilburne wurden von königlichen Gerichten hart bestraft.[27]

[26] Vgl. Kluxen: Geschichte Englands, S. 298.
[27] Vgl. Kluxen: Geschichte Englands, S. 297 - 298.

Erzbischof William Laud.

Der schon aus Trotz dem Puritanismus zuneigenden Londoner Kaufmannschaft erschien Charles als verkappter Katholik, und Charles tat nichts, diesen Eindruck zu entkräften. Er ließ einen päpstlichen Vertreter (George Con) am Hofe zu, mit dem er sich sogar anfreundete, seine Frau war und blieb Katholikin. Sie zeigte das ganz offen und provokativ, indem sie mit ihren Kindern und einer wachsenden Zahl von Höflingen in der eigens errichteten katholischen Kapelle von Somerset House Messe feierte. Einige königliche Minister traten zum Katholizismus über. Den misstrauischen Protestanten erschien es, als ob Charles I. die Katholiken im Lande begünstige, was eigentlich nicht stimmte. Kritik wurde laut, besonders an Laud. Der war im Begriff, in Schottland ebenfalls die neue Liturgie einzuführen.

Grollend nahmen die englischen Protestanten das Book of Common Prayer hin, die Schotten[28] würden es nicht tun. Charles I. war im Begriff, eine Lawine loszutreten, die ihn begraben sollte.

Die Bischofskriege

Am 23. Juli 1637 unternahm Pfarrer John Hanna in der Kirche von St. Giles zu Edinburgh den kühnen, aber vielleicht dummen Versuch, den Gottesdienst nach dem neuen Scottish Book of Common Prayer zu lesen. Die Kirche war an diesem Tag besser gefüllt als sonst. Dabei waren einige „Wartefrauen", die dafür bezahlt wurden, früh die Kirche zu betreten und die besten Sitze für ihre Auftraggeber freizuhalten. Als der Dean of Edinburgh Hanna begann, nach dem neuen Gebetbuch die Messe zu lesen, hoben die Wartefrauen ein großes Geschrei an. Als ein Gentleman eine Entschuldigung murmelte, bekam er eine Bibel auf den Kopf geschlagen. Der Bischof von Edinburgh, David Lindsay, versuchte, die Menge zu beruhigen, er wurde mit Schmähungen empfangen. Man bewarf ihn mit Stühlen und Bibeln. Mistress Jenny Geddes (eine Marktfrau) ging soweit, nach einem gezielten Schemelwurf den Gottesmann mit den Worten „De'il colic the wame o' ye!" (der Teufel soll dich holen) zu beleidigen. Der Provost von Edinburgh ließ die keifenden Weiber von seinen Bütteln aus der Kirche treiben, die saßen nun draußen und hämmerten gegen die Tür. Das „Scottish Book of Common Prayer", das die religiösen Gefühle der Schotten so verletzt hatte, war eine staatspolitische Katastrophe.[29] Überall im Land wurde Jagd auf Geistliche gemacht, die das neue Gebetbuch akzeptiert hatten. Einer brachte sich nach England in Sicherheit, ein weiterer wurde brutal zusammengeschlagen, weil er ein Kruzifix trug. Der Provost von Edinburgh wurde von der Menge fast gesteinigt, seine Diener feuerten eine Salve über die Köpfe der Menge und retteten ihrem Herrn so das Leben.

Die erste Erhebung war spontan, dann kam eine gewisse Ordnung in die Angelegenheit. Der Magistrat der Stadt Edinburgh wurde im Rathaus belagert.

---

[28] Zuletzt war Charles anläßlich seiner Krönung zum schottischen König 1633 in Schottland gewesen.
[29] Vgl. Prebble: The Lion in the North, S. 246. Das neue Gebetbuch war eine Rückkehr zu den Zuständen vor Knox: Sogar Abbildungen von Engeln waren enthalten, die Knox so sehr bekämpft hatte.

Schnell bildete sich in der Menge ein Kontrollorgan, das mit dem Privy Council verhandeln sollte. Vier Lords, vier Lairds, vier Geistliche und vier Bürger bildeten dieses Kommitee, das als die „Tables" bekannt wurde. Sie übergaben dem Council die Petition, die von 24 Hochadligen und mehr als 200 Lairds unterschrieben worden war (vom 28. Februar bis zum 3. März 1638). Die Petition verlangte nichts weiteres als den Ausschluss der Bischöfe aus dem Privy Council und die Aufgabe des neuen Gebetbuches. Aber der König war keineswegs gewillt nachzugeben. Er forderte die Tables auf, unverzüglich auseinanderzugehen, ansonsten würden seine Mitglieder als Hochverräter behandelt. Die königliche Proklamation löste in Edinburgh einen Aufstand aus. Die Tables dachten gar nicht daran, sich aufzulösen, sie luden die ganze Nation ein, eine großartige Resolution zu unterschreiben. Der „National Covenant" war das geistige Produkt zweier Männer: des Geistlichen Alexander Henderson und des Advokaten Archibald Johnson of Warriston. Am 28. Februar 1638 unterschrieben führende Mitglieder des Hochadels den Covenant in der Greyfriars Church. Auch das einfache Volk wollte partizipieren und vom Ratsherren bis zum einfachen Mann unterschrieb man ebenfalls. Kopien des Covenants wurden zu allen Städten Schottlands geschickt. Im Norden war der Enthusiasmus nicht gar so groß wie im Süden, in Galloway aber unterschrieben protestantische Hardliner den Covenant sogar mit ihrem eigenen Blut. Langsam wurde sogar der König nervös, im Sommer erging königliche Order an die „Trained Bands" in Nordengland, sich zu sammeln und einsatzbereit zu machen.

England war unter den ersten Stuartkönigen eine unmilitärische Gesellschaft. Zur Verteidigung gegen äußere Feinde diente die Marine, die sich gegen Spanier und Franzosen in den ersten Regierungsjahren von Charles I. nicht sehr grandios geschlagen hatte. Allerdings hatte Charles danach sehr erfolgreiche Anstrengungen unternommen, die Navy zu verstärken. Die modernsten Befestigungsanlagen in England waren, abgesehen von den Wällen Berwicks, die Küstenforts von Henry VIII., die nun schon über hundert Jahre alt waren. Unter direktem königlichen Befehl standen die Yeomen of the Guard[30] und eine Leibgarde von 40 Gentlemen. Jeder deutsche Duodezfürst hätte sich über eine derartige Operettenarmee nur die Augen gerieben. Es wurde von jedem Engländer erwartet, dass er sein Heimatland mit der Waffe in der Hand verteidigte: Schon 1285 kodifizierte Edward I. diese damals schon uralte Verpflichtung in den Statuten von Westminster. Im 16. Jahrhundert erfuhr das Milizsystem eine Erneuerung, als England von den Spaniern bedroht war. Die Königin ernannte in jeder Grafschaft einen Adeligen zum Kommandeur der Miliz, der durfte seine Offiziere selbst auswählen. Die Miliz war eine sehr zweifelhafte Truppe. Militärische Ausbildung gab es kaum, nur einige zahlenmäßig nicht sehr starke Gruppen wurden zu Polizeizwecken unter Waffen gehalten: Die „Trained Bands" eben. Nur in London gab es Trained Bands von beträchtlichem Umfang (bis 1642 vier Regimenter mit insgesamt sechstausend Mann, nach einer Reorganisation

[30] Sie bewachen heute noch den Tower.

sechs Regimenter mit insgesamt 40 Kompanien zu jeweils 200 Mann) und mit guter Ausbildung. Auf dem flachen Land lag die Sache aber anders, hier glichen die Trained Bands eher Stadtwächtern als Soldaten.

Vielfach lagerten die Waffen der Miliz in den Gemeindekirchen. In der Mendlesham Church in Suffolk gibt es eine Waffenkammer, die heute noch erhalten ist. Obwohl Mendlesham eine prosperierende Gemeinde darstellte, war sein Arsenal eher skurril. Die Waffen, die in der Mitte des 17. Jahrhunderts für die Miliz vorgesehen waren, stammten aus den Jahren von 1470 bis 1610.

Die großen Arsenale waren hingegen gut gefüllt, in London und in Hull gab es große Waffenlager mit Handwaffen und Artillerie. Viele Adelige und ganz besonders die Freibeuter in der englischen Häfen hatten ansehnliche private Waffenarsenale, die sich verwenden ließen. Manchmal waren diese privaten Waffenbestände aber auch schon antik und häufig auch dem Rost zum Opfer gefallen. 1608 untersuchte man z.B. die Waffenkammer von Tutbury Castle. Alles sei rostig, verrotet, man könne nur die Spitzen einiger Piken und Bills gebrauchen, außerdem einige leichte Karabiner, ebenfalls aber verrostet.

Es gab aber auch eine Gegenbewegung, die von privaten Initiativen getragen wurde. Als aufgrund des Mangels äußerer Konflikte der staatliche Druck zu militärischer Bereitschaft eher abnahm, gründeten 1610 in London Enthusiasten die „Society of the Artillery Garden". Wohlhabende Londoner Bürger trafen sich zu militärischen Übungen und heuerten zu professioneller Ausbildung kampferprobte Ex-Militärs an. Das Ganze war etwas theatralisch und erfüllte auch den Zweck der Hebung des Sozialprestiges, aber die Mitglieder dieser Vereinigung stellten den Großteil des Offizierskorps der Londoner Trained Bands und etwas von ihrem Enthusiasmus färbte wohl auch ab. Natürlich wollten die Vororte nicht nachstehen und formierten rivalisierende Vereinigungen, in Westminster die „Military Company", in Southwark den „Martial Yard". Einigen Gentlemen war das alles noch zu wenig, sie bildeten ganz spezielle Gruppen, die fast den Anspruch von Militärakademien hatten, etwa die „Loving Gentlemen of Town-Ditch" oder die „Gentlemen of the Private and Loving Society of Cripplegate". Captain Edward Ditchfield und Captain Henry Saunders, die hinter der Cripplegate-Gruppe standen, sie gingen so weit, ihre Leute morgens um 6 Uhr antreten zu lassen. Beide sahen darin keine Behinderung der zivilen Tätigkeiten ihrer Hobbysoldaten, immerhin wären die dann richtig wach, wenn sie zur Arbeit gingen.

Züge einer Farce hatte es schon, wenn man mit Rücksicht auf die Nachbarn leise, also ohne Trompeten, Trommeln, Feldgeschrei oder gar Musketenfeuer übte, aber man übte. Immerhin fanden diese Wehrertüchtigungsvereine Nachahmer in Colchester (1621), in Bury St. Edmunds (1622), in Bristol (1625), in Great Yarmouth (1626), in Ipswich (1629) und in Nottingham (1629).[31]

Schottland und Irland waren in einem weitaus stärkeren Maße militarisiert, es

[31] Vgl. Robert, Keith u. McBride, Angus: Soldiers of the English Civil War, Band 1: Infantry, London 1989.

war selbstverständlich für große schottische oder irische Magnaten, sich Leibgarden oder etwas mehr zu halten.

Und es gab noch ein weiteres Reservoir an militärischen Kräften. Das waren die englischen, irischen und vor allem schottischen Söldner fremder Heere: Von 1624 bis 1637 erlaubten James I. und Charles I. die Anwerbung von 41.400 Schotten für die niederländische, französische, dänische, schwedische und russische Armee. Zwischen 1625 und 1632 dienten 25.000 Schotten in der dänischen, der schwedischen und der russischen Armee, das waren 10% der erwachsenen männlichen Bevölkerung! Diese Söldner kämpften an den Brennpunkten des Dreißigjährigen Krieges, erhielten militärische Ausbildung und sammelten Kampferfahrung in den allerneuesten militärischen Praktiken.[32] Allerdings waren es nicht immer Freiwillige.

1633 stellte Sir John Hepburn mit königlicher Kommission ein Regiment auf, das bis heute besteht und als Royal Scots Berühmtheit erlangt hat.

Charles I. war entschlossen, den Covenant zu unterwerfen, der Covenant war entschlossen, dem König die Stirn zu bieten. Selbst ohne stehende Armee hatte Charles trotzdem einige Trümpfe in der Hand. Die Festungen von Edinburgh und Dumbarton hatten königliche Garnisonen (wenn auch nicht sehr personalstarke), die Marine war zuverlässig und konnte einen Seeangriff auf Schottland führen. George Gordon, der Marquis of Huntly, blieb dem König (und sich selber) treu. Und Randall MacRandall MacDonnell of Antrim, der 2. Earl of Antrim, war aus gutem Hause und ein gerissener irischer Warlord. Der König hoffte, dieser Gentleman könnte 5.000 Mann auf die Beine bringen. Sie sollten Schottland von Westen angreifen, die Gordons im Nordosten losschlagen, der Marquis of Hamilton[33] sollte Truppen am Firth of Forth landen. Derweil wollte der König in Berwick eine englische Armee unter seinem eigenen Kommando versammeln. Charles I. fühlte sich sehr siegessicher. Allerdings war der englische Part der königlichen Armee der fragwürdigste. Seit 1626 hatte Charles zwar versucht, die Schlagkraft der Miliz zu erhöhen. Er hatte eine Anzahl von Unteroffizieren aus schottischen Diensten zurückgerufen, doch die Frage ihrer Bezahlung hatte sofort Streit ausgelöst. Nichtsdestotrotz hatte die Miliz eine (wenn auch nicht sehr große) Anzahl moderner Waffen erhalten, die in den Arsenalen der Grafschaften gelagert waren. Die Soldaten der Miliz sollten eigentlich aus den sozialen Klassen der Gentry und der Freibauernschaft kommen, viele hatten es aber vorgezogen, Stellvertreter zu stellen. Die kamen oft aus den unteren sozialen Schichten, waren nicht selten schlecht ernährt, manchmal lahm, oft alt, vielfach illiterat. Der Kommandeur der Infanterie, Sir Jacob Astley (ein Veteran des Dreißigjährigen Krieges), war entsetzt, als er seine Leute in York zum ersten Mal sah. Um Söldner anzuwerben, hatte der König kein Geld. Er hatte auch keine militärische Erfahrung. Sein Armeekommandeur, der Earl of Northumberland, war ebenfalls nicht kriegserfahren. Und um das Maß an Unerfahrenheit noch vollzumachen, setzte Charles I. den Earl of Holland, einen Günstling der Königin,

---

[32] Vgl. Kenyon u. Ohlmeyer: The background to the Civil Wars, S. 9. Die an der Ermordung Wallensteins beteiligten Offiziere waren überwiegend Iren, Schotten und Engländer.

[33] James Stewart Marquis, später 1st Duke of Hamilton, geb. 1606, ein Cousin des Königs.

als Kavalleriekommandeur ein.

Hamiltons Truppe war ebenfalls von zweifelhafter Qualität. Es waren drei Regimenter Miliz aus East Anglia und Kent. Hatte Sir Nicholas Byron kaum Beschwerden über seine Männer, war das Regiment von Sir Simon Harcourt mit veralteten und z.T. beschädigten Waffen ausgerüstet, Sir Thomas Morton indes befehligte ein Regiment, das ihm mehr Befürchtungen machte als der Feind.[34] Er fand heraus, dass die ausgebildeten Leute der Trained Bands oftmals Stellvertreter angeheuert hatten. Diese Ersatzleute hatten keine Ahnung von militärischen Dingen und erkannten oftmals auch gar nicht, dass ihre Waffen völlig unbrauchbar waren.

Beim Earl of Antrim sah es besser aus. Er konnte unter seinen vorwiegend katholischen Clansmen und Vasallen in Nordirland und auf den Hebriden 5.000 Mann zusammenbringen. Im Frühjahr 1639 hatte MacDonnell die führenden katholischen Familien Ulsters rekrutiert: O'Neill, O'Hara, O'Lurgan, Magennis und MacGuinness, Macguire, MacMahon, Machenry, MacDonnell, O'Cahan. MacDonnell war sich aber der Tatsache bewusst, dass er keine militärische Erfahrung hatte und wohl als Feldkommandeur nur zweite Wahl wäre, deshalb kam er auf eine famose Idee: Unter den irischen Söldnern auf dem Kontinent gab es gute Leute wie seine Cousins Owen Roe O'Neill und Daniel O'Neill, vielleicht hätte auch sein Halbbruder Captain Maurice MacDonnell eventuell Heimweh. Wentworth protestierte energisch, diese iro-schottische Armee machte ihm wohl Angst. Antrim bekam so wenig Unterstützung von den königlichen Behörden in Irland, dass der Invasionsplan aufgegeben wurde. Die bloße Tatsache, dass Antrim auf der Seite des Königs stand, hatte aber inzwischen Archibald Campbell, den 8. Earl of Argyll, vollends in das Lager der Covenanter getrieben.

Es gab einige äußerst radikale Covenanter im Norden Schottlands. So zerstörte Alexander Brodie of Brodie das Innere der Elgin Cathedral. In seinem bilderstürmerischen Eifer verwüstete er das Gotteshaus nachhaltig (so etwas gab es aber auch in England, wo die Kirchen, die nach Bischof Lauds Geschmack eingerichtet waren, „Laudian Churches", oft Ziel von Vandalismus wurden). Aber die Hochburgen der Covenanter lagen in den weniger militarisierten Lowlands. Abgesehen von Argyll erklärte sich zunächst kein Chief von Einfluss für den Covenant. Die Mehrzahl der kriegerischen Highlander stand abseits.

Die schottischen Söldner wurden vom Kontinent zurückgerufen. Es kamen so bemerkenswerte Männer wie David Leslie, Sir James Turner oder Robert Munro. Der bemerkenswerteste von allen war jedoch Alexander Leslie. Er war als Soldat wie als Mensch bewundernswert. 1580 geboren, war er vor seinem Eintritt in die militärische Laufbahn Analphabet gewesen. Er hatte drei Jahre in der niederländischen Armee gedient, dann ging er in schwedische Dienste. 1628 hatte er Stralsund gegen Wallenstein verteidigt. Bald darauf wurde er zum Feldmarschall befördert und er brachte es sogar bis zum Stellvertreter des Oberbefehlshabers, König Gustav Adolf.[35] Er

---

[34] Vgl. Reid, Stuart: The Campaigns of Montrose, Edinburgh 1990.

[35] Vgl. Furgol, Edward: The Civil Wars in Scotland, in: Kenyon, John u. Ohlmeyer, Jane: The Civil Wars, A Military History of England, Scotland and Ireland, 1638 - 1660, Oxford 1998, S.41 - 72, hier: S.47.

Pikenier 1660.

war mit seinen Erfahrungen von unschätzbarem Wert für die Covenanter. Bald führte er ein am schwedischen Modell orientiertes Rekrutierungssystem und die Taktiken des Dreißigjährigen Krieges ein.

Die absolute Vernachlässigung des Militärwesens in den vergangenen Jahrzehnten war natürlich nicht durch eine Handvoll exquisiter Offiziere mit großer Kampferfahrung zu beheben. Aber immerhin brachten sie es fertig, zusammen mit vom Kontinent zurückgekehrten kriegserfahrenen Mannschaften und Unteroffizieren das im ganzen Bereich Großbritanniens schlagkräftigste Heer zu schaffen. Viele Schotten, die aus fremden Diensten zurückgekehrt waren, erreichten hohe Ränge: Bis 1644 waren von allen Offizieren im Generalsrang nur zwei ohne Einsatzerfahrung im Ausland (und das waren der Generalkommissar und der Schatzmeister). Leslie kopierte das Konskriptionsmodell der Schweden. Jede Grafschaft hatte eine Quote an Soldaten zu stellen, die wiederum in Einzelquoten für die Städte und Landgemeinden zerfiel. Dort waren der Regierung (einem Staatsrat, der sich aus den Tables entwickelte) verantwortliche „War Committees" beauftragt, die Rekrutierung durchzuführen, vehement wurden sie dabei von der Kirche unterstützt. Zentral war aber die Unterstützung der Großgrundbesitzer. Brachten sie Pächter, Vasallen, Diener und Angehörigen in die Armee ein, war das Personalproblem schon gelöst. Deshalb wurden die Stellen der Regimentsinhaber an landbesitzende Lairds und Barone vergeben, die Subalternoffiziere waren oft nahe Verwandte dieser „Colonels". 1640 kamen auf diese Art 24.000 Mann zusammen.

Zusätzlich wurden auch die Highlander der Clans aufgeboten, die den Covenant unterstützten. Das waren namentlich (vor allem) die Campbells. Diese Krieger waren von beträchtlichem Kampfwert (wenn sie Disziplin hielten) und ähnelten in Herkunft und Kampfesweise mehr ihren späteren Gegnern als ihren Kameraden im Lager der Covenanter. Von zweifelhaftem Kampfwert hingegen waren die aus Bauern und Kaufleuten gebildeten Milizeinheiten.

Das Rückgrat der Covenanterarmee waren die Infanterieregimenter („Regiments of Foot"). Sie bestanden in der Regel aus 10 Kompanien. Die Kopfstärke dieser Regimenter variierte beträchtlich von 300 Mann zu über 1.400. In der Theorie hatte jedes Regiment zehn Kompanien mit insgesamt 1.300 Mann. Der Kommandeur war der Colonel, sein Stellvertreter der Lieutenant-Colonel. Der Major erledigte die Aufgaben, für die später (bis heute) in der britischen Armee der Adjutant und der Regimental-Sergeant-Major zuständig waren. Zum Regimentsstab gehörten noch ein Quartiermeister, ein Feldscher, ein Schirrmeister usw. In diesen Regimentern kamen drei Musketiere auf zwei Pikeniere, die Feuerkraft der Infanterieregimenter der Covenanter war also ganz beträchtlich und übertraf sogar die ihrer schwedischen Vorbilder. Seit Frühjahr 1644 standen in neuaufgestellten Regimentern sogar zwei Musketiere pro Pikenier. Das Schwergewicht der Infanterieeinheiten auf die Feuerkraft zu legen, war eine solide taktische Maßnahme von Leslie, der sich am schwedischen Vorbild orientierte. Pikeniere trugen eine in der Regel eine 16 Fuß lange Pike, die manchmal zur besseren Handhabung etwas abgekürzt war. Daneben waren sie mit einem kurzen Schwert bewaffnet und trugen manchmal Panzer: Einen Helm (Morion) und Brust- und Rückenkürass. Allerdings gehörten Kürasse bei den schottischen Truppen des Covenants nicht zur Standardausstattung (wenn man einmal von einer 1647 aufgestellten Einheit von Hellebardieren absieht)[36]. Viele Soldaten beschafften sich diese Panzer aber selbst. Ihre englischen Konterparts wurden aber, soweit es ging, mit Rüstungen ausgestattet. Die Musketiere führten schwere glattläufige Luntenschlossmusketen. Sie trugen keinen Panzer und hatten ein Schwert oder einen Degen als Seitenwaffe. Bajonette waren noch nicht eingeführt. Das Pulver in zwölf Kartuschen („Zwölf Apostel") trugen die Musketiere an einem Bandolier um die Brust. Die schweren Luntenschlossmusketen wurden z.T. auf Gabelstützen abgestützt. Die moderneren Schnapphahnschlossmusketen waren sehr teuer und deshalb nur in geringen Stückzahlen verbreitet. Normalerweise führten die Eskorten der Artilleriegeschütze Schnapphahnmusketen, in der Nähe der Pulverfässer wären die glimmenden Lunten gefährlich gewesen. Die noch teureren Radschlossmusketen waren nur in verschwindend geringer Anzahl im Einsatz, dann meist bei der Reiterei.

Kavallerieeinheiten existierten bei den Covenantern seit 1639. Allerdings genossen sie nur untergeordneten Stellenwert. Das änderte sich mit der Heimkehr von David Leslie, einem kampferfahrenen Kavallerieoffizier. Bis dahin hatte Kavallerie nur in Verbindung mit den Infanterieeinheiten gekämpft oder als kleine unabhängige Aufklärungseinheit. Danach wurde sie zu großen Kavallerieregimentern zusammengefasst. Die ersten standardisierten Reiterregimenter von 1643 sollten rund 600 Mann in acht „Troops" umfassen, normalerweise waren die Iststärken kleiner. Um die schlechte Qualität der Pferde etwas auszugleichen, wurden einige Kavalleristen mit Lanzen ausgerüstet. David Leslie stellte auch Dragonerregimenter auf, die das Pferd als Transportmittel benutzten, aber zu Fuß kämpften. Sie waren in der Regel mit Karabinern bewaffnet, kurzläufigen Gewehren mit Radschloss- oder Schnapphahnmechanismus (für den gezielten Einzelschuss verwendete man zivile Jagdgewehre).

Die Artillerie der Covenanter war ganz beachtlich, es gab leichte Feldgeschütze in fast jedem Infanterieregiment und schwere Geschütze für Belagerungen. Die Artilleristen waren (auch darin folgte der Covenant dem schwedischen Modell) reguläre Offiziere und Soldaten, dieses Modell war moderner als das vieler europäischer Staaten, die zum Geschütztransport etc. zivile Auftragnehmer einsetzten. Die Covenanter konnten ihren Armeen immer respektable Artillerieunterstützung beigeben, die Zahlen schwanken von 22 Geschützen bis zu 60 Geschützen. Einige dieser Geschütze waren die berühmten Lederkanonen, die in Schottland weit breitere Verwendung fanden, als in Schweden, das die militärische Nutzung dieser Kuriositäten begonnen hatte.[37] Lederkanonen hießen sie wegen ihrer Lederummantellung eines relativ leichten Eisenrohres. Oft vertrugen diese Ka-

[36] Diese Hellebardiere sollten der Abwehr zur gefürchteten Highland-Charge dienen.
[37] Was eine Vereinfachung darstellt, denn der Ursprung der Lederkanonen war in der Schweiz zu suchen, 1627 führte sie ein Österreicher namen Melchior Wurmbrand in Schweden ein. Ihren ersten Kriegseinsatz sahen sie in den Feldzügen Gustav Adolphs gegen Polen.

nonen keinen höheren Gasdruck und konnten gar nicht zum Abschuss richtiger Vollkugeln verwendet werden. Dann lud man sie mit Hackblei und setzte sie als Nahkampfwaffe ein. Diese Lederkanonen waren so leicht, dass man sie auf dem Rücken eines Tragtieres verlasten konnte.

Verglichen damit war die Artillerie der schottischen Royalisten kümmerlich, wenn diese überhaupt einmal ein paar Kanonen ins Feld führen konnten.[38] Die Clanverbände auf Seiten der Covenanter bestanden ausschließlich aus Infanterie. Diese Highlander trugen die traditionellen Waffen der Highlands: Broadsword (Breitschwert), Dirk (langer Dolch), Skian Dhu (kleiner Dolch) und Targe (Schild). Manchmal kamen noch Musketen hinzu. Einige Highlander waren mit den fürchterlich effektiven Claymores ausgerüstet, andere trugen Stangenwaffen wie die Lochaberaxt oder die Pike.

Unverwechselbar waren die Uniformen der Covenanter-Regimenter. Die Uniformfarbe „Hodden Grey", ein Graubraunton, dominierte. Es gab aber auch rotuniformierte Regimenter, die man mit englischem Tuch eingekleidet hatte, und ein Regiment trug schwarze Uniformen aus gebrauchten Sakralgewändern der Geistlichkeit, dieses Regiment wurde scherzhaft „Minister's Regiment" genannt. Der Nachschub an militärischen Gütern wurde z.T. durch Einkäufe im Ausland sichergestellt, wobei es allerdings auch zu eklatanten Fehlgriffen kam: Der Abgesandte Schottlands in den Niederlanden, Thomas Cunningham, kaufte in Campveer tausende holländischer Piken mit breiter Spitze, die sich bald den Ruf der Unbrauchbarkeit erwarben.

Die Militäraktionen der Covenanter begannen im Februar 1639 mit der Eroberung von Burg und Stadt Inverness. Nur wenige Tage später führte Huntly die schottischen Royalisten gegen die Covenanter ins Feld. Das herausragende Ergebnis einiger halbherziger Gefechtstätigkeiten war die Gefangennahme Huntlys.

Noch im April hatten die Covenanter Dunglas Castle und Tantallon Castle im Süden erobert. Sie konnten sogar Edinburgh Castle und Dumbarton Castle erobern, damit war die Gefahr einer Landung von See etwas gebannt. Mittlerweile war eine 3.000 Reiter und 2.000 Infanteristen starke Armee unter Generalmajor Sir Robert Munro an die Grenze zu England geschickt worden. Im Westen hatte der Earl of Argyll die Anhänger des Earls of Antrim schnell niederwerfen können. In Galloway standen Leute unter den Earls of Cassilis und Eglinton bereit, irische Landungen wieder ins Meer zu werfen. An den Ufern des Firth of Forth standen Abteilungen bereit, um etwaige Anlandungen königlicher Truppen unter Hamilton zurückzuschlagen.

Eine davon stand unter dem Kommando einer Frau. Die einzige Frau, die jemals eine Einheit der Covenanter kommandierte, war Lady Hamilton, die Mutter des königlichen Generals Hamilton. Sie ritt mit einer Reiterschwadron umher, eine geladene Pistole am Sattel, und drohte, sie würde ihren Sohn erschießen, solle er es wagen, zu landen.

Der hatte ohnehin arge Bedenken, er sorgte sich um seine Besitzungen in Schottland und befürchtete, die Covenanter könnten sie konfiszieren, sollte er das Landungsunternehmen in die Tat umsetzen. Das Invasionsunternehmen des

---

[38] Vgl. ebd.: S.45.

Earls of Antrim kam nicht zustande, weil die Dubliner Behörden unter Wentworth wohl nicht ganz zu Unrecht befürchteten, er wolle in Argyll und Ulster ein Separatkönigtum der MacDonalds errichten. Geld und Waffen blieben daher aus.

Im Nordosten hatte nun Lord James Gordon, der Viscount Aboyne und zweiter Sohn des Marquis of Huntly, den Oberbefehl über die Royalisten übernommen. Er war mit Militärberatern und Waffen von einer Reise nach England an den Hofe des Königs zurückgekommen. Er nahm Aberdeen und griff gerade den Earl Marischal an, als ihm ein neuer Kommandeur der Covenanter, der Earl (später Marquis) of Montrose dazwischenfunkte. Bei Megray Hill (am 15. Juni 1639) und bei Brig-o'-Dee (am 18. Juni 1639) stoppte Montrose das Vordringen der Royalisten (ausgerechnet gegen Lord James Gordon, der später einer seiner engsten Verbündeten werden sollte).

In der Zwischenzeit war der König höchstselbst aber auch nicht eitel untätig geblieben. Er war mit seinen Truppen langsam zur Grenze gezogen, Alexander Leslie hatte die Hauptarmee der Covenanter an die Südgrenze Schottlands verlegt. Am 20. Mai 1639 zog er 12.000 bis 20.000 Mann bei Duns Law zusammen. Das Lager dieser Armee ließ Leslie stark befestigen. Charles I. brachte seine Truppen von York nordwärts bis Birks, einige Meilen westlich von Berwick. Irgendwann wurde dem König klar, dass seine große Strategie zur Unterwerfung Schottlands fehlgeschlagen war, Verhandlungen waren der einzige Ausweg. Am 18. Juni 1639 (bei Aberdeen wurde noch gekämpft) unterzeichneten der König und die Führer des Covenants den Vertrag von Berwick. Er sah die Rückkehr zum Status Quo vor, die Armeen wurden aufgelöst. Aber der Erste Bischofskrieg war erst die Ouvertüre, denn schon ein Jahr später folgte der Zweite.

Die Covenanter waren von der Ehrlichkeit des Königs nicht überzeugt, sie behielten ihre Söldneroffiziere im aktiven Dienst und drillten in den Lowlands weiterhin Rekruten.

Charles I. plante eine neue Invasion. Nun sollte eine irische Armee unter dem Kommando von Wentworth, den er inzwischen zum Earl of Strafford erhoben hatte, im Westen landen. Strafford stellte eine Armee von 8.000 Fußsoldaten und 1.000 Kavalleristen auf, die hauptsächlich aus irischen Katholiken bestand. Diese „New Army" löste in England Befürchtungen aus und machte Strafford bei Bevölkerung und Parlament sehr unbeliebt. Für diese Truppe brauchte man Geld, viel Geld, und als sie im April 1640 noch nicht beisammen war, weil die Mittel fehlten, verlangte Strafford die Einberufung des Parlaments. Es trat zusammen und erklärte sich sogar einverstanden, dem König die Finanzmittel zu bewilligen. Allerdings war daran eine Bedingung geknüpft: Zuerst sollte der König alle Beschwerden über seine Staatsführung und Religionspolitik zufriedenstellend beantworten. Der hoffte aber naiv, das Geld in Spanien leihen zu können und löste das Parlament nach nur drei Wochen auf. Aus Spanien kam aber kein Geld, König Philip IV. von Spanien musste eine Reihe von Provinzrevolten (etwa den Aufstand der Portugiesen) bekämpfen. Die Königin appellierte an den Papst. Die anglikanische Kirche bot der Krone 20.000 Pfund an, das war aber nicht genug. Wieder ging der König daran, die Miliz zu mobilisieren, diesmal bot er die Truppen der südlichen Counties auf. Die waren aber von noch schlechterer Qualität als die der nördlichen Grafschaften. Mit einer mürrischen und unzuverlässigen Armee zog Charles I. nordwärts.

In Schottland hatten sich die Gordons wieder erhoben, waren aber von Truppen des Covenants unter Munro geschlagen worden.

Anders als im letzten Jahr hielten sich aber die königlichen Stützpunkte im Süden länger. So mussten die Covenanter Edinburgh Castle vom Mai bis zum 19. September belagern, dann kapitulierte es aus Nahrungsmittelmangel. Auch Threave Castle fiel, damit war dem Covenant eine große Sorge genommen, denn nach der Landung eines irischen Regiments in Carlisle befürchtete man, irische Truppen könnten sich im Süden Schottlands in den Burgen der dortigen Königstreuen festsetzen.[39] Colonel Robert Home sicherte nun den Westabschnitt der Südgrenze. Und immerhin musste sich der Covenant auch keine Sorgen um die Finanzierung des Krieges machen. Die City of Edinburgh lieh den Covenantern 100.000 Pfund und durch das ganze Jahr 1640 versorgten Kaufleute wie Sir William Dick of Braid die Armee mit Nachschub (das Resultat war allerdings der finanzielle Ruin Dicks).

Am 27. August eroberte Argyll nach dreiwöchigen Angriffen Dumbarton Castle. Argyll wurde immer mehr zur politischen Schlüsselfigur des Covenants. Er erhielt eine Kommission der Tables, die Westküste gegen mögliche irische Angriffe zu verteidigen. Eine weitere Kommission beorderte ihn zu einer Strafexpedition gegen die Royalisten in Zentralschottland. Das tat er so gründlich und heimtückisch, dass gemäßigte Covenanter wie Montrose sich von ihm und dem ganzen Covenant abwendeten. Besonders die Gefangennahme und Misshandlung des Earls of Atholl (er starb an diesen Misshandlungen) tat dazu bei, Argyll gründlich zu desavouieren. Argyll und Montrose misstrauten einander, aber noch blieb Montrose beim Covenant.

Im Spätsommer 1640 später begann eine äußerst dramatische Kampagne. Der Earl of Montrose war direkt daran beteiligt. Leslie hatte seine Verbände bei Leith Links gesammelt und dann nach Choicelee Wood (in der Nähe Berwicks) verlegt. Bis Mitte August trafen Verstärkungen ein. Währenddessen plante Leslie den Feldzug minutiös und traf Verabredungen mit antiroyalistischen Kräften in England. Es bahnte sich eine Allianz zwischen den Schotten und den Gegnern der Krone in England an. Leslie standen 17.000 bis 22.000 Mann zur Verfügung, daneben rund 60 Artilleriegeschütze. Zur selben Zeit sammelte auch der König in England seine Truppen. Es waren zwei Sammlungsräume festgelegt worden, einer in Zentralyorkshire, einer in Northumberland. Das war ein schwerer operativer Fehler, mit nur einem Sammlungspunkt hätte der König wenigstens eine den Covenantern numerisch ebenbürtige Armee zusammenbringen können. Die königlichen Kommandeure vor Ort nahmen wohl die Nachrichten aus Schottland nicht sehr ernst. Viscount Conway ließ Berwick befestigen, dafür verausgabte er seine Ressourcen, während das weitaus wichtigere Newcastle unberücksichtigt blieb (über Newcastle lief die Kohleversorgung

[39] Vgl. Reid: The Campaigns of Montrose, S.30.

Londons). Darüberhinaus waren die königlichen Truppen von geringerem Kampfwert, Waffen und Munition waren knapp.

Leslie ignorierte die damals vorherrschenden operativen Maßstäbe. Er operierte offensiv und ließ feindliche Stützpunkte in seinem Rücken zurück. Einige Verbände beobachteten Berwick, mit der Hauptmacht stieß Leslie nach England vor. Operationsziel war Newcastle. Montrose, der angeblich schon in geheimer Verbindung mit dem König stand,[40] führte die Hauptkolonne der schottischen Armee bei Coldstream über den Tweed. Das war am 20. August 1640. Lieutenant-General James Livingstone, der Lord Almond, führte eine andere Gruppe von Kelso nach England. Nach acht Tagen standen Leslies Soldaten vor Newcastle. Leslie hatte absichtlich nicht die Route an der Küste gewählt, damit nicht die Royal Navy die Schotten von See beobachten oder gar beschießen konnte. Die Garnison von Berwick machte einige erfolglose Versuche, die Schotten bei ihrem Vormarsch zu stören.

Der größte militärische Erfolg der royalistischen Seite war eine große Explosion in Dunglas Castle. Ein beleidigter englischstämmiger Diener von Generalmajor Thomas Hamilton, dem Earl of Haddington, jagte die Pulvermagazine in Dunglas Castle in die Luft, dabei wurden sein Dienstherr und weitere hohe schottische Offiziere getötet. Viscount Conway wusste nicht genau über die Bewegungen der Schotten Bescheid. Die andere königliche Armee, welche sich in Yorkshire versammelt hatte, bewegte sich so langsam vorwärts, dass Conway nicht mit rechtzeitiger Verstärkung rechnen konnte. Er stand schließlich einer doppelt so starken schottischen Armee gegenüber.

Conway, der nun endlich die Gefahr erkannte, die Newcastle drohte, ließ dort 7.500 Mann Stellung beziehen. Mit 2.000 Infanteristen, 3.000 Kavalleristen und 8 Geschützen bezog er Defensivpositionen bei der Tynefurt von Newburn. Leslie verfügte über rund 17.000 Soldaten und eine starke Artillerie. Sein Artilleriekommandeur (General Alexander Hamilton) ließ die Geschütze eine den englischen Feldbefestigungen überhöhte Position beziehen. Einige leichte Kanonen (vermutlich Lederkanonen) ließ er sogar auf einen Kirchturm schaffen. Am Nachmittag des 28. August überquerte eine starke Streitmacht der Covenanter den Fluss unter dem Deckungsfeuer der eigenen Artillerie. Die königliche Armee wich zurück. Über 10.000 Schotten kamen über den Fluss, bevor ein Ansteigen des Wasserpegels weitere Durchquerungen unmöglich machte. Conway zog sich mit ein paar Verbänden hinter die Mauern Newcastles zurück. Von dort bewegte er sich mit großer Geschwindigkeit in Richtung Süden zurück. Mittlerweile war auch die Nachhut der Covenanter über den Tyne gesetzt. Am 30. August drangen sie in Newcastle ein, damit war London von der Kohleversorgung abgeschnitten. Um den 10. September begannen Nachschubprobleme auch Leslie zu schaffen zu machen, die Schotten begannen mit Requirierungen in Northumbria. Ein Streifkorps der Covenanter rückte auf Durham vor. Mit nur einem Minimum an Verlusten war Leslie Herr der Lage geblieben.

Verzweifelt berief Charles I. eine Versammlung der Peers nach York. Die Ver-

[40] Vgl. Kenyon u. Ohlmeyer: The background to the Civil Wars, S. 25.

sammlung riet ihm, ein neues Parlament zu berufen und einen Waffenstillstand mit den Schotten zu schließen. Die Schotten wurden mit einer Subsidie von 850 Pfund am Tag ruhiggestellt, die Feindseligkeiten im Vertrag von Ripon vom 26. Oktober, beendet. Da die nördlichen Grafschaften, in denen schottischen Truppen standen, diese Summe unmöglich aufbringen konnten, musste Charles I. ein neues Parlament einberufen.

Das neue Parlament trat am 3. November 1640 in Westminster zusammen. Es blieb bis 1653 zusammen (dann wurde es von der Armee auseinandergejagt) und wurde deshalb als „Langes Parlament" bekannt. Die Anhänger des Königs hatten bei den Wahlen in den Grafschaften und Städten[41] eine empfindliche Schlappe erlitten. Die parlamentarische Opposition hatte sich formiert. Unter der Führung Pyms, aber mit diskreter Einflussnahme von William Fiennes, Viscount Saye and Sele, brachte sich das Unterhaus in Position gegen die Krone. Absprachen zwischen den Parlamentariern wurden getroffen, Komplotte geschmiedet, heimlich vorbereitet auf Broughton Castle, dem Landsitz von Fiennes.

Von den drei führenden Gegnern der Krone, Pym, Hampden und Fiennes, war wohl der letzte der gerissenste. Man nannte ihn „Old Subtlety".[42]

Das Parlament verlangte die Inhaftierung von Laud und Strafford. König Charles, der weder bei den Lords noch bei den Commons viel Unterstützung genoss, blieb kaum etwas anderes übrig, als Laud[43] und Strafford fallenzulassen. Das Parlament setzte Gesetze durch, die seine dreijährliche Wiederberufung vorsahen und eine Auflösung durch den König ohne parlamentarische Zustimmung untersagten. Charles stimmte diesen revolutionären Forderungen zähneknirschend zu, er hatte gar keine andere Wahl. Sein wichtigster Berater Strafford saß zwar im Tower, man verdächtigte ihn aber trotzdem, er verhandle heimlich mit Spanien über militärische Hilfe. Außerdem weigerte sich der König strikt, die irische „New Army" aufzulösen, als deren Urheber Strafford galt. Die Stimmung im Parlament verlangte die Beseitigung Straffords. König Charles hatte sein Ehrenwort gegeben, Strafford nicht dem Henker zu überantworten. Die Lords klagten Strafford des Hochverrats an. Im Oberhaus verteidigte sich Strafford geschickt, es war keineswegs sicher, dass die Lords ihn verurteilen würden. Deshalb setzte das Unterhaus erst ein Amtsenthebungsgesetz („Bill of Impeachment"), dann ein besonderes Strafverfolgungsgesetz („Bill of Attainder") durch. Der König erkannte sehr klar, dass seine radikalen Gegner im Parlament hinter dem Prozess gegen Strafford standen. Trotzdem konnte er nichts gegen den Prozess gegen Strafford unternehmen, der zum Tode verurteilt und am 12. Mai 1641 auf dem Tower Hill vor den Augen einer großen jubelnden Menge hingerichtet wurde.

---

[41] Im Unterhaus saßen im 17. Jahrhundert 92 Vertreter der Grafschaften und 417 Vertreter der Cities und Boroughs nebst vier Vertretern der Universitäten Cambridge und Oxford.

[42] Nach dem Sieg des Parlaments war Fiennes später auch nicht so ganz zufrieden. Die demokratischen Vorschläge für ein neues Parlament 1648 lehnte er ab, weil er nicht neben „Brauern und Bierkutschern" sitzen wollte. Für die Dauer des Commonwealth zog er sich zu einer lägeren Landpartie auf die Insel Lundy im Bristol Channel zurück.

[43] Laud wurde wegen „papistischer Umtriebe" im Tower inhaftiert und 1645 hingerichtet.

James Graham, Marquis of Montrose.

Zwei Tage zuvor hatte der König selbst das Todesurteil unterzeichnet.

Angeblich ging Strafford seinen letzten Weg würdig und gelassen. Bevor er den Hinrichtungsplatz erreichte, rief er aus: „Don't rely on Princes, there is no hail with them."

Inzwischen war ein Plan bekanntgeworden, man wolle die immer noch in Yorkshire stehende englische Armee nach Süden verlegen und mit der Garnison von Portsmouth vereinigen. In London wurden die wirtschaftlichen und sozialen Verhältnisse immer schlimmer, die instabile politische Lage trieb die Preise in die Höhe. Es bildeten sich Plündererbanden. Charles I. ließ die Wachen im Tower und in Whitehall verstärken. Ausgerechnet Sir Thomas Lunsford, einem begnadigten Gewalttäter, der sehr zum Unmut der City of London einmal das Kommando über den Tower gehabt hatte, überantwortete Charles I. die Verteidigung des königlichen Palastes. Lunsford griff auf Schlägerbanden zurück, die er in Uniformen königlicher Gardisten steckte. Auf diesen Vorfall geht der Spitzname „Cavaliers" für die Royalisten zurück, der erst ironisch gemeint war, dann aber von den Königstreuen selber mit Wohlgefallen betrachtet wurde.

Charles I. unternahm nichts, um eine neue handlungsfähige Regierung zu bilden, und zeigte sich dem Parlament gegenüber feindlich und ablehnend. Die Schotten zogen sich aus Nordengland in ihre Heimat zurück. Charles unternahm einen Besuch in Edinburgh, wo er sehr kühl empfangen wurde. Aber auch der Covenant zeigte erste Risse, Montrose war schon bald nach der Eroberung Newcastles gefangengenommen worden.

Das alte Castle der Grahams of Montrose, Mugdock Castle, wurde nach Belastungsmaterial gegen Montrose abgesucht, es wurde aber nichts gefunden.[44] Es waren allerdings Briefe zwischen Montrose und dem König abgefangen worden, Montrose hatte sich innerlich von seinen Mitstreitern im Covenant entfernt, jedenfalls von einigen. In Cumbernauld hatte er mit 17 Gleichgesinnten einen Bund geschlossen, der die Rettung des ursprünglichen Covenants vor radikalen Usurpatoren zum Ziel hatte.[45] Damit war kein anderer als der Earl of Argyll gemeint, der Montrose hasste (was auf Gegenseitigkeit beruhte). Archibald Campbell, der achte Earl of Argyll, war ein sehr gerissener, höchst ambitionierter und skrupelloser Zeitgenosse von 43 Jahren. Bei seinem Schottlandbesuch erhob ihn der König zum Marquis, was Argyll dankend akzeptierte, aber keineswegs mit einer politischen Kursänderung quittierte. Ansonsten widmete sich der König dem schottischen Nationalsport, dem Golfspiel. Mittlerweile saß Montrose immer noch in Haft. Dort blieb er für insgesamt fünf Monate - ohne Urteil. Erst als Charles I. durch höchst erregende Nachrichten aus dem feindseligen Schottland[46] nach London gerufen wurde, gab Argyll seine Zustimmung, Montrose freizulassen.

---

[44] Einige Jahre später wurde die Burg in Montdieu Castle umbenannt, der elegantere Name schützte die Burg aber keinesfalls vor der Zerstörung durch Argylls Truppen. Der zweite Marquis of Montrose baute die Burg größer und schöner wieder auf. Vgl. Montcrieffe, Iain: The Highland Clans, London 1961, S. 91.

[45] Vgl. Prebble: The Lion in the North, S. 254.

[46] Es hatten Gerüchte die Runde gemacht, der König sei der Urheber eines Attentatsplanes gewesen. Ein erprobter Soldat, Sir John Cochrane of that Ilk, hatte Vorbereitungen getroffen, Argyll, Hamilton und dessen Bruder, den Earl of Lanark, zu ermorden.

Der irische Aufstand und Englands Weg in den Bürgerkrieg

Die neue Gefahr für die Herrschaft der Stuarts kam diesmal nicht aus Schottland, sondern aus Irland.

Das irische Parlament wurde im März 1640 zusammengerufen, um Gelder für die „New Army" zu bewilligen. Es unterstützte das englische Parlament durch die Annahme der „Petition of Remonstrance", die jeden Aspekt von Straffords Amtsführung in Irland verurteilt hatte. Und es lieferte beim Prozess gegen Strafford in London belastendes Material. Angeblich plante der König im April 1641, die 8.000 Mann zählende „New Army" auf 20.000 Mann zu verstärken, sie aus den Dubliner Magazinen ausrüsten zu lassen und dann gegen das englische Parlament einzusetzen. Als dem König klar wurde, dass Strafford verloren war, wurde die New Army aufgelöst, aber schon bald erging der Befehl, sie wieder zusammenzubringen. Man wolle sie gegen das Parlament einsetzen, sobald sich Gelegenheit ergebe. Sie ergab sich nicht. Die Idee (immerhin war das ein Staatsstreich) erschien dem Earl of Antrim aber nicht so schlecht, und er ging so weit, einen Einsatz der New Army unter seinem Befehl anderen irischen Magnaten schmackhaft zu machen. Aber letztlich kam bei diesem „Antrim Plot" gar nichts heraus.[47]

Straffords Amtsführung in Irland hatte ihm viele persönliche Feinde gemacht, gegenüber der katholischen Bevölkerungsmehrheit war sie relativ milde gewesen. Protestantische Hardliner hatten immer wieder Repressalien gegen die Mehrheitsbevölkerung gefordert, waren bei Strafford aber auf taube Ohren gestoßen. Nun war Strafford nicht mehr im Amt, die Führer der Katholiken mussten befürchten, dass sich die Scharfmacher auf der Seite der Protestanten durchsetzen könnten. Dem zu begegnen, planten sie einen Präventivschlag.

Im Februar 1641 bereitete eine Verschwörergruppe – Rory O'More, Lord Maguire, Colonel Hugh MacMahon, Sir Phelim O'Neill – einen gewaltsamen Umsturz vor, der die Zerstörung der protestantischen Ansiedlungen in Ulster zum Ziel hatte. Die Erhebung der irischen Katholiken war gut vorbereitet und traf die Protestanten überraschend. Die längerfristigen Ursachen der Erhebung waren die Ansiedlungen englischer und vor allem schottischer Siedler durch die Tudorkönige, aber besonders durch die Stuartkönige. Damit verbunden gewesen waren tiefgreifende Umwälzungen der Eigentumsverhältnisse. Ein kurzer Blick zurück lässt die Ursachen klarer zutage treten:

1604 war nach dem Zusammenbruch der großen Rebellion deren Anführer Hugh O'Neill, dem Grafen von Tyrone, sein Landbesitz belassen worden – nicht aber seine alten irischen Herrschertitel und seine weitgehende innere Autonomie, die er vorher besessen hatte. Damit wollte er sich nicht abfinden. Zusammen mit dem Earl of Tyrconnel verschaffte er sich im September 1607 ein großes Schiff, auf dem sie mit vielen ihrer Verbündeten und Bediensteten das Land verließen.

---

[47] Vgl. Seehase u. Oprotkowitz: Montrose, Der Feldzug in den Highlands, Greiz 2002, S. 60.

Nach dieser „Flight of the Earls" ergriff die Londoner Regierung unter James I. die Chance, ihre Ländereien unter dem Vorwurf des Hochverrats zu konfiszieren. Viele irische Grundherren (aber beileibe nicht alle) büßten ihre Besitztümer ein, vorausgesetzt sie waren vorher Vasallen der geflohenen Earls gewesen. Obwohl der ursprüngliche Plan, in bestimmten Regionen Ulsters die alteingesessene irische Bevölkerung zu vertreiben oder zu verdrängen, nie umgesetzt wurde, strömten viele englische, aber noch mehr schottische Siedler ins Land. Die Schotten brachten ihre (radikalere) Form des Protestantismus mit. Die Grafschaft Antrim war von der Ansiedlung ausgenommen worden, der Chief der dort ansässigen (katholischen) MacDonnells of Antrim wurde im Gegenteil von James I. zum Earl erhoben. Das war im Jahre 1620. Sowohl die irisch-protestantische Partei als auch die irisch-katholische Partei hatten enge Verbindungen nach Schottland. Mit der Enteignung irischer Barone wurden deren Leibwachen, die sogenannten „Schwertmänner", nun beschäftigungslos. Sie bildeten ein beachtliches militärisches Potenzial,[48] das Beschäftigung suchte. Es ging aber auch um Geld.

Sir Phelim O'Neill, einer der Anführer des Aufstandes, hatte Schulden von über 12.000 Pfund. Einem Mr. Fullerton aus Loughgall schuldete er 600 Pfund. Mr. Fullerton war einer der ersten, die bei der Rebellion ermordet wurden.

Am 22. Oktober 1641 brach in Ulster der Aufstand aus, der sich rasant ausweitete. Am 23. Oktober versuchten die Aufständischen sogar, Dublin Castle zu nehmen, was misslang. Das war ein ganz misslicher Fehlschlag für die Insurgenten, denn das Waffenarsenal von Dublin Castle wäre eine ausgesprochen kriegswichtige Ergänzung der eigenen Ausrüstung gewesen. Im Norden hatten die Rebellen allerdings sehr viel mehr Erfolg. Ihre Kräfte, angeführt von Sir Phelim O'Neill, stürmten in Ulster Armagh, Charlemont, Mountjoy Castle, Tandragee und Newry.[49]

Ende 1641 eroberte Phelim O' Neill die Burg von Strabane und brannte sie nieder. Das Castle gehörte Jean Gordon, der Witwe des verstorbenen Barons Claud Hamilton of Strabane. Die werte Mrs. Hamilton, geborene Gordon, wurde bei der Gelegenheit von O' Neill gefangengenommen. Trotzdem schien ihr Verhältnis ein herzliches geworden zu sein – 1649 heirateten sie.[50]

Von Ulster sprang die Erhebung auf Leinster über, die Aufständischen belagerten Drogheda und lieferten den Regierungstruppen um Dublin heftige Gefechte. Bis Dezember schlossen sich die Katholiken aus Roscommon, Mayo, Sligo, Kilkenny und Tipperary an. In allen Provinzen Irlands wurde nun gekämpft. Die früheren irisch-katholischen Landbesitzer fochten verbissen um die Rückgewinnung ihres Landbesitzes, die englischen und schottischen Siedler wehrten sich nach Kräften. Die Gegenwehr der Protestanten war hartnäckig und oft sogar erfolgreich. Trotz-

[48] Vgl. Beckett: Geschichte Irlands, S. 83.

[49] Vgl. Ohlmeyer, Jane: The Civil Wars in Ireland, in: Kenyon, John u. Ohlmeyer, Jane: The Civil Wars, S. 73 - 102, hier: S. 73.

[50] Vgl. Carlton, Charles: Civilians, in: Kenyon, John u. Ohlmeyer, Jane: The Civil Wars, S. 272 - 305. Sir Phelim O'Neill wurde im Februar 1653 gefangen, vor Gericht gestellt und im März 1653 gehängt, gestreckt, gevierteilt.

dem gewann die Rebellion an Boden. Dabei mussten die Iren mit einer Reihe von schwerwiegenden militärischen Handicaps fertigwerden, die in späteren Phasen des Aufstandes ihren Tribut fordern sollten.

Da beherrschten die Musketiere der Aufständischen das Nachladen während des so genannten „Gegenmarsches" nicht richtig. So geriet das gliedweise Feuer schon nach wenigen Salven ins Stocken und die Verbände der Aufständischen waren nicht in der Lage, rollendes Feuer zu unterhalten. Es war nur folgerichtig, dass in den Reihen der Aufständischen die Pikeniere eine größere Rolle spielten, als bei den ihnen gegenüberstehenden Truppen. Aber die Piken der Iren hatten auch oft schwächere Spitzen und Schäfte, splitterten leichter oder wurden der besseren Handhabung wegen gekürzt. Das nahm den Pikenieren der Aufständischen viel von ihrer Offensivkraft.[51]

Einige irische Veteranen des Dreißigjährigen Krieges, darunter ein hoher Prozentsatz an Feldoffizieren, kehrten nach Irland zurück, wo sie nun die Reihen ihrer Landsleute mit ihrer beträchtlichen militärischen Expertise verstärkten. Auf der anderen Seite strömten aber auch die anglo-irischen und ulsterschottischen Offiziere der schwedischen Truppen zurück in die Heimat, um ihr Hab und Gut verbissen zu verteidigen. Viele der englischen und schottischen Siedler hatten nicht die Möglichkeiten der anglo-irischen Barone, sich ihrer Haut zu wehren: Während 1619 noch ein Siedler von acht eine Muskete besaß, konnte sich 1630 nur noch einer von dreißig dieses stolzen Besitzes glücklich schätzen, d.h. die Zahl der Siedler war inzwischen zwar beträchtlich gestiegen (und damit auch die potenzielle Unruhe der Katholiken), nicht aber deren Feuerkraft. Die königlichen Truppen waren personalschwach: Die stehende irische Armee (fast ausschließlich Protestanten) zählte nur 2.297 Infanteristen und 943 Kavalleristen.[52] Obwohl die Aufständischen, die sich auf die Magna Charta beriefen, ihre Treue dem König gegenüber betonten (das taten die Covenanter allerdings auch), richteten sich ihre Aktionen auch gegen die englische Herrschaft und mittelbar natürlich auch gegen den englischen König. Dessen irische Truppen waren nun weit davon entfernt, zu einem Einsatz in England oder Schottland herangezogen werden zu können, wie es sich Charles I. so naiv ausmalte, sondern befanden sich in Irland in arger Bedrängnis. Verschiedene protestantische Lords stellten auf eigene Kosten Truppen auf und beteiligten sich an der Bekämpfung des Aufstands, z.B. Richard Boyle, der Earl of Cork, oder James Butler, Earl und später Marquis of Ormond (der das Kommando in Dublin übernahm). Sogar katholische Magnaten beteiligten sich an der Bekämpfung der Rebellen, wie der Earl of Clanricard, der Galway gegen die Aufständischen hielt – im März 1642 lief er dann jedoch über. Im Mai 1642 versammelte sich der katholische Klerus in Kilkenny und setzte sich an die Spitze der Bewegung. Mit einem Eid wurden die Rebellen des Oktobers 1641 und die zu

---

[51] Vgl. Ohlmeyer: The Civil Wars in Ireland, S. 84.
[52] Vgl. ebd.: S. 75.

ihren Fahnen eilenden gälischen Chiefs sowie die Old English zur „Konföderation von Kilkenny" zusammengeschlossen. Am 24. Oktober 1642 hielten die Konföderierten ihre erste Generalversammlung in Kilkenny ab und gaben sich mit dem 24-köpfigen Obersten Rat eine organisierte Führung.

Trotzdem blieben die Verhältnisse in den Kampfgebieten oft chaotisch. Besonders auf dem Lande waren die protestantischen Siedler Übergriffen der früheren katholischen Eigner ausgesetzt – und schlugen mit gleicher Härte zurück. Es gab viele alte Rechnungen zu begleichen. In den Städten war die Lage besser, wurde eine Stadt von den Konföderierten gestürmt, so schützten die katholischen Bürger meist ihre protestantischen Nachbarn. Die ganz großen Städte, in denen der Großteil der Protestanten lebte, fielen nur selten in die Hände der Konföderierten und wenn, wurden sie nicht geplündert. Trotzdem erhielt der irische Aufstand gerade durch die konfessionellen Gegensätze eine besondere Schärfe und Grausamkeit. Schon bald erschütterten Nachrichten von der unmenschlichen Bestialität der irischen „Papisten" England. Wenn auch die Berichte weit übertrieben – von 154.000 getöteten Protestanten war da die Rede –, es kamen in den ersten Monaten des Aufstandes 4.000 protestantische Zivilisten ums Leben. In Armagh, wo einige unbeschreibliche Gräuel geschahen, wurden 600 bis 1.300 Protestanten ermordet: Umgerechnet 10,5% bis 25% der protestantischen Bevölkerung in dieser Region.[53] Gerade die Übergriffe gegen Wehrlose, gegen Frauen und Kinder, erregten die englische Öffentlichkeit.[54] Nach den Nachrichten über tatsächliche oder vermeintliche Gräueltaten kamen die Flüchtlinge. Tausende strömten nach Dublin, weitere nach England und Schottland. Das Erscheinungsbild dieser bemitleidenswerten Menschen – meist abgerissen, ausgehungert oder krank – führte zu einem Aufschrei der Empörung in England und auch in Schottland. Sofort wurden Stimmen laut, mit englischen Truppen in Irland zu intervenieren, schon im Winter 1641/42 trafen Verstärkungen von 2.600 Infanteristen aus England in Irland ein.

Viele Menschen in England begannen die Covenanter in einem neuen Licht zu sehen. Die Covenanter waren Feinde des Königs, aber Feinde Englands wohl kaum, Feinde des protestantischen Glaubens ganz gewiss nicht. Die Feldzüge des Königs gegen die Covenanter waren nie eine Herzenssache des englischen Parlaments gewesen, teuer und schmachvoll waren sie ohnehin. Englische Presbyterianer sahen in den Schotten Wesensverwandte, englische Puritaner (oder „Independenten") neideten den schottischen Radikalprotestanten sogar ihren Einfluss in der Politik. Die irischen Konföderierten hingegen galten einem rechtgläubigem Engländer als Feinde schlechthin. Und die kraftvollste Antwort auf diese Bedrohung war von der Seite der schottischen Covenanter gekommen.

Alexander Leslie, nun zum Earl of Leven erhoben, bekam im Winter den Titel

---

[53] Vgl. ebd.: S. 74.

[54] Noch heute wird die Erinnerung an die Ereignisse des Aufstandes von beiden Seiten in Nordirland wachgehalten. Bei den Protestanten hat z. B. das Gedenken an die im Massaker von Portadown 1642 Getöteten einen großen Stellenwert.

„Lord-General". Generalmajor Sir Robert Munro wurde zum Generalleutnant befördert. Zusätzlich zu den drei stehenden Regimentern wurde mit der Aufstellung von sieben weiteren begonnen. Im März 1642 wurden die drei ursprünglichen Regimenter unter dem Kommando von Munro in Ayr verladen. Nach einem unfreiwilligen Zwischenaufenthalt auf der Insel Arran landete dieses Expeditionskorps am 3. April in Carrickfergus bei Belfast. Verstärkungen brachten es auf über 11.000 Mann. Munro marschierte auf Newry und eroberte es. Dabei ging er gegenüber der katholischen Bevölkerung mit äußerster Härte vor (80 katholische Bewohner Newrys wurden exekutiert). Danach vertrieb er die Rebellen aus den Küstengebieten der Grafschaften Antrim und Down. Viele waren Pächter oder gar Verwandte des Earls of Antrim. Der hatte sich aus der Rebellion herausgehalten, die Aufständischen hatten Anfang 1642 sogar das Dorf Dunluce zerstört, das strategisch wichtige Dunluce Castle war allerdings in der Hand des Earls geblieben. Viele Pächter und Vasallen des Earls of Antrim dienten in einem Regiment der königlich-irischen Armee, das die Grafschaft Antrim ruhig hielt, bevor es auseinanderbrach. Der Grund hierfür war, dass in diesem Regiment sowohl Katholiken wie Protestanten dienten. Im Mai 1642 brachte sich Munro in den Besitz der Burg Dunluce Castle und stationierte Truppen unter dem Kommando des Marquis of Argyll darin. Dadurch wurde der Earl of Antrim geradezu in die Arme der Konföderierten getrieben, allerdings war er vorsichtig genug, sich nicht öffentlich auf ihre Seite zu stellen. Munro gelang es, die Militäraktionen der Konföderierten in Ulster weitgehend auf Guerillatätigkeit zu beschränken.

Dabei ging Munro mit so großer, ja exzessiver Härte vor, dass selbst ein altgedienter Soldat wie Sir James Turner, auch ein wichtiger Kommandeur auf der protestantischen Seite, entsetzt war und protestierte. Turner war ganz bestimmt kein Weichling und Sympathien mit den Aufständischen konnte man ihm kaum nachsagen.

Die großen Erfolge Munros bei der Bekämpfung der Konföderierten in Ulster fanden in England großes Echo. Jede Halbherzigkeit im Bezug auf die Ereignisse in Irland trug dazu bei, König Charles I. in den Augen des Parlaments und der Öffentlichkeit zu desavouieren.

Die ersten Nachrichten aus Irland trafen Ende Oktober 1641 ein. Es war ein Zufall, dass sie zeitlich mit den parlamentarischen Beratungen über die „Great Remonstrance" zusammenfielen. Allerdings ist es nicht unwahrscheinlich, dass sie dieser Auflistung aller Beschwerden über Charles' Amtsführung seit seiner Krönung die Mehrheit im Parlament verschafften, die mit 11 Stimmen nicht eben überwältigend ausfiel. Allerdings, Mehrheit ist Mehrheit. Der Streit darüber, ob die „Great Remonstrance" gedruckt und veröffentlicht werden sollte, löste im Parlament einen Tumult aus. Viele Abgeordnete wollten so weit nicht gehen, andere drangen auf rasche Veröffentlichung. Es wurden Schwerter gezogen, es kam zu Handgreiflichkeiten.[55] Charles der Erste, mit seinem Talent, politischen

[55] Vgl. Dowding, Taylor u. Millman, Maggie: Civil War, London u.a. 1992, S. 49.

Castrum Royale Londinense, vulgo

he TOWER

Kredit auf der Stelle wieder zu verspielen, suchte in Begleitung von Soldaten das Parlament auf, um fünf Mitglieder zu verhaften, darunter auch John Hampden (das war am 4. Januar 1642).[56] Dadurch setzte er sich nicht nur ins Unrecht, den fünf Abgeordneten gelang es, sich in die City of London abzusetzen und dort den bewaffneten Widerstand vorzubereiten. Die Bewohner Londons reagierten sehr gereizt auf die Nachricht von Charles' Auftritt im Parlament, die Räte der City of London stellten sich hinter den Führer des Parlaments, Pym. Charles fürchtete um seine persönliche Sicherheit und verließ am 10. Januar 1642 London.

Sehr zu der Zuspitzung der Lage trug auch die Abreise der Königin Henrietta Maria bei. Diese schöne, kluge und sehr energische Frau (bei der Wahl ihrer Frauen bewiesen die Stuarts mehr Geschick als bei der Leitung ihrer Amtsgeschäfte) war Richtung Holland aufgebrochen, um finanzielle Hilfe und Waffen aufzutreiben.

London war nun vollständig in der Hand des Parlaments. Besonders wichtig waren die im Tower of London lagernden Waffen. Das waren zu dieser Zeit nicht allzu viele, nur 1.367 Musketen und 354 Piken. Aber der Tower war das Nervenzentrum der Waffenproduktion in England. Das Parlament unterstellte sich mit der „Militia Bill" alle „Trained Bands" der Grafschaften. Desweiteren schloss es alle Bischöfe aus dem Oberhaus aus. Letztere Maßnahme sanktionierte der König sogar, er war aber nicht bereit, das militärische Potenzial des Landes in die Hände des Parlaments übergehen zu lassen. Charles I. versuchte, sich in den Besitz des Arsenals von Hull zu setzen. Der Gouverneur von Hull jedoch, Sir John Hotham, verweigerte ihm den Einlass. Charles musste unverrichteter Dinge abziehen und schlug sein Hauptquartier zunächst in York auf. Dort sammelten sich die Royalisten, vor allem aus Cumberland, Westmoreland und Lancashire. Auch die Waliser Grafschaften und Herefordshire waren stark vertreten.

Während Charles eine königliche Armee aufzustellen begann, sammelte auch das Parlament seine Leute. Mit der finanziellen Unterstützung der City of London wurden Truppen aufgestellt. Den Kern bildeten die Londoner Trained Bands unter Generalmajor Phillip Skippon. Die Wochenendsoldaten der Trained Bands waren von regulären Soldaten einem regelmäßigen Drill unterzogen worden. Die führenden Parlamentarier stellten in ihren Wahlkreisen Truppen auf, John Hampden beispielsweise in Buckinghamshire und Oliver Cromwell in Cambridge. Das Oberkommando erhielt Robert Devereux, der 3. Earl of Essex (1591 - 1646). Er hatte in den 1620er Jahren als Kompaniekommandeur in der Pfalz gekämpft und war später in niederländische Dienste getreten. 1625 war er Vizeadmiral der Cadiz-Expedition gewesen. Königstreue Parlamentarier gingen nach York, die Fronten klärten sich. Trotzdem war die Mehrheit der Bevölkerung (die Mehrheit in allen

[56] Bis heute erinnert eine Tradition des Parlaments an dieses Ereignis, wenn der Bote der Königin, „Black Rod", die Mitglieder des Unterhauses zur Regierungserklärung der Monarchin ins Oberhaus bittet, wird ihm zunächst die Tür vor der Nase zugeschlagen. Die fünf Abgeordneten waren John Hampden, Sir Arthur Hesilrige, Denzil Holles, John Pym und William Strode. Außerdem sollte der Oberhausabgeordnete Viscount Mandeville, später Earl of Manchester, verhaftet werden.

sozialen Schichten) keineswegs bereit, sich für König oder Parlament zu entscheiden und den Bürgerkrieg in Kauf zu nehmen. In Holland, das eigentlich der Seite des Parlaments zuneigte, dessen Staatschef aber dem Hause Stuart persönlich verbunden war (der Sohn des Statthalters Friedrich Heinrich von Oranien, Willem, war seit 1641 mit einer Tochter des englischen Königs verheiratet) schifften sich zwei enorm wichtige Persönlichkeiten ein, den Militärdienst in England aufzunehmen, das waren die Prinzen Ruprecht (Rupert) und Moritz von der Pfalz,[57] Neffen des englischen Königs. Sie brachten 100 auf den Schauplätzen des Dreißigjährigen Krieges erfahrene Offiziere mit.

Rupert war nicht nur ein guter Reiter und Fechter, er schoss auch sehr gut. Er besaß ein Paar Pistolen mit gezogenen Läufen. Sie verschafften ihm einen beachtlichen Wettgewinn. Der Prinz wettete, er könne mit zwei Schüssen den Wetterhahn auf einer Kirche zweimal treffen. Jemand hielt dagegen, Rupert schoss, traf, schoss erneut, traf nochmals. Die Wette war gewonnen.

Der König hatte sein Hauptquartier zeitweilig in York[58] aufgeschlagen, wo ihn im Mai 1642 Abgesandte des Parlaments erreichten. Sie brachten die „Nineteen Propositions" mit, die die Übertragung aller realen Macht an das Parlament vorsahen und den Monarchen zur rein repräsentativen Figur gemacht hätten. Natürlich lehnte Charles I. Stuart ab. Mittlerweile hatten sich rund ein Drittel der Unterhausabgeordneten und sogar zwei Drittel der Oberhausabgeordneten auf die Seite des Königs geschlagen.

Am 15. Juli 1642 versuchte Lord James Stanley of Strange[59], das Magazin der Stadt Manchester zu erobern. Die Einwohner, die für ihre puritanische Einstellung bekannt waren, leisteten verbissen Widerstand, der einen der ihren das Leben kostete. Dieser Mann war ein Leineweber namens Richard Perceval. In der Ikonographie der Parlamentsseite nahm Perceval einen Ehrenplatz ein als erster Gefallener des Bürgerkrieges.

Am 22. August hisste Charles die königliche Standarte auf dem Castle Hill bei Nottingham. Das war eine Form der Kriegserklärung. Kurioserweise verfehlte sie ihren Eindruck in Nottingham selbst. Die Stadt war eine Hochburg der Parlamentspartei. Charles I. gelang es nicht, sie zu erobern.

Das war das Verdienst von Colonel John Hutchinson, der Nottingham erbittert verteidigte. Der wackere Hutchinson hatte dabei gar keine militärische Ausbildung. Als Schuljunge hatte er von einem Veteranen der Feldzüge in den Niederlanden einige Tricks gelernt. Die Geschichte bewies, dass das in seinem Fall gereicht hat ...

Charles I. appellierte an die Trained Bands der Grafschaft, ihm zu helfen. Das

[57] Moritz oder Maurice, wie ihn die Engländer nennen, war nicht nur der Lieblingsbruder seines berühmten großen Bruders Rupert, sondern auch ein Mann mit kämpferischen Qualitäten. Trotz seiner Jugend, er war erst 1620 geboren, hatte er große Führungsqualitäten.

[58] In York hatte Sir Francis Wortley, geb. 1592, öffentlich sein Schwert gezogen und theatralisch proklamiert, er werde den König verteidigen. Andere Leute aus Yorkshire sahen es ähnlich und sicherten dem König die Stadt.

[59] Er wurde später Earl of Derby.

wollten die auch, theoretisch, aber nicht außerhalb der Grafschaft. Deshalb ließ der König die Waffen der Trained Bands konfiszieren, später wiederholte er diese Praxis auch in anderen Grafschaften. Damit lieferte er dem Parlament vorzügliches Propagandamaterial, denn sofort deklamierten seine Gegner, der König ließe deshalb die Trained Bands entwaffnen, weil er gottesfürchtige Engländer wehrlos einer Invasion irischer Papisten ausliefern wolle.

Die Schlacht von Powick Bridge

Die Wichtigkeit privaten Waffenbesitzes für die Landesverteidigung machte zu Beginn des Krieges ein Captain Robert Millington deutlich, der dem König 80 Musketen übereignete ...

Die allererste Phase des Bürgerkrieges zeichnete sich nicht durch größere Kampfhandlungen aus, sondern durch vorsichtiges Abtasten der Kontrahenten. Befestigte Plätze, ob nun gut armierte Festungen oder gerade einmal Landhäuser mit einem ummauerten Garten, entschieden sich, je nach Präferenz von Kommandeur oder Besitzer, für den König oder das Parlament. Ein solcher Platz befand sich in Warwickshire, der Besitzer dieses stolzen, militärisch aber durchaus nicht eindrucksvollen Landhauses war Anhänger des Parlaments. Rupert griff am 11. September 1642 mit einer regimentsstarken Truppe das Anwesen an und eroberte es. Nach eingehender Besichtigung kam er nicht umhin festzustellen, dass die ganze Besatzung aus der Frau des Besitzers, dem Schwiegersohn und einigen Dienern bestanden hatte. Wenn auch die erste „Belagerung" des Belagerungsspezialisten Rupert eher wie eine Farce dimensioniert war, er verpasste den fulminanten Auftakt des Kampfgeschehens keineswegs, der sich bereits angebahnt hatte.

Die erste größere Gefechtstätigkeit des Englischen Bürgerkrieges war die Schlacht von Powick Bridge, in der Prinz Rupert seine militärischen Fähigkeiten nun in passenderem Ambiente unter Beweis stellen konnte.

Der Oberkommandierende der Parlamentstruppen, der Earl of Essex, rückte am 9. September mit kleiner Eskorte aus London aus, um zu seinen sich bei Northampton versammelnden Truppen (rund 15.000) Mann zu stoßen. Im Süden hatte sich die Lage ungünstig für die Königstreuen entwickelt. Colonel George Goring hatte Portsmouth am 7. September aufgeben müssen, Sir John Byron hatte Oxford am 10. September verlassen. Nur wenig später rückten Parlamentstruppen in die Stadt ein. Byron marschierte langsam auf Worcester vor, einen Straßenknotenpunkt in Westengland. Am 19. September erreichte er die Stadt mit seinem Kavallerieregiment. Der König machte sich Hoffnungen, diese Stadt halten zu können. Er schickte Prinz Rupert, seine Truppen mit denen Byrons zu vereinen und die Königstreuen der Grafschaft Worcestershire zu sammeln. Rupert hatte acht Troops Kavallerie und zehn Kompanien Dragoner, insgesamt knapp 1.000 Mann.[60] Am 23. September

[60] Vgl. Burne, Alfred H. u. Young, Peter: The Great Civil War, Moreton-in-Marsh 1998, S.18.

erreichte der Prinz die Stadt. Er fand alles in allergrößter Unordnung vor und zog seine Truppen aus der Stadt zurück. Er positionierte seine Streitmacht rund anderthalb Meilen südwestlich bei Powick Bridge. Hier überspannte eine Brücke den Fluss Teme. Es war ein möglicher Vormarschweg von Parlamentstruppen, die Rupert im Anmarsch auf Worcester vermutete. Er ließ seine Reiter absitzen und in einer Bodensenke auf dem nördlichen Flussufer lagern. Die schweren Kavalleristen legten ihre Rüstungen ab, um einige Stunden zu schlafen. Rupert positionierte aber eine Vorpostenkette aus Dragonern zwischen dem Biwak und der Brücke. Tatsächlich näherte sich eine Reitertruppe des Gegners aus Süden. Essex hatte Colonel John Brown mit einem Dragonerregiment detachiert, um Byron (der mit seinem Regiment, nebenbei bemerkt, eine Kriegskasse eskortierte) abzufangen. Brown war ein professioneller Soldat und sehr energisch. Seine Leute hatten einen Ritt von 27 Meilen hinter sich. Brown rückte in Powick Ham, gerade südlich der Brücke, ein. Brown hatte 800 bis 1.000 Mann: fünf Kompanien Dragoner und zehn Troops Kavallerie.[61] Brown hatte es versäumt, vom Kirchturm von Powick Church zu rekognoszieren, er wusste also nichts von der Position des Prinzen. Er hatte auch keine Spähtrupps ausgesandt. Um 4 Uhr nachmittags überbrachte ihm ein Melder die Nachricht, Essex befinde sich mit der Hauptarmee im Anmarsch auf Worcester. Sofort ließ Brown marschfertig machen. Sein Stellvertreter Colonel Edwin Sandys unterstützte die Entscheidung, während drei Troopkommandeure zur Vorsicht rieten. Es waren Captain Edward Wingate, Nathaniel Fiennes und sein Bruder John Fiennes, alle in militärischen Dingen relativ unerfahren, aber Mitglieder des Parlamentes.[62] Sandys setzte seine Ansicht durch: „Die, die wollen, sollen mitkommen. Die, die nicht wollen, können dableiben und zusehen." Die Troopkommandeure protestierten, konnten aber nicht mehr erreichen, als dass pro Troop zwei Mann als Spähtrupps ausgesucht wurden.

Aber Brown hatte inzwischen mit seinen Dragonern die Überschreitung der Brücke begonnen. Die Hauptleute konnten gerade noch einen Psalm singen, bevor Sandys abrückte. Inzwischen hatte Browns Vorhut den Fluss auf der Brücke überschritten. Da nur vier Reiter nebeneinander die Brücke überreiten konnten, dauerte es sehr lange, bis die Dragoner den Fluss überquert hatten. In Schussweite der Dragoner Ruperts ließ Brown haltmachen, um die zu den Spähtrupps ausgesuchten Leute nach vorne zu holen. Brown hatte nicht die mindeste Ahnung davon, dass Ruperts Kavallerie sich zum Schlag formierte. Rupert hatte mit seinen Offizieren inklusive seinem jüngeren Bruder Moritz unter einem Baum geruht. Als Sandys' Kavallerietroops sich auf Ruperts Stellung zubewegten, eröffneten die Dragoner der royalistischen Vorpostenkette das Feuer.

Rupert war nun gewarnt und verlor keine Zeit. Sandys ließ sich durch den Beschuss, obwohl er Opfer kostete, nicht sonderlich beeindrucken und ließ sehr

[61] Ein Kavallerieregiment bestand aus rund 450 bis 500 Reitern, die in sechs Troops gegliedert waren. Bisweilen operierten zwei Troops als taktische Einheit zusammen, daraus wurde später dann die Eskadron oder Schwadron.

[62] Vgl. Burne und Young, The Great Civil War, S. 19.

schnell vorrücken. Die hinteren Troops der Marschsäule verloren den Anschluss. Es waren neben den Dragonern erst fünf Troops Kavallerie über die Brücke, als die royalistische Attacke sie traf. Als erste Einheit griff der Troop von Sir Lewis Dyve an. Seine Reiter näherten sich im Trab und feuerten mit ihren Pistolen. Nathaniel Fiennes Troop war das Angriffsziel. Fiennes ließ seine Reiter abwarten und erst im letzten Moment mit ihren Karabinern den Beschuss erwidern. Der Effekt war beeindruckend, Dyves Troop geriet durcheinander und wurde selbst Opfer einer wütenden Gegenattacke von Fiennes Männern. Aber plötzlich fand sich Fiennes mit seinen Leuten allein, die Einheiten an seinen Flanken hatten sich zurückgezogen. Fiennes drehte um und schlug sich mit seinem Fahnenträger und einem halben Dutzend Leuten zur Brücke durch. Er überquerte sie unbeschadet. Sandys' eigener Troop war durch den Beschuss der royalistischen Dragoner irritiert und verlor vollends die Nerven, als Sanyds getroffen wurde. Die Reiter galoppierten zum Fluss, einige überquerten die Brücke, andere ritten geradewegs in den Fluss. Die Royalisten jagten ihre Gegner bis zum Fluss, machten aber zunächst keine Anstalten, ihn zu überschreiten. Brown seinerseits sicherte mit eine paar Dragonern die Brücke und deckte den Rückzug seiner Leute.

Nun versuchten einige Reiter Ruperts, die Brücke zu nehmen, nachdem der Beschuss der Dragoner Brown aber eine Handvoll Tote gefordert hatte, gaben sie den Versuch auf. Die Reste von Brownes Streitmacht traten einen mehr oder minder geordneten Rückzug an, Nathaniel Fiennes versuchte vergeblich, seine Leute am Südende der Brücke zu sammeln, Brown gelang es schließlich, bei Upton Bridge einige Meilen weiter südlich 40 bis 50 Mann für ein mögliches Nachhutgefecht zu sammeln. Aber die meisten der Überlebenden ritten weiter, bis sie bei Pershore auf die Leibgardekavallerie von Essex trafen. Die Nachricht von der Niederlage von Powick Bridge verbreitete sich schnell und fügte der Kampfmoral der Parlamentstruppen einen schweren Schlag zu.

Die Kavaliere hatten rund 60 bis 70 Gefangene gemacht. Insgesamt 28 Gefallene wurden beerdigt, einige weitere (ausschließlich Roundheads) waren ertrunken. Alles in allem verlor Brown 100 bis 150 Mann, darunter 15 Offiziere, auch Sandys war tot. Die Kavaliere verloren nur wenige Leute, keine Offiziere darunter. Allerdings waren Prinz Moritz, Lord Henry Wilmot, Dyve, Sir Charles Lucas und andere verwundet.

Der Prinz beeilte sich, den Kommandeur seiner Leibgarde, Richard Crane, mit einer Depesche und einem halben Dutzend erbeuteter Standarten zu Charles zu schicken. Der war über alle Maßen entzückt und schlug Crane[63] zum Ritter. In Cheshire, wo der König gerade sein Hauptquartier aufgeschlagen hatte, gab die Nachricht von Powick Bridge den Rekrutierungsbemühungen der Royalisten großen Auftrieb.

Der König nahm nun seinen Plan wieder auf, auf London zu marschieren.

[63] Crane war ein Veteran des Dreißigjährigen Krieges, er hatte mit Rupert bei Breda und bei Lemgo gekämpft.

Männer, Waffen und Pferde

Obwohl England weit weniger militarisiert war als Schottland oder Irland, war es doch in der Lage, weit schneller und gründlicher wirklich große Truppenkontingente auszuheben, zu bewaffnen und ins Feld zu führen. Dieser nur scheinbare Widerspruch ist leicht zu klären.

England war eine weit modernere Gesellschaft als die meisten Gesellschaften Europas dieser Zeit, ausgenommen vielleicht die Niederlande und Frankreich. In einer schon arbeitsteiligen Gesellschaft mit großen Städten, Häfen, Manufakturen etc. war viel leichter, Geld und Personal zu mobilisieren als in einer agrarischen Gesellschaft. Und England hatte Geld, die Leute zu bezahlen, es hatte Textilindustrie, sie zu bekleiden, es hatte eine recht moderne Landwirtschaft, sie zu versorgen. Es gab auf beiden Seiten idealistische oder ambitionierte, abenteuerlustige oder radikale Führungspersönlichkeiten, die auch auf eigene Kosten Truppenverbände aus dem Boden stampften.

Kurioserweise hatte Großbritannien in den vergangenen Jahren viele Soldaten exportiert, Waffen jedoch nur in ganz bescheidenem Ausmaß (das war nämlich verboten). Grund waren nicht etwaige pazifistische Schwachheiten, sondern die schlichte Überlegung, zur Hebung der eigenen Wehrhaftigkeit (im Falle eines Falles) die Waffen im Lande halten zu wollen. Eitle Tunichtgute und räudige Rabauken sah man allerdings gerne fern der Heimat und so kam es, dass viele britische Rekruten fast unbewaffnet auf den Schlachtfeldern des Dreißigjährigen Krieges eintrafen. Nun kehrten sie wohlbewaffnet wieder zurück.

Beide Seiten im Bürgerkrieg gingen mit Hochdruck daran, Infanterie- und Kavallerieverbände aufzustellen, wobei der Vorteil (die Infanterie betreffend) bei der Parlamentsseite lag. Da der niedere Adel der westlichen und nördlichen Grafschaften eher den Royalisten zuneigte, hatten diese einen Vorteil bei der Kavallerie.

Die Infanterie jener Tage bestand fast ausschließlich aus Pikenieren und Musketieren. Pikeniere hielt man zur Abwehr von Kavallerieangriffen für erforderlich. Obwohl es ausschließlich aus Musketieren bestehende Einheiten gab, waren sie eher die Ausnahme.

Pikeniere waren zumeist gerüstet, die Rüstung bestand aus einem Helm (meist vom Typ Morion), einem aus Brust- und Rückenteil bestehenden Kürass, „Tassets" (vom Kürass herabreichende Oberschenkelschützer) und dem „Gorget" (einem eisernen Kragen). Die letzten beiden Rüstungsteile wurden später zumeist weggelassen. Diese komplette Rüstung trugen ohnehin nur die London Trained Bands. Unter der Rüstung trug man gewöhnlich das Buff-Coat, eine dicke Jacke aus Büffelleder, die allein schon eine gute Schutzwirkung entfaltete. Erhaltene Buff-Coats weisen eine Lederstärke von bis zu 5,5 Millimeter auf. Kostete ein gutes Buff Coat 1640 noch den exorbitanten Preis von 10 Pfund, so reduzierte sich der Preis bis 1646 auf rund ein Pfund, das konnte auch ein einfacher Soldat bezahlen.

König Gustav Adolf trug zur Zeit seines Heldentodes anno 1632 bei Lützen ein Buff-Coat.

Hauptwaffe des Pikeniers war natürlich die Pike, auf einem Eschenschaft saß eine eiserne lanzettförmige Spitze. Der Schaft war 15 bis 18 Fuß lang (4,6 bis 5,5 Meter). Die irischen Regimenter trugen kürzere Piken. Als Zweitwaffe war das Rapier populär, aber meist nicht sehr zweckmäßig. Vielfach verwendeten die Soldaten ihre Schwerter zum Holzhacken oder zum Schlagen von Faschinen. Dabei konnte ein Rapier leicht entzweigehen. Kürzere Hauschwerter waren hier praktikabler und auch leichter zu beschaffen. Die Offiziere trugen natürlich (unabhängig von der Waffengattung) Schwerter, berühmt für die Epoche des Englischen Bürgerkrieges war das „Mortuary-Sword": eine Waffe mit einer breiteren Klinge als das Rapier und einem Korbgriff, der sich aber deutlich vom Griff der schottischen Broadswords (die auch verwendet wurden) unterschied. Die eigenartige Bezeichnung rührt daher, dass nach dem Tode des Königs viele dieser Schwerter mit dekorativen Elementen, die an Charles I. erinnern sollten, produziert wurden. Säbel waren ebenfalls vorhanden, man nannte fast alle Säbeltypen (die allgemein von weniger aufwendiger Fertigung waren als beispielsweise die Mortuary-Swords) „Hanger". Viele Schwerter wurden seit 1632 in der Manufaktur von Hounslow gefertigt. Ihr Gründer Benjamin Stone galt dem Parlament als Royalist, deshalb wurde seine Manufaktur bei Beginn des Bürgerkrieges beschlagnahmt und in eine Pulvermühle umgewandelt.

Dolche waren nicht sehr verbreitet, obwohl sie in den Schriften der Militärtheoretiker empfohlen wurden (z.T. für solch obskure Zwecke wie das Graben von Latrinen).

Eine einzelne Pike war nutzlos, ein einzelner Pikenier war nutzlos. Ihre Defensivwirkung entfalteten die Pikeniere erst in der Masse. Das setzte aber scharfen Drill voraus, denn unausgebildete Pikeniere gefährdeten eher den Freund als den Feind. Gut ausgebildete Pikeniere konnten einen fast unüberwindlichen Wall bilden, wenn sie acht Glieder tief gestaffelt aufgestellt wurden (wie das Essex nach holländischem Muster tat). Um solch eine Formation zu überwinden, brauchte man Musketiere.

Es waren zwei Typen von Musketen in Gebrauch: die gemeine Muskete mit einer Lauflänge von rund 1,4 Metern und das „Caliver" mit einer Lauflänge von 1,1 Metern. Ein Caliver war identisch mit der Arkebuse, nur die Bezeichnung hatte sich geändert. Der Zündmechanismus war das Luntenschloss, erfahrene Musketiere hielten immer beide Enden der Lunte glühend. Die Musketengabel zum Aufstützen der Waffe verschwand mit der Zeit, Schaftform und Abzugsmechanismus wurden moderner, die Waffen leichter. Eine Standardisierung der Kaliber gelang nie, obwohl vielfach daran gearbeitet wurde. Die ständigen Importe von Waffen etc. verhinderten jede weitergehende Standardisierung. Als Faustregel hatte eine Muskete ein Kaliber, das dem heutigen 10 Gauge entsprach: 10 Kugeln dieses Kalibers wogen ein englisches Pfund.

Die Reichweite der Musketen war nicht besonders groß, die Treffsicherheit auch nicht, immerhin waren Musketen und Calivers glattläufige Waffen. Aber die Wirkung, die ein Musketengeschoss aus Blei erzielen konnte, war fürchterlich und wesentlich gefährlicher als die eines modernen Gewehrgeschosses. Das Schwarzpulver in zwölf Kartuschen („Zwölf Apostel") trugen die Musketiere an einem

Bandolier um die Brust. Die moderneren Schnapphahnschlossmusketen waren sehr teuer und deshalb nur in geringen Stückzahlen verbreitet. Normalerweise führten die Eskorten der Artilleriegeschütze aus Sicherheitsgründen Schnapphahnmusketen. Die noch teureren Radschlossmusketen waren nur in verschwindend geringer Anzahl im Einsatz, dann meist bei der Reiterei. Infanterieoffiziere beschafften sich aber oft Calivers mit Radschlosszündung auf eigene Kosten. Plänkler und Scharfschützen verfügten über zivile Jagdgewehre mit gezogenen Läufen („Fowling Pieces"), in der Theorie sechs Mann pro Kompanie, in der Praxis meist weniger. Die effektive Reichweite dieser Waffen war weitaus größer als die der Musketen, die bei maximal 300 Metern lag. Während des Englischen Bürgerkrieges kam die Innovation der Papierpatronen auf, die den Ladevorgang vereinfachte. Trotzdem war das ganze noch eine komplizierte Sache, selbst erfahrene Musketiere brachten kaum mehr als einen Schuss pro Minute zuwege.

Gefeuert wurde gliederweise oder zugweise, im Laufe des Gefechtes wurde daraus immer mehr ein erratisches Einzelfeuer, bei dem wegen des Pulverdampfes ohnehin niemand mehr sah, worauf er schoss. Vollsalven eines ganzen Regimentes o.ä. waren unüblich (bei seinem ersten Sieg in Schottland bei Tippermuir verfuhr Montrose mit seiner irischen Brigade allerdings in dieser Weise).

Bajonette waren noch nicht in Gebrauch, wenn auch 1639 ein gewisser William Bariffes in einer Abhandlung angeregt hatte, die Spitzen von Saufedern abschraubbar zu gestalten, um sie im Bedarfsfall an einer Gewehrmündung befestigen zu können. „Swedish-Feathers"[64] waren nicht populär und Schwerter dienten oft nur zum Holzhacken. Hatte sich ein Musketier verschossen, packte er die Waffe beim Lauf und benutzte sie als Keule. Helm oder Küraß trugen die Musketiere in der Regel nicht.

Die Unteroffiziere trugen fast universell Hellebarden als Rangabzeichen, die Offiziere (hier aber bei weitem nicht alle) andere Stangenwaffen wie Korseken oder Partisanen. Manche Regimenter waren sehr ärmlich ausgerüstet, etwa Prince Rupert's Regiment of Foot im Jahre 1644, als viele seiner Soldaten nur Schwerter besaßen. Auf beiden Seiten wurde improvisiert: Es wurden tatsächlich uralte Stangenwaffen wie die Bill oder der Quarterstaff ausgegeben, die ihre große Zeit in den Rosenkriegen gehabt hatten. 1643 hatte die königliche Armee 2000 Waliser „Clubmen" mit Quarterstaffs bewaffnet. Auf eigene Initiative bildete sich in der Gegend von Leek das Korps der „Moorland Dragoons" (auf Parlamentsseite), das sich mit Vogelflinten und Sensen bewaffnete.

Weitverbreitet waren kleine Handbeile (hauptsächlich zum Holzhacken). Handgranaten (in der Form pulvergefüllter Weinflaschen) waren ebenfalls in Gebrauch.

Und so ganz war auch der berühmte Langbogen nicht verschwunden. 1625 hatte ein William Nead die Streitschrift „The Double Armed Man" publiziert und darin vorgeschlagen, Soldaten mit Bogen und Pike gleichzeitig zu bewaffnen. Ende der 1620er Jahre schlugen die Grafschaften Norfolk und Suffolk vor, Milizen aus

[64] Das waren Spieße mit eisernen Spitzen an beiden Enden, man konnte sie zu Palisaden zusammenstecken.

Kampf der Musketiere. Wallhausen, Kriegskunst zu Fuß.

Bogenschützen zur Abwehr möglicher Invasionen aufzustellen.[65] Alle diese Vorschläge blieben unbeachtet. Trotzdem verschwand der Langbogen nicht ganz. Im Englischen Bürgerkrieg kam es nur zu vereinzelten Einsätzen von Bogenschützen, 1642 z.B. wurde in Hereford eine Kompanie aus Pikenieren und Bogenschützen aufgestellt. Beim Gefecht von Devizes landete ein Langbogenpfeil zwischen den Füßen von Sir Jacob Astley. Bögen wurden benutzt, um Nachrichten zum Feind hinüberzuschießen oder Feuer in feindliche Stellungen zu werfen. Alles in allem gab es aber nur sehr vereinzelte Einsätze von Bogenschützen.[66]

Die Infanterie bestand aus Regimentern, die wiederum aus Kompanien zusammensetzten. Oft wurden unabhängige Kompanien einfach zu Regimentern zusammengefasst. Zunächst genossen die Pikeniere den Vorzug gegenüber den

[65] Vgl. Haythornthwaite, Philip: The English Civil War, London 1994, S.44.

[66] Die englischen Pfeilmacher und Bogenmacher richteten eine Petition an den König, er möge den Krieg gegen seine Feinde doch mit Pfeil und Bogen führen. So lächerlich es sich anhören mag (und die Petition wurde nicht ernstgenommen), so hatte diese Eingabe doch vernünftige Grundlagen. Zu einen lagen die Hochburgen der Pfeil- und Bogenmacher in Wales, den Marches und in Cheshire. Das waren Gebiete unter royalistischer Kontrolle, während die Pulvermühlen sich vor allem im Süden und bei London befanden und damit unter der Kontrolle des Parlaments. Zum anderen waren die meisten der damals verwendeten Gewehre mit Luntenschlössern ausgestattet, und damit eigneten sie sich überhaupt nicht für die Begleitmannschaften der Artillerie (wegen der Pulvervorräte).

Musketieren, bald erkannte man aber, dass der taktische Wert der Musketiere größer war und man stattete die größten und stärksten Rekruten mit Musketen aus. In den Schriften der Militärexperten der 20er und 30er Jahre des 17. Jahrhunderts wurde noch zu einer gleichen Anzahl von Musketieren und Pikenieren pro Kompanie geraten, später rückte man von dieser Regel ab. Als Edward Harley 1643 ein Regiment für das Parlament aufstellte, waren schon zwei Drittel des Regiments Musketiere, später setzte sich diese Praxis immer mehr durch. Es gab sogar reinrassige Musketier-Regimenter, übrigens auf beiden Seiten. Im September 1643 hatten z.B. die „Yellow Auxiliaries" mindestens zwei Kompanien mit jeweils 112 Musketieren, aber nur 20 Pikenieren.

Im Idealfall bestand jedes Regiment aus 10 Kompanien. Normalerweise waren 8 Kompanien pro Regiment üblich. Manche Regimenter besaßen weit mehr Kompanien (Manchester's Regiment of Foot hatte bei Marston Moor 19 Kompanien), manche weit weniger.

Die Kompanien wurden von einem Captain kommandiert, zu ihrer Sollstärke gehörten ein Captain (wie erwähnt), ein Lieutenant, ein Fähnrich (der auch tatsächlich die Fahne trug), ein „Gentleman-of-the-arms" (Waffenmeister, ihn gab es nur bei den Royalisten), zwei Sergeanten, drei Korporäle und zwei Trommler. Die Kompanie des Colonels umfasste 200 Mann, die des Lieutenant-Colonels 160 Mann, die des Majors 140 Mann und die der Captains je 100 Mann. Zum Regimentsstab gehörten ein Quartiermeister, ein Kaplan, ein Feldscher nebst Gehilfen, ein Profoß, ein Tambourmajor und ein Wagen- oder Schirrmeister. Manchmal kamen noch die so genannten „Lanspassadoes" hinzu, Freiwillige aus gehobenen Kreisen, die als zusätzliche Unteroffiziere dienten.

Im Felde wurden die Regimenter sechs oder acht Glieder tief aufgestellt, je nachdem, welchem Modell die Kommandeure zuneigten (Schwedische oder Niederländische Ordonnanz). Das Zentrum bildeten dabei die Pikeniere, an den Flanken standen die Musketiere. Meist bildeten nervenstarke Musketiere einen Schleier von Plänklern vor der eigentlichen Front des Regimentes. In der Schlachtordnung wurden jeweils Regimenter zu „Brigaden" zusammengefasst, mehrere Brigaden bildeten dann „Tertias", von denen eine Armee normalerweise drei hatte.

Besaß das Parlament ein gewisses Übergewicht hinsichtlich der Infanterie, so war doch die königstreue Partei normalerweise besser zu Pferde. Die Gentlemen des Landadels, vor allem im Norden und Westen, konnten bemerkenswert schnell aus ihren Dienern, Jagdgehilfen und Pächtern berittene Formationen bilden. So kreuzte ein gewisser Richard Shuckburgh of Shuckburgh mit einer Jagdpartie den Weg des Königs am Tage vor der Schlacht von Edgehill. Der König bat ihn um seine Hilfe, worauf Shuckburgh sofort mit seinen Mannen zu den Fahnen des Königs eilte.

Zur Ausrüstung gehörte das fast ubiquitäre Buff-Coat. Meist wurde noch ein Kürass getragen, oft auch ein Helm. Beliebt waren die aus der osteuropäischen Zischägge entwickelten Lobster-Tail-Helmets. Oft wurde an der linken Hand noch ein Panzerhandschuh getragen. Manchmal wurde er aus überlappenden Schuppen dicken Büffelleders gefertigt, meist war er aus Stahl.

Die Bewaffnung bestand aus Schwertern, Offiziere und Leute der ersten Glieder eines Reiterregimentes hatten dazu Pistolen (paarweise), manchmal noch einen leichten Karabiner. So ausgerüstete Reiter bezeichnetet man als „Harquebusiers", obwohl Arkebusen bzw. Calivers im Regelfalle gar nicht getragen wurden. Offiziere trugen oft noch eine kurze Axt als Waffe und Rangabzeichen (manchmal auch einen Streithammer). Auch einfache Soldaten verwendeten ab und an die „Pollaxe", empfohlen wurde sie als gegen Kürassiere besser geeignete Hiebwaffe als Schwerter.

Der Royalist Sir Richard Bulstrode wurde bei Edgehill von einem gegnerischen Reiter mit einer Pollaxe am Kopf verwundet. Es hätte für ihn noch schlimmer enden können, hätte nicht Sir Thomas Byron den Angreifer erschossen.

Die Reiter agierten als leichte Kavallerie, als schwere Kavallerie sah man die Kürassiere an. Ihre Helme waren (im Gegensatz zu den „Lobster-Tail-Helmets") geschlossen, sie waren vollständig (bis auf Fuß, Unterschenkel und Rückseite des Oberschenkels) gepanzert. Ihre Verbreitung ist strittig, denn es galt als künstlerische Konvention, kommandierende Generäle (und sowieso alle Leute von militärischer Bedeutung) in Kürassierrüstung zu porträtieren. Weil diese Rüstungen so schwer waren, ließ man oft alles bis auf Helm und Kürass weg. Auch wurde oft der geschlossene Helm durch einen des Lobster-Tail-Typs ersetzt. Vollständige Kürassierrüstungen waren einfach zu schwer. James I. hatte einmal bemerkt, dass diese Rüstungen eine sehr humane Erfindung seien, sie schützen den Träger vor Verletzungen und hinderten ihn, andere zu verletzen.

Bei Second Newbury entledigte sich Sir George Lisle seiner schweren Rüstung und griff im Hemd an, er wollte so seine Männer anspornen. Der Wert eines Kürass war ohnehin zweifelhaft: er schränkte die Bewegungsfreiheit ein, bot dafür guten Schutz gegenüber Stichwaffen. Einen Musketenschuss auf Kernschussweite hielt er kaum aus. Das haben Versuche in neuerer Zeit gezeigt.[67]

Lanzen gab es kaum, obwohl auf dem Kontinent eine solche zur Ausrüstung eines Kürassiers gehörte. In England wurden sie kaum verwendet, die leichte Kavallerie der Schotten hingegen benutzte sie. Hauptwaffen waren neben dem Schwert die Karabiner (Kaliber 24 Gauge bis 17 Gauge) und Pistolen. Karabiner waren nicht sehr gängig, in manchen Regimentern schienen sie den Offizieren vorbehalten gewesen zu sein.[68]

1649 tat sich während der Meuterei der Levellers ein Mann namens Thompson hervor. Ein Korporal lieh sich bei seinem Colonel einen Karabiner und erschoss damit Thompson.

Pistolen waren bei der Kavallerie ubiquitär. Sie erscheinen dem modernen Betrachter recht lang (mit Lauflängen von 46 bis 66 Zentimetern) und großkalibrig (36 bis 20 Gauge). Die Pistolen des englischen Bürgerkriegs hatten meist runde

[67] 1988 zeigten Tests im Zeughaus von Graz mit einer Luntenschloßmuskete aus dem Jahre 1570, dass auf 100 Meter Entfernung ein Blech von 2 bis 4 Millimeter Stärke (abhängig von der Stahlqualität) durchschlagen werden konnte. Vgl. Tincey, John u. Turner, Graham: Ironsides, English Cavalry 1588 - 1688, London 2002, S. 8.

[68] Vgl. Blackmore, David: Arms and Armour of the English Civil Wars, London 1990, S.50.

Läufe, weit verbreitet waren auch achtkantige Läufe. Es gab auch solche mit von achtkantigem zu rundem Laufprofil übergehender Bauweise. Pistolen waren weiter verbreitet als Karabiner: 1645 kaufte die New Model Army nur 1.502 Karabiner, aber 7.650 Paar Pistolen. Die Schnapphahnpistolen waren billiger als die mit Radschloss (2 Pfund gegenüber 3 Pfund pro Paar).[69] Sie waren auch zuverlässiger, denn der Radschlossmechanismus durfte erst kurz vor der Schussabgabe gespannt werden, was (weil man einen Schlüssel brauchte) komplizierter war als der Spannvorgang bei Schnappschlossmechanismen. Sir Edmund Ludlow hatte eine sehr prekäre Situation zu bestehen, als Wardour Castle von den Royalisten belagert wurde: Eine Mine hatte ein Loch in die Wand seiner Kammer geschlagen und Ludlow stand allein einer Anzahl Angreifer gegenüber. Er musste die Bresche mit dem Schwert verteidigen, denn er hatte seine Radschlosspistolen den Abend zuvor gespannt und nun funktionierten sie nicht.[70]

Während die Seite des Parlamentes sich weitestgehend mit im Lande selbst produzierten Schnappschlosspistolen versorgte (hauptsächlich in London angefertigt), sah sich die königstreue Seite genötigt, Pistolen in Holland einzukaufen, die teuer und (da meist Radschlosspistolen) unzuverlässiger waren. Absolute Höchstpreise erzielen heute Pistolen, deren Schäfte erst noch für Radschlosse eingerichtet waren, dann aber mit Schnapphahnschlössern montiert wurden.

Manchmal wurden die Pistolen mit mehreren stark unterkalibrigen Kugeln geladen, was natürlich nur für den Nahkampf taugte.

Schrot spielte auch sonst eine Rolle im Kampfgeschehen. Schon im 16. Jahrhundert breitete sich von Holland aus ein Waffentyp aus, der als „Blunderbuss" bezeichnet wurde: Die älteste erhaltene Blunderbuss stammt aus dem Jahre 1575, hat ein Luntenschloss und steht im Westfries Museum in Hoorn. Diese Waffen glichen Karabinern mit klobigem Kolben und einer trichterförmigen Mündung. Geladen wurden sie mit mehreren Pistolenkugeln oder eisernen „Slugs". Der Earl of Orrery, ein Veteran der irischen Kriege, hielt sie in einem 1677 verfassten Traktat für eine erstklassige Waffe, mit der besonders die erste Linie der Kavallerie zu bewaffnen sei.

Gewissermaßen zwischen den Karabinern/Calivers und den Blunderbusses rangierten die so genannten „Dragons", die 13 „Littlecote Carbines" gehören zu diesem Waffentyp. Alle haben ein Schnapphahnschloss und Kaliber von 0,82 Zoll bzw. 0,84 Zoll.[71]

Selbst im Pferdeland England waren Pferde nicht immer leicht zu beschaffen. Die großen „Black Horses", Pferde einer Rasse, die für Kürassiere absolut geeignet gewesen wäre, waren selten und daher teuer.[72] Kavalleriepferde waren erst mit vier

---

[69] Vgl. Haythornthwaite: The English Civil War, S. 49-50.
[70] Wardour Castle, heute Old Wardour Castle, war ein hartumkämpfter Platz während des englischen Bürgerkrieges. Einmal verteidigte Lady Blanche, die Ehefrau des Besitzers, es mit 25 Mann gegen 1.300 Angreifer. Die erwähnte Szene mit Edmund Ludlow spielte sich 1644 ab, die Verteidiger konnten die Bresche noch mit Möbeln verbarrikadieren, mussten dann aber aufgeben, weil die Explosion auch die Kornvorräte vernichtet hatte.
[71] Vgl. Blackmore, David: Arms and Armour of the English Civil Wars, S. 51.
[72] Vgl. Haythornthwaite: The English Civil War, S. 50.

Pikeniere. Foto: Linda und Nigel Hillyard of actiontake1.com.

Jahren für den Felddienst tauglich. Der Englische Bürgerkrieg war zu kurz, als dass verstärkte Züchtung noch einen Einfluss auf das Angebot an Pferden hätte haben können. Tatsächlich war der Nachschub an Pferden eine der wichtigsten logistischen Aufgaben. Zu Beginn des Krieges sah es für beide Seiten noch recht günstig aus: In der royalistischen Partei hatten 44 Hochadlige und königliche Hofbeamte eine Verpflichtung unterschrieben, dem König 2.015 Pferde für militärische Zwecke zur Verfügung zu stellen; London konnte bei Kriegsbeginn und in den ersten Monaten danach insgesamt 6.704 Pferde für die Armee(n) des Parlaments aufbringen.[73] Später ging man auf beiden Seiten zur Praxis über, Pferde anzumieten. Von Leuten, die Sympathien mit der Gegenseite verdächtigt wurden, konfiszierte man Pferde, sofern man ihrer habhaft wurde. Außerdem durften sich Kavallerierekruten ihr eigenes Pferd mitbringen. Wurde ihr Pferd im Einsatz getötet, bekamen diese Leute vom Staat ein neues, starb es an einer Krankheit, wurde kein Ersatz gestellt. Nach mehrfachem Pferdeersatz fanden es viele Kavalleristen des Parlaments bei Kriegsende fast unmöglich nachzuweisen, dass ihr erstes Pferd ein eigenes gewesen war. Dementsprechend ließen Ersatzleistungen auf sich warten, was die Stimmung in der Armee begreiflicherweise drückte und Unmutsäußerungen bis hin zur Meuterei provozierte. Dabei war die Kavallerie noch privilegiert: Auf Parlamentsseite erhielt ein Reiter zwischen 2 Shilling und 2 Shilling 6 Pence pro Tag, davon wurden aber die Kosten für das Pferdefutter (Heu, Stroh, Hafer und Erbsen), die bis zu einem Shilling per Tag betragen konnten, abgezogen. Und damit konnte sich ein Kavallerist recht glücklich schätzen, weil ein Infanterist nur magere 8 Pence Sold pro Tag erhielt.

Das nobelste Reiterregiment des Krieges, The King's Lifeguard of Horse, bestand aus einem Troop adeliger Soldaten, deren geschätztes Jahreseinkommen sich so ungefähr zusammen auf 100.000 Pfund belief. Da musste es schon sein, dass man die Dienerschaft mit in den Krieg nahm. Die Diener bildeten einen zweiten Troop unter dem Kommando von Sir William Killigrew.

Kavallerieregimenter waren, wie gerade erwähnt, in Troops eingeteilt, ein Troop bestand aus einem Captain, einem Lieutenant, einem Kornet, einem Quartiermeister, drei Korporalen, zwei Trompetern, einem „Farrier" (Hufschmied) und 60 Reitern. Royalistische Regimenter hatten drei Stabsoffiziere, parlamentarische zwei. Drei bis acht Troops bildeten ein Regiment. Die Mannschaftsstärke der einzelnen Troops variierte ebenso stark (so hatte Major Legges Troop im Kavallerieregiment des Prinzen Rupert – insgesamt 10 Troops – bei Edgehill nur 15 Mann). Hatte ein Kavallerieregiment einen populären Kommandeur (etwa die Leibgarde des Prinzen Rupert), so konnte es sich kaum vor Freiwilligen retten und seine Mannschaftsstärke halten. Rupert unterhielt so eine Leibgarde von 150 Mann zusätzlich zu seinem Reiterregiment.

Es gab zwei fundamental differierende Taktiken des Kavallerieeinsatzes. Die erste basierte auf dem niederländischen Modell: Die Kavallerieformation nähert sich langsam, sechs Glieder tief gestaffelt dem Feind. Das erste Glied feuert

[73] Vgl. Tincey u. Turner: Ironsides, S.20.

Karabiner oder Pistolen ab und schwenkt dann nach rechts und links, um dem zweiten Glied freies Schussfeld zu geben. Danach feuert das dritte Glied und so fort. Das geht so lange, bis der Gegner schwer angeschlagen ist, dann wird mit der blanken Waffe angegriffen.

Das schwedische Modell sah einen Angriff im Galopp mit der blanken Waffe vor, die Schusswaffen wurden erst auf einen fliehenden Gegner abgefeuert. Diese Taktik gewann gerade durch Prinz Rupert während des Englischen Bürgerkrieges an Gewicht. Allerdings war es sehr schwer, eine Kavallerieattacke im gestreckten Galopp zu koordinieren. Das lag einfach daran, dass ein Pferd sich nicht gern überholen lässt. Wollte sich ein Kavallerieführer an die Spitze einer anreitenden Angriffsformation setzen, war das im Galopp kaum möglich. Von hinten war eine Kavallerieformation nicht zu führen, da akustische Signale dann von den vorderen Rängen kaum gehört werden konnten. Deshalb war es für einen Kommandeur so wichtig, sich von Anfang an an die Spitze einer Angriffskolonne zu setzen und Fahnenträger und Trompeter bei sich zu haben. Im Prinzip hat sich das bis heute wenig geändert, an die Stelle der Fahnen und Trompeten sind Signalpistolen und Funkgeräte gerückt.

Weder so ganz zur Infanterie, noch zur Kavallerie zählten die Dragoner. „Kein Mensch, kein Vieh, auf's Pferd gesetzte Infanterie" lautete lange der spöttische Satz der (ignoranten) Kameraden anderer Waffengattungen.[74] Im Englischen Bürgerkrieg waren die Dragoner noch nicht vollwertige Kavalleristen wie etwa die Dragoner Friedrichs des Großen oder gar die Gardedragoner Napoleons. Man sah sie als berittene, daher bewegliche Musketiere. Obgleich das reiterliche Können der Dragoner vergleichsweise sekundär war, sie stets die schlechteren Pferde erhielten, sie im infanteristischen Einsatz auf Piken verzichten und immer eine Handvoll Leute als Pferdehalter einsetzen mussten: sie waren sehr wertvoll. Die Dragoner setzten einen Kommandeur in die Lage, schnell unverteidigte Geländeabschnitte zu besetzen. Sie konnten mit der Kavallerie auf dem Marsch Schritt halten und verschafften so den Reitern eine gewisse infanteristische Feuerkraft. Aber darüber hinaus begann man im Englischen Bürgerkrieg, sie als echte Kavallerie einzusetzen. Ein Beispiel ist die Attacke von Colonel Okeys Leuten bei Naseby. Obwohl sie wie Infanterie ausgerüstet waren (mit der Ausnahme von Reitstiefeln), wurden die Dragoner mehr und mehr zur Kavallerie gerechnet.

Als Königin des Schlachtfeldes galt die Artillerie. Und die war unbeweglich und oft recht wirkungslos. Obwohl England bei der Entwicklung leichter Feldartillerie eine Vorreiterrolle gespielt hatte, war die Feldartillerie der Bürgerkriegsarmeen vergleichsweise klein. Schwere Artillerie war relativ verbreitet, kein Wunder in einer Seefahrernation, die mit Kaperschiffen und Küstenforts gesegnet war. Und war ein 9- oder 12-Pfünder für ein Kaperschiff oder ein Linienschiff nun gar nichts Besonderes, an Land waren

[74] „Er ist kein Mensch, er ist kein Tier, er ist ein Panzergrenadier", so spotten unwissende Soldaten über die edelste Waffengattung der Bundeswehr. Normalerweise sind die Panzergrenadiere die besten Soldaten, sie sind aber in jedem Falle die bestausehenden.

Geschütze solchen Kalibers absolut monströs. Die Bedeutung der Artillerie wurde durch die Vielzahl der Kaliber eingeschränkt: Es gab das Robinet (¾ Pfünder), das Falconet (1 ¼ Pfünder) und das Falcon (2 ¼ Pfünder). Diese Geschütze konnten leicht im Pferdezug bewegt werden und die Kavallerie begleiten. Das Falcon wog rund 300 kg und musste schon von zwei Pferden gezogen werden.

Das Minion (4 Pfünder) war schon ein ernstzunehmendes Geschütz, ebenso der Saker (oder Drake) mit einem Geschossgewicht von 5 ¼ Pfund.[75] Letztere Geschütztypen waren die verbreitetsten im Englischen Bürgerkrieg. Demi-Culverin und Culverin (9-Pfünder resp. 15-Pfünder) zählten schon zur schweren Artillerie, ebenso die Demi-Cannon und Cannon (27- und 47-Pfünder). Absolut monströs war die Cannon Royal, ein 3.629 kg wiegendes Ungetüm mit einem Kaliber von 203 mm. Es verschoss eine 63 englische Pfund wiegende Kugel und musste von einer Mannschaft aus 90 Männern und 16 Pferden bewegt und abgefeuert werden.

Verschossen wurde eine Vollkugel aus Eisen oder aus Stein. Es gab auch Kartätschenladungen für den Nahkampf. Die Feuergeschwindigkeit war langsam, ein Saker z.B. konnte pro Stunde nur 12 Schuss abfeuern. Artillerie verbrauchte viel Pulver, band eine Menge Zug- und Tragtiere und benötigte Spezialisten. Die schwereren Kanonen wurden besonders bei Belagerungen eingesetzt.

Fairfax ließ bei der Belagerung von Sherborne Castle gegen 11 Uhr das Wirkungsfeuer beginnen. Um 6 Uhr war eine Bresche in die Mauer geschlagen, durch die 10 Mann nebeneinander hätten eindringen können. Außerdem war einer der Türme durch den Beschuss zerstört worden.

Produzenten der meisten englischen Kanonen des Bürgerkrieges waren John Browne und Thomas Pitt. Ersterer hatte zwei Manufakturen: Horsmoden und Brenchley, beide in Kent. Neben Geschützeisen wurde in den Gießereien auch Bronze verwendet, obwohl damals fälschlicherweise als „Brass" (=Messing) bezeichnet. Die Konstruktion der Lafetten, die beim Abschuss größte Belastungen aushalten mussten, war eine handwerkliche Herausforderung. Teile, die besonderer Beanspruchung unterlagen, wurden aus Eichenholz gefertigt, so etwa die Speichen der Lafettenräder. Der Rest war aus Ulmenholz.

Höchst effektiv bei Belagerungen waren die Mörser, die explosive Ladungen in hohen Winkelgruppen in feindliche Befestigungen etc. werfen konnten. Der Umgang mit diesen kurzrohrigen bauchigen Feuerschlünden war mit einem gewissen Berufsrisiko für die Artilleristen verbunden. Mindestens einer existiert noch, es ist Roaring Meg, die im Hereford City Museum steht. Die Praxis, Geschützen Namen zu geben, war verbreitet. So gab es neben dem erwähnten Mörser Roaring Meg noch eine Kanone Roaring Meg, ein richtiges Monstrum, von dem wir noch hören werden.

Roaring Meg (der Mörser) wurde 1646 von Colonel Birch in einer lokalen Werkstatt eigens für die Belagerung von Goodrich Castle gegossen. Der Mörser

---

[75] Ein altes englisches Pfund wog nicht so viel wie ein metrisches Pfund, 1 Kilogramm entspricht 2 ¼ englischen Pfund.

hat das beeindruckende Kaliber von 15 Zoll.

Gegen Mörserbeschuss halfen nur bombensichere Kasematten, und die waren in den meist total veralteten Befestigungen des englischen Bürgerkriegs selten. Den fürchterlichen Effekt einer Mörserbombe beschrieb Thomas Wrightwho, der 1651 die Belagerung von Elizabeth Castle auf Jersey miterlebte: Ein Schuss traf genau durch das Kirchendach und fiel in einen Lagerraum bei der Kirche. Dort lagerten die Pulvervorräte, die sofort explodierten, die Kirche und weitere Gebäude zerstörten und 16 oder 18 Leute töteten, Wrightwho war sich da nicht ganz sicher ...

Gab es nicht genug Zugpferde für die Artillerie, nahm man Ochsen. Dann war der Geschütztransport aber eine sehr langsame Angelegenheit. Besonders der Earl of Essex neigte dazu, schwerste Belagerungsgeschütze mitzunehmen und somit aber die Marschgeschwindigkeit seiner Truppen zu verringern. So nahm er bei der Lostwithiel-Kampagne eine als „Queen Elizabeth's Pocket Pistol" bekannte Kanone mit. Das Geschütz war 1544 in Utrecht gegossen worden und 1545 Henry VIII. von Maximilian van Egmont, Statthalter von Friesland, geschenkt worden. Es war ein 12-Pfünder von der beeindruckenden Länge von über sieben Metern. 1613 hatte man bei einem Schießversuch ein Ziel auf 1200 Yards Entfernung getroffen. Bei Lostwithiel fiel das Monstrum in die Hände der Royalisten, heute steht es in Dover Castle.

Am anderen Ende der Skala standen die „Frames", extrem leichte Lederkanonen, die keine Radlafetten hatten, sondern mit einer gleichfalls leichtgebauten Lafette auf einem Tragtier verlastet wurden. Schussweiten und Geschossgewichte dieser eher behelfmäßigen Artillerie waren sehr limitiert. Zum Verschießen von Kartätschen waren sie aber geeignet. Kurioserweise verwendeten die englischen Bürgerkriegsarmeen sie kaum, die Iren gar nicht. Die schottischen Royalisten setzten sie in ganz geringem Umfang ein, die Covenanter dafür umso häufiger.

Die Lederkanone auf den britischen Inseln war ein Phänomen, das eng mit einer Person verknüpft war. Es war dies Colonel James Wemysss, seit 1638 Master Gunner von England. Sein Onkel Robert Scott hatte die Lederkanone 1629 nach England gebracht, als sie in schwedischen Diensten schon nach sehr kurzer Dienstzeit durch leichte Geschütze aus Bronzeguss ersetzt wurde. Wemyss wurde 1643 Lieutenant-General of Ordnance in Wallers Armee und nahm eine Anzahl von Lederkanonen mit, die nach der Ansicht von Zeitgenossen mit ihren anderhalbpfündigen Kugeln große Zerstörung anrichten konnten.

Später konstruierte Wemyss in Schottland unverdrossen weitere Lederkanonen und fiel zusammen mit einer kleineren Anzahl von ihnen in der Schlacht von Worcester in die Hände des Gegners (Cromwell).

Der Mörser „Roaring Meg“ in Goodrich Castle. Foto: Hagen Seehase.

Die Schlacht von Edgehill

Große Heere mussten versorgt werden, und da keine Seite nennenswert Magazinbevorratung betrieben hatte, trafen Fouragieraktionen, oder nennen wir es Plünderungen, die Zivilbevölkerung. Der Krieg war noch keine zehn Wochen alt, da plünderten die Leute von Sir Francis Wortley Bakewell House in Warwickshire. Ein Mr. Rellisone versuchte, sie zu stoppen und verwendete dazu einen Bogen. Die Angreifer ermordeten ihn.[76]

Mitte Oktober 1642 war die Armee des Königs enorm angewachsen und obwohl weitere Regimenter im Anmarsch waren, hielt es der König für ratsam, London anzugreifen. Am 12. Oktober marschierte er von Shrewsbury los und passierte Essex' Armee. Der versäumte es schlichtweg, sich zwischen der Hauptstadt und dem Feind zu positionieren. Als er seinen Fehler erkannte, rückte er in Eilmärschen hinterdrein. Dem König boten sich zwei Optionen: Er konnte auf London marschieren, er konnte aber auch gegen Essex losschlagen. Rupert riet zu letzterem und der König stimmte ihm zu.

Am 22. Oktober waren die Armee des Königs und die von Essex nur vier Meilen voneinander entfernt.

Die Hauptverbände beider Seiten kannten die gegenseitigen Standorte nicht und quälten sich bei strömendem Regen langsam vorwärts. Da keine Seite nennenswerte Gefechtsaufklärung betrieb, stießen beide Armeen eher zufällig bei Wormleighton zusammen. Es war die Nacht des 22. Oktobers, die Verbände beider Seiten waren weit verstreut. Am folgenden Morgen hatte der König seine Armee am Fuße eines 100 Meter hohen Höhenrückens (dem Edge Hill) aufgestellt, der Earl of Essex seine Truppen zwischen dem Edge Hill und dem Dorf Kineton. Essex hatte seine Infanterie in zwei Gliedern aufmarschieren lassen, die Kavallerie stand an den Flanken, zwei Reiterregimenter hinten als Reserve. Die Dragoner waren in kleinen Detachements an den Flanken postiert, die Geschütze paarweise zwischen den Infanterieregimentern. Gruppenweise waren Musketiere nach schwedischem Vorbild zwischen den Reiterschwadronen verteilt. Essex hatte nicht die Absicht anzugreifen. Er wartete noch auf Verstärkungen und befürchtete tatsächlich, der König könnte bei einem Angriff getötet werden.

Die Royalisten brauchten sechs Stunden, um ihre Truppen Schlachtordnung einnehmen zu lassen. Der Earl of Lindsay (Robert Bertie), der Kommandeur der königlichen Truppen, konnte seine Vorstellungen von der Dislozierung der königlichen Armee nicht gegen Prinz Rupert durchsetzen. Dieser musste als Neffe des Königs laut

[76] Oft agierten Plünderer ganz schamlos und behielten sogar ein reines Gewissen, wenn sie Leute von der „anderen Seite" bestahlen oder drangsalierten. Jedenfalls redete sich so immer Nehemia Wharton heraus, ein Lehrling aus London, der es zum Sergeanten brachte. Seine Briefe sind erhalten und wurden 1853 in London herausgegeben. Man konnte auch mit List anstatt roher Gewalt an sein Ziel kommen: Der Sohn von Captain Thomas Wathen betreute gerade sein kleines Brüderchen, als Soldaten das väterliche Haus, Mere Court bei Hereford, durchsuchten. Sie wollten die Packpferde Wathens stehlen. Einer der Soldaten fand den Säugling ganz entzückend, hob ihn aus der Wiege und küsste ihn. Der große Bruder fand den fremden Kriegsmann doch recht sympathisch und antwortete auf dessen eher beiläufige Frage, wo der Vater sei, wahrheitgemäß, er verstecke die Packpferde.

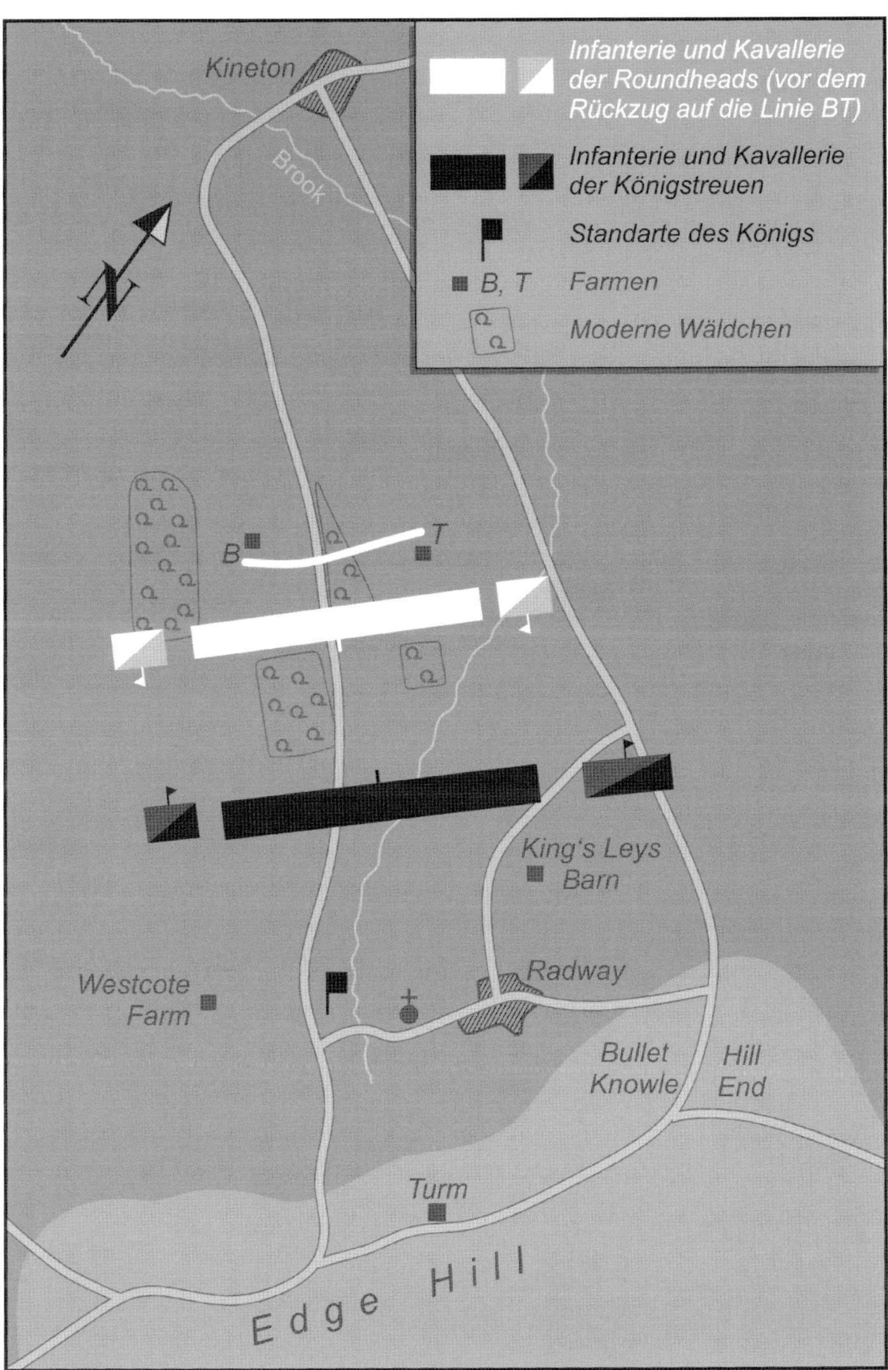
Infanterie und Kavallerie der Roundheads (vor dem Rückzug auf die Linie BT)
Infanterie und Kavallerie der Königstreuen
Standarte des Königs
B, T
Farmen
Moderne Wäldchen
N
Kineton
Brook
B
T
King's Leys Barn
Radway
Westcote Farm
Bullet Knowle
Hill End
Turm
Edge Hill

seiner Kommandeurskommission von niemandem Befehle annehmen (ausgenommen vom König selber). Charles, der sich in der Rolle des Generalissimus gefiel, schlug sich schließlich auf die Seite Ruperts, Lindsay legte verärgert sein Kommando nieder und übernahm persönlich die Führung seines eigenen Regiments.

Etwas pompös und nicht mehr zeitgemäß schickte der König seinen Herold, Sir William le Neve „Clarecieux King-at-Arms", den Rebellen königlichen Pardon anzubieten, bei Streckung der Waffen natürlich. Er wurde nur ausgelacht, herumgestoßen und verspottet.

Die königliche Armee wurde mit der Infanterie in der Mitte, der Kavallerie an den Flanken aufgestellt. Rupert kommandierte fünf Reiterregimenter auf der rechten, Henry Wilmot fünf auf der linken Seite. Die Royalisten hatten zwar nur zwanzig Geschütze, aber mit Sir John Heydon einen fähigen Artilleriekommandeur. Er stellte die leichten Kanonen vorne bei der Infanterie auf, die schweren hinten auf den Hängen des Edge Hills. Insgesamt verfügten die Royalisten über 2.500 Kavalleristen, 1.000 Dragoner und 10.000 Infanteristen.

Die Schlacht begann mit eine paar wirkungslosen Geschützsalven und einigen Schießereien zwischen Vorausabteilungen. Dann beorderte Rupert seine Kavallerie nach vorne. Deren Attacke gewann an Geschwindigkeit und fiel schließlich in Galopp. Die feindliche Kavallerie unter Sir James Ramsey verließ ihre Stellungen nicht. Ramsays Reiter legten ihre Karabiner an, der Feuerbefehl kam aber zu früh, Ruperts Kavallerieregimenter waren noch nicht in Reichweite. Da aber keine Zeit blieb nachzuladen, flüchteten Ramseys Regimenter gleich nach ihrer wirkungslosen Salve. Ein ganzer Troop unter Sir Faithful Fortescue[77] war gleich am Anfang der Schlacht zu den Royalisten übergelaufen. Durch Abfeuern der Pistolen in den Boden und Abreißen ihrer orangefarbenen Schärpen signalisierten sie Ruperts Leuten ihre Absicht. Dadurch gerieten die anderen Reiterverbände auf diesem Heeresflügel der Parlamentsarmee zusätzlich in Panik. Ruperts Reiter verfolgten sie und töteten viele gegnerische Kavalleristen.

Sir John Byron stand mit zwei Kavallerieregimentern als Reserve hinter Ruperts erster Welle. Aber anstatt befehlsgemäß die gegnerische Infanterie anzugreifen, beteiligte er sich an der Verfolgung der Kavallerie. Das gleiche passierte auf dem linken Flügel. Wilmots Reiter fegten die Kavalleristen des Parlaments vom Feld, die zweite Welle schloss sich der Jagd an. Bis auf einige Reiter war die ganze Kavallerie der Royalisten aus dem Feld verschwunden. Nun rückten die Infanteristen aufeinander zu. Unter rollendem Feuer näherten sie sich bis auf Nahkampfentfernung, dann floh eine Brigade des Parlaments. Essex hatte klugerweise zwei Reiterregimenter in Reserve behalten, die er nun einsetzte. Zusammen mit vier Infanterieregimentern griffen sie die Brigade von Sir Nicholas Byron an. Byron wurde verwundet, seine

[77] Fortescue, 1581 - 1666, hatte in Irland gedient und war nach England zurückgekehrt, um Truppen aufzustellen. Das Parlament hatte ihn eingezogen, ohne sich darüber im Klaren zu ein, daß er royalistische Sympathien hatte. Vgl. Bennett, Martyn: The English Civil War, A Historical Companion, Stroud 2004, S.96.

Brigade zurückgeschlagen, der Earl of Lindsay getötet. Sein Sohn, Lord Montague Bertie Willoughby d'Eresby, versuchte noch, seinen Vater zu retten. Er erstach zwei Offiziere des Gegners mit der Half-Pike, dann fiel er in Gefangenschaft.[78] Sir Charles Lucas griff mit den verbliebenen 200 Reitern der Royalisten Essex' Armee im Rücken an. Das brachte nur wenig.

Inzwischen kehrten die Reiterregimenter Ruperts zum Schlachtfeld zurück, abgekämpft und müde, wie sie waren, konnten sie nicht mehr viel ausrichten. Ausrichten konnte aber Captain John Smith etwas: Er gehörte zu Lord Grandisons Regiment und hatte bei der wilden Attacke Wilmots erkannt, dass etwas schief lief. Er sammelte rund 200 Reiter, um der bedrängten eigenen Infanterie zu helfen. Nach drei Attacken, in denen er eine Fahne von Lord Whartons Regiment erbeuten konnte, erkannte er, dass er nur noch einen Reiter bei sich hatte. Während er sich zu den eigenen Linien zurückzog, erkannte er sechs gegnerische Kavalleristen, die einen Fußsoldaten mit einer Fahne eskortierten. Ein Junge rief ihm zu, dass das die Fahne des Königs sei, worauf Smith zu einer epischen Ein-Mann-Attacke ansetzte. Mit dem Ruf: „Traitor, deliver the Standard!" stürzte er sich auf den Feind, verwundete mit dem Rapier einen davon, tötete einen weiteren und gewann die Fahne zurück.[79]

Die königliche Infanterie zog sich zu den Brustwehren am Fuße des Edge Hill zurück. Der Secretary of State Lord Falkland[80] beschwor Prinz Rupert, erneut mit der Kavallerie anzugreifen, es ging aber einfach nicht, Männer und Pferde waren zu erschöpft.

Edgehill war die einzige Schlacht des Bürgerkrieges, an der die Gentlemen-Pensioners (die alte königliche Garde) als geschlossene Einheit teilnahmen. Traditionellerweise waren diese distinguierten Gardisten mit einem langstieligen Streithammer bewaffnet. Gentleman-Pensioner Mathews machte guten Gebrauch davon. Hatte es doch ein Kürassier des Gegners gewagt, die Person des Kronprinzen anzugreifen! In seiner Rüstung war der Schelm nahezu immun gegen Schwertstreiche, aber Mathews setzte dem unerhörten Treiben mit seinem Streithammer ein Ende.

Beide Seiten zogen sich am nächsten Tag zurück. Beide hatten Verluste von ungefähr jeweils 1.500 Mann erlitten. Der königlichen Seite war es gelungen, immerhin sieben Geschütze zu erbeuten. Die Schuld an der entgangenen Chance, Essex' Infanterie zu vernichten, sollte nicht Rupert gegeben werden: er hatte plangemäß die gegnerische Kavallerie vom Felde gedrängt. Byron hatte sich hingegen nicht an seinen Auftrag gehalten.[81]

Unter den Gefallenen befand sich auch der königliche Standartenträger Sir Edmund Verney. Er war in der Vergangenheit so unvorsichtig gewesen, dem König Geld zu leihen, das er nicht wiederbekam. Auf dem Felde von Edgehill verlor er auch noch sein Leben. Man fand nur noch seine abgeschlagene Hand auf dem Schlachtfeld.

[78] Vgl. Burne u. Young: The Great Civil War, S. 29.
[79] Die couragierte Aktion brachte ihm eine Verwundung und den Ritterschlag ein.
[80] Lucius Cary, 2. Viscount Falkland, 1610 - 1643.
[81] Vgl. Gentles, Ian: The Civil Wars in England, in: Kenyon u. Ohlmeyer: The Civil Wars, S.103 - 155, hier: S. 130 - 133.

Charles zog nach Edgehill triumphal in Oxford ein. Die Stadt wurde seine Residenz bis zum April 1646.[82]

Ganz in der Nähe lag Broughton Castle, zu Beginn des Bürgerkrieges ein ganz wichtiger Treffpunkt der Gegner des Königs. Sofort nach der Schlacht von Edgehill zog eine royalistische Abteilung dorthin und nahm die Burg.

Brentfort und eine nicht geschlagene Schlacht

Am 7. November tauchte Rupert mit einer Brigade vor Windsor Castle auf und forderte die Übergabe. Aber das war eine Spur zu selbstherrlich, denn die Burg war gut bemannt und bewaffnet. Zwei Tage später führte König Charles selbst einen Truppenverband nach Colnbrook und nun war klar, was er vorhatte: Trotz seiner recht geringen Truppenstärke plante er einen Angriff auf London. Das war keine schlechte Strategie. London war das Haupt der Rebellion und nicht nur die politische, sondern auch die ökonomische Hauptstadt des Landes. Ein von Westen kommender Angreifer hatte einen großen Vorteil: die Themseübergänge wurden flussabwärts mit größerer Flussbreite seltener. Ein Verteidiger hatte es also schwerer, Verbände von der Nord- auf die Südseite und vice versa zu bringen. Der König erkannte das und gab am 11. November Befehl, Brentford anzugreifen. Rupert sollte diese Aufgabe ausführen. Rupert marschierte bei Nacht heran und griff im Morgengrauen an. Dabei half ihm der dichte Nebel, der über dem Themsetal hing. Das Regiment von Colonel Denzil Holles trug die Hauptlast der Abwehrkämpfe, es wurde von Ruperts Leuten bis auf Lord Brookes (Robert Greville, geb. 1608, zweiter Baron Brooke) Regiment zurückgedrängt, das in der Stadt lag. Die Roundheads wurden überwältigt, viele versuchten, sich schwimmend durch die Themse zu retten, ertranken aber. Colonel John Hampdens Regiment kam zur Hilfe, konnte aber nicht mehr viel ausrichten. Immerhin konnte es Versprengte von Brookes Regiment aufnehmen.[83] Holles Regiment aber war verloren. 500 Gefangene, 15 Geschütze und 11 Fahnen fielen in die Hände der Sieger.[84] Rupert setzte aber nicht nach, seine Leute plünderten in Brentford. Die Roundheads waren nun alarmiert, in Scharen strömten sie aus London und musterten in Chelsea Fields. Generalmajor Philip Skippon, ein eisenharter Veteran, der sich aus dem Mannschaftsstande emporgedient hatte, führte die wohlgerüsteten London Trained Bands ins Feld. Am Morgen des 13. November nahm eine 24.000 Mann starke parlamentarische Armee Abwehrstellungen bei Turnham Green ein. 3.000 weitere Roundheads unter Sir James Ramsey bewachten den Übergang über die Themse bei Kingston, das war der erste Flussübergang oberhalb der London Bridge. Essex ließ seine Pontoniere bei Putney eine Bootsbrücke über den Fluss werfen, das war sehr vernünftig, so erhielt er seine Bewegungsfreiheit. Seine nächste Entscheidung war aber haarsträubend, er zog Ramsay von Kingston ab und sta-

---

[82] Vgl. Dowding u. Millman: Civil War; S. 59.

[83] Kurioserweise war Lord Brookes Regiment als einziges des Englischen Bürgerkrieges in violette Uniformen gekleidet. Die Grundfarbe seiner Fahnen und Standarten war ebenfalls Violett.

[84] Vgl. Burne u. Young: The Great Civil War, S. 32.

tionierte ihn am Südende der London Bridge. Das war unnötig, da Essex viel mehr Leute hatte als der König. Aber der Earl war vorsichtig, seit sich am Vortag ein bizarres Gefecht zugetragen hatte. Die Kavaliere hatten Sion House (in moderner Schreibweise Syon House) auf der nördlichen Flussseite genommen und gleich ein paar Kanonen mitgebracht. Damit standen sie im Rücken von Ramsey. Der verlud 600 Mann auf Flussbarken und ließ sie flussabwärts fahren, direkt an Sion House vorbei. Es waren 14 Barken, die neben den Leuten und einigen Pulverfässern auch noch 13 Kanonen trugen. Die Royalisten in Sion House waren auf dem Posten: Als sie die Barken sahen, eröffneten sie das Feuer mit ihren Geschützen. Die Kanonen der Barken erwiderten das Feuer und so entwickelte sich eine heftige Kanonade auf 500 Yards Entfernung. Beschuss beweglicher Ziele oder das Feuern aus der Bewegung war damals für landgestützte Artillerie absolut unüblich. Die Royalisten erzielten Treffer, 4 oder 5 Barken sanken, der Rest wurde genommen.

Essex' Übervorsicht war nicht begründet. Der König sah, dass die auf der Gegenseite massierten Truppen ihm den Einzug in London verlegten. Er zog sich zurück und ließ bei Hounslow eine Abwehrstellung beziehen. Essex ließ vorrücken, um Brentfort wiederzugewinnen. Sergeant-Major-General Sir Jacob Astley[85] hielt die Roundheads mit seiner Nachhut zurück, während Rupert seine Kavallerie zum ständigen Feuern und langsamen geordneten Rückzug anhielt. Der König hätte die Chance gehabt, bei Kingston über die Themse zu setzen und London im Süden anzugreifen. Nichts dergleichen geschah, die einmalige Chance verstrich und der König fiel mit seiner Armee zurück auf Reading.[86]

Beide Seiten zogen in die Winterquartiere. Die militärischen Aktionen flauten aber nicht ganz ab. Auf der Seite des Parlaments vernichtete Sir William Waller am 12. Dezember zwei königstreue Regimenter bei Winchester, auf der anderen Seite stürmte Wilmot Marlborough am 5. Dezember. Rupert griff am 2. Februar 1643 Cirencester an. Die militärischen Aktionen in England zogen Reisläufer aus aller Herren Länder an, zwielichtige Figuren darunter. Captain Carlo Fantom, ein Kroate, machte gar keinen Hehl daraus, dass es ihm völlig egal sei, für wen er kämpfe, Hauptsache der Sold stimme. Außerdem nannte er als besondere Motivation die hübschen englischen Weiber. Er diente erst dem Parlament, lief dann zu den Königstreuen über. Die misstrauten ihm und hängten ihn schließlich. Abergläubische Naturen sagten dem unheimlichen Kroaten nach, er sei ein „hard man", also verzaubert und nur mit einer Silberkugel zu töten. Ein Strick reichte dann aber auch.

Von anderem Schlage war der deutsche Ingenieur Colonel John (oder Johann) Rosworm. Die Stadt Manchester zahlte ihm 60 Pfund pro Jahr für seine militärische Expertise. Der König bot ihm 150 Pfund, wenn er überliefe. Das tat Rosworm nicht. Er schätzte Ehrlichkeit höher als Gold.

---

[85] Er hatte schon eine militärische Karriere in Flandern und Deutschland hinter sich. Der 1579 geborene Astley war ein Troupier alter Schule und ein eisenharter Kämpfer. Berühmt wurde er für sein eigenwilliges Gebet: „O Lord, Thou knowest how busy I must be this day. If I forget thee, do not thou forget me." Er starb zurückgezogen auf seinen Gütern in Kent im Jahre 1652.

[86] Vgl. Dowding u. Millman: Civil War, S.81.

Auch unter den vom Kontinent aus der rauhen Wirklichkeit des Dreißigjährigen Krieges zurückgekehrten englischen Söldnern gab es Persönlichkeiten, denen man nicht begegnen mochte. Über Lieutenant-Colonel Henry Billingley räsonierte ein Untergebener, dass es drei Möglichkeiten für ihn gäbe: das Parlament enthebe ihn des Kommandos, der liebe Gott bekehre ihn oder der Teufel hole ihn.

Der Krieg im Südwesten

Spätestens nach der Schlacht von Edgehill war selbst den optimistischsten Naturen eines klar: Das Land befand sich nun im Krieg. Wenn es auch eine ernstzunehmende Gruppe von Neutralisten („Clubmen") gab, England zerfiel in zwei feindliche Lager. Die Grafschaften des Nordens, Wales und die Marches waren Hochburgen der königlichen Partei. Die Grafschaften des Südens und Ostens standen im Lager des Parlaments. Daneben gab es Enklaven in feindlichem Gebiet, die oft monatelang belagert wurden. Neben dem bereits erwähnten Nottingham war z.B. Raby Castle im Norden Englands ein parlamentarischer Stützpunkt in feindlicher Umgebung. Barnard Castle beispielsweise, nur ein paar Meilen entfernt, war von 1642 bis 1644 royalistischer Stützpunkt. Die gewerbliche Basis das Landes, die meisten Häfen, die reichen Grafschaften des Südens und vor allem London waren parlamentarisch; das ärmere Land mit seiner kriegerischen und leidenschaftlich der Jagd und dem Pferdesport verbundenen Gentry königstreu. Doch ganz so einfach war es auch wieder nicht. Der Riss lief quer durch England und manchmal quer durch Familien.

Bei der Erstürmung von Wardour Castle wurde der royalistische Musketier Hilsdean tödlich getroffen. Als er im Sterben lag, musste er erkennen, dass der Schütze sein eigener Bruder, ein Soldat der parlamentarischen Garnison, gewesen war.

Der Parlamentsanhänger Sir Henry Vane hatte einen Bruder auf der Seite der Royalisten, Sir Richard Feilding (königstreuer Verteidiger von Reading), hatte einen republikanischen Bruder (Lord Basil Feilding), Denzill Holles (einer der giftigsten Kritiker des Königs) hatte drei royalistische Cousins, die Earls von Denby und Dover (beide dienten in der königlichen Leibgarde zu Pferde) hatten Söhne in der gegnerischen Armee. Wenigstens sechs Mitglieder der Familie Cromwell kämpften unter den Fahnen des Königs.[87] Ralph Verney, der Sohn des königlichen Bannerträgers von Edgehill, war Anhänger des Parlaments. Dessen Abgeordnete, gleichviel ob Oberhaus oder Unterhaus, waren oft Regiments- oder Troopkommandeure und versuchten oft vergeblich, beide Verpflichtungen unter einen Hut zu bringen. Angesichts der territorialen Verbundenheit der Regimenter, die nun auf beiden Seiten wie Pilze aus dem Boden schossen, war ein Parlamentssitz für den Colonel, den Regimentskommandeur also, nicht nur von symbolischer Bedeutung. Ein gewählter Grafschaftsvertreter war eng mit den tonangebenden Kräften einer Grafschaft verbunden und konnte diese Assoziationen nutzen, wenn ein neues Regiment aufgestellt werden sollte. Das galt vor allem für besonders ländliche Regionen. Eine davon rückte nun in den Mittelpunkt.

---

[87] Vgl. Haythornthwaite, Philip: The English Civil Wars, 1642 - 1651, London 1994, S.14.

Im Südwesten des Landes lag das wichtige Cornwall, das für beide Seiten enorm bedeutsam war. Cornwall hatte reiche Metallvorkommen, wichtige Häfen, es eignete sich als Aufmarschbasis gegen Bristol und – es war unentschieden, was die Neigung zu einer der beiden Bürgerkriegsparteien anging.

Das benachbarte Somerset war den Royalisten verlorengegangen. Daran waren kurioserweise die Erfolge der Königstreuen bei Marshall's Elm (4. August 1642), bei Sherborne (2.-6. September 1642) und bei Babylon Hill (7. September) schuld, das Parlament war darob höchst beunruhigt und schickte den Earl of Bedford mit 7.000 Mann, gegen die die reichlich 1.500 Leute der Königstreuen unter dem Marquis of Hertfort keine Chance hatten. Hertfort verließ die Grafschaft Somerset mit der Infanterie und setzte in Kohleleichtern nach Wales über. General Hopton derweil ritt mit 160 Reitern nach Cornwall. Bedford war es sich zufrieden und dachte fälschlicherweise, die örtlichen Roundheads würden mit so ein paar Figuren schon allein fertigwerden, und er schloss sich der Armee von Essex an.[88] Der oberste Befehlshaber der Royalisten in der Region hatte nun auch wenig erreicht. William Seymour, 54 Jahre alt, trug den Titel eines Marquis of Hertford[89] und war loyal und sehr wohlhabend. Aber er hatte überhaupt keine militärische Erfahrung. Was ihn zu der Ernennung zum Lieutenant-General der sechs westlichen Grafschaften qualifizierte, liegt im Dunkeln. Er hätte Bristol angreifen können oder Portsmouth entsetzen, aber er versuchte es nicht einmal. Nun war er fort (in Wales) – und das war das beste, was den Royalisten passieren konnte.

Sein Stellvertreter war Sir Ralph Hopton, 44 und ein erfahrener Soldat. Er hatte zu Beginn des Dreißigjährigen Krieges in der Pfalz gekämpft und war 1624 schon Oberstleutnant geworden. Hoptons Ankunft in Cornwall war schon skurril. In Cornwall hatte die etwas eigenwillige Bevölkerung sowohl den königlichen Ruf zu den Waffen („Commission of Array"[90]), als auch den parlamentarischen Ruf zu den Waffen („Militia Ordinance") abgelehnt. Man verlangte nach einem Waffenstillstand bis zur Ernte und als am 17. August 1642 die Kavaliere eine Musterung auf der Rennbahn von Bodmin abhielten, kamen gerade 180 Mann (und das waren die Diener und Pächter von Sir Bevil Grenville). Hopton wurde kurioserweise erst gefangen und wegen Waffenschmuggels vor Gericht gestellt, dann freigesprochen und als Held gefeiert. Die Trained Bands der Grafschaft erklärten sich jetzt für den König, der Bürgermeister von Truro stellte ihnen das Arsenal der Stadt zur Verfügung. Am 4. Oktober musterte Hopton das Aufgebot („Posse Comitatus") und es fanden sich 3.000 schwerbewaffnete Soldaten ein, daneben noch viele weitere Freiwillige mit improvisierten Waffen. Dagegen konnte der Führer der Roundheads, Sir Richard Buller, nur 700 Leute zusammenbringen. Er floh nach Devon. Hopton besetzte Launceston und stieß bis zum Grenzfluss Tamar vor. Hopton

---

[88] Vgl. Burne u. Young: The Great Civil War, S. 36.
[89] Geb. 1587.
[90] Es war ein törichter und vermeidbarer Fehler, diese „Commissions of Array" in lateinischer Sprache, also der Liturgiesprache der römischen Kirche, abzufassen. Vgl. Barudio, Günther: Das Zeitalter des Absolutismus und der Aufklärung, Frankfurt a.M. 1994, S. 325.

konnte die Trained Bands Cornwalls aber nicht so recht überzeugen, den Tamar zu überschreiten, also nutzte er die Zeit, um vier vollwertige Infanterieregimenter und eine Truppe von 500 Kavalleristen zu formieren. Die beiden Festungen bei Falmouth, Pendennis und St. Mawes wurden von royalistischen Kommandeuren gehalten. Weil königstreue Freibeuter Nachschub in die Häfen Cornwalls brachten, begann die provisorische Regierung der Parlamentspartei („Committee of Public Safety") darüber nachzudenken, wie man Hopton Einhalt gebieten könne. Man schickte erneut den Earl of Bedford. Das reichte aber nicht, um den Exkursionen der Kavallerie Hoptons über den Tamar ein Ende zu machen, im Gegenteil: Anfang Dezember schnitt er Plymouth von der Wasserzufuhr ab. Jetzt schickte das Parlament Lord John Robartes mit regulären Regimentern und Freiwilligen. Hopton gelang es aber, nach Devon einzudringen und dort den Roundheadbefehlshaber Ruthin (einen Schotten), aus seinen Stellungen bei Plymton zu vertreiben.

Hopton versuchte in Devonshire, Freiwillige anzuwerben. Bei Modbury fand sich das Landvolk nur zögerlich ein, die Musterung glich eher einem Jahrmarkt. Zu unguter Letzt jagte Ruthin mit einer Blitzattacke die Veranstaltung auseinander. Am Jahresende waren die Royalisten wieder alle in Cornwall.

Ruthin war erpicht auf einen militärischen Sieg, möglichst bevor seine Ablösung, der Earl of Stamford,[91] eintraf. Am 17. Januar 1643 gab es eine positive Wende für die Königspartei. Widrige Winde hatten drei Kriegsschife der Parlamentsfraktion vom Kurs getrieben und nach Falmouth verschlagen, das von den Royalisten besetzt war. Alle drei Schiffe waren randvoll mit Waffen, Munition und allerlei Nützlichem beladen. Eine reorganisierte Armee der Cornwall-Kavaliere konnte bei Moilesbarrow Down aufziehen mit neuen Waffen, Sold für 14 Tage im Voraus und guter Stimmung. Man zog in Colonel Lord Warwick Mohuns Park bei Boconnoc unter. Dort hielt man Kriegsrat und beschloss, die Attacke zu wagen. Außerdem zog man einen Schlussstrich unter die höchst seltsame königliche Anordnung, die westliche Armee solle von Hopton, Mohun, Berkeley und Colonel William Ashburnham gemeinsam befehligt werden. Der Kriegsrat wählte Hopton zum alleinigen Befehlshaber. Sir Ralph Hopton war sich der Gefahr bewusst, die wie ein Damoklesschwert über ihren Köpfen schwebte. Wenn Ruthin seine Streitmacht mit der des anmarschierenden Earls of Stamford vereinigte, sah es böse aus für die Sache des Königs in Cornwall. Hopton entschied, die schwächere Kolonne, 4.000 Mann unter Colonel Ruthin, anzugreifen, bevor sie sich mit der Armee des Earls of Stamford vereinigen konnte. Gegen Mittag des 19. Januars standen sich Hoptons und Ruthins Truppen bei Braddock Down gegenüber. Beide Seiten tauschten Schüsse aus, waren aber nicht bereit, ihre Höhenstellungen aufzugeben. Hopton ergriff schließlich die Initiative. Er stellte fest, dass Ruthins Artillerie noch nicht ihre Stellungen gewonnen hatte, sondern noch auf dem Anmarschweg zurückhing. Er schickte einen Boten zum Hause von Lord Mohun, der dort zwei kleinere Kanonen lagerte. Die Kanonen wurden

[91] Henry Grey, 1. Earl of Stamford.

auf einem Hügel aufgestellt und gaben mit ihrer Feuereröffnung das Signal zum Angriff. Die Leute aus Cornwall stürmten von ihrem Hügel hinab, die feindliche Anhöhe hinauf und warfen den Gegner. Die Streitkräfte des Parlaments flohen ostwärts und ließen ihre Geschütze zurück: einige bronzenen Kanonen[92] und einen eisernen 5-Pfünder. Nach der Schlacht von Braddock Down war Cornwall fest in der Hand der Royalisten. Die Niederlage löste unter den parlamentarischen Kommandeuren heftige gegenseitige Schuldzuweisungen aus (immerhin hatte man allein an Gefangenen 1.250 Mann verloren). Allerdings nützte Hopton seinen Sieg nicht aus, seine Leute wollten den Grenzfluss zwischen Cornwall und Devon (den Tamar) nicht überschreiten.[93]

Dann kam es aber doch zu einer zweiten Invasion von Devon. Sir John Berkeley griff Generalmajor James Chudleigh erfolgreich bei Kingsbridge an, dann attakkierte er erneut bei Chagford. In dem verbissenen Gefecht fiel auf königstreuer Seite der Poet Sidney Godolphin.

Am 23. April rückte Hopton auf Launceston vor. Chudleigh griff ihn vor der Stadt an. Beide Seiten erhielten laufend Verstärkungen, sodass das Gefecht zu einer regelrechten Schlacht anwuchs. Schließlich erreichte Hopton eine solche Personalstärke, dass er seine Kräfte in drei Angriffssäulen einteilte (eine führte er selbst, eine Berkeley und eine Generalmajor Thomas Basset). Nur der Hartnäckigkeit von Chudleigh war es zu verdanken, dass seine Truppen nicht völlig aufgerieben wurden. Als seine Trossknechte sich davonmachten, schirrte er selbst einen Ochsen an, um eine Kanone abzutransportieren. Die Royalisten waren für eine Verfolgung zu erschöpft.[94]

Am 25. April erreichte die Royalisten die Nachricht, bei den Roundheads in Okehampton herrsche große Unordnung. Man plante einen Überraschungsangriff für den nächsten Morgen. Man ging aber zu sorglos vor. Als Hopton, Mohun, Basset und Berkeley an der Spitze einer Truppe von Dragonern sich auf den Feind zubewegten (in eine Unterhaltung vertieft), tauchten plötzlich hundert Kavalleristen Chudleighs auf, die sie mit Karabinern beschossen und dann mit der blanken Waffe angriffen. Auf der Seite der angreifenden Roundheads kommandierte ein Captain Drake, der seine Leute mit den Worten: „Fall on, fall on, they run!" anfeuerte. Mohun und Grenville sammelten die Dragoner bei den Geschützen der Königstreuen und richteten eine Verteidigung ein. Hopton beorderte Slanning, die Nachhut nach vorne ins Gefecht zu bringen. Der Angriff der Roundheads drang nicht durch, er kostete die Royalisten aber immerhin 60 Gefallene. Chudleigh beschloss, den Anfangserfolg nun auszunutzen, er schickte 1.000 Infanteristen nach vorne. Die Königstreuen besetzten daraufhin einen uralten Verteidigungsgraben und warfen Hindernisse auf, „Schwedische Federn" (hierzulande als Spanische Reiter bekannt). Dahinter wurden zwei Geschütze in Stellung gebracht. In der Dunkelheit sahen sie Leuchtpunkte auf

[92] Es waren vier Kanonen aus Bronze, die größte war 14 Fuß lang und vorletzten Modells: es waren die Wappen der Tudors darauf.
[93] Vgl. Guest, Ken u. Denise: British Battles, The front lines of history in colour photographs, London 1996, S. 102 - 103.
[94] Vgl. Burne u. Young: The Great Civil War, S. 43.

sich zukommen, das waren die Lunten der Roundheadmusketiere. Zwei Kanonen eröffneten das Feuer, sobald die seltsame Lichterscheinung in wirksamer Schussentfernung war. Die Infanterie des Parlamentsheeres zog sich zurück, aber die Kavallerie attackierte erneut. An den Hindernissen blieb sie stecken. Chudleigh verlor jetzt die Nerven und zog sich zurück. Zu allem Unglück brach jetzt ein Regensturm herein. Obwohl die Königstreuen den feindlichen Angriff überstanden hatten, brachte er ihre Streitmacht in Unordnung, und zwar mehr moralisch als physisch. Der Optimismus der Royalisten war dahin und sie zogen sich zurück, dabei ließen sie viele Pferde und Waffen zurück, dazu fünf Fässer Pulver und wichtige Papiere. So endete das Gefecht von Sourton Down.

Am 16. Mai 1643 kam es im Südwesten bei Stratton zu einer weiteren Schlacht, einer der verbissensten des ganzen Krieges. Sir Ralph Hopton hatte königliche Order, mit seinen Royalisten aus Cornwall nach Somerset vorzurücken, um sich dort mit einer anderen königlichen Streitmacht zu vereinen. Der Earl of Stamford versuchte, genau das zu verhindern, und bezog mit seiner Armee (darunter 13 Geschützen) auf einem alten eisenzeitlichen Hügelfort eine Riegelstellung. Hoptons Schlachtplan war einfach und verwegen. Er beabsichtigte mit seinen 2.400 Infanteristen und 500 Reitern die doppelt so starke gegnerische Streitmacht im Morgengrauen zu überraschen. Hopton teilte seine Truppen in vier Infanteriekolonnen mit je zwei Kanonen auf, die von Norden, Westen (zwei Angriffskolonnen) und Süden auf Stamfords Stellung vorrückten. Die Kavallerie blieb in Reserve.

Colonel John Digby wartete mit seinen 500 Reitern in der Nähe eines Sandfeldes, auf dem man heute – sehr pragmatisch – einen Golfplatz eingerichtet hat. John Digby war der Bruder von Lord George Digby.

Sir Ralph Hopton kommandierte persönlich die südliche Angriffssäule. Des nachts rückten die Royalisten auf den Gegner vor. Zu ihrem Pech wurden Hoptons Leute von einem aufmerksamen Wachtposten bemerkt. Als die Attacke um 5 Uhr morgens anfing, waren die Musketiere der Parlamentsstreitkräfte feuerbereit. Die Schlacht begann mit Feuerduellen auf nächste Distanz. Nach acht Stunden Kampf ging beiden Seiten langsam die Munition aus. In diesem kritischen Moment fällten die Pikeniere der Parlamentsstreitkräfte ihre Piken und stürmten bergab. Geführt von Generalmajor James Chudleigh rannten sie in die Piken von Sir Bevil Grenvilles Regiment. Grenville fiel zu Boden, sein Regiment geriet in harte Bedrängnis. Dann griffen die Musketiere von Sir John Berkeley ein, sie schlugen mit den Kolben ihrer Gewehre auf die feindlichen Pikeniere ein. Die Pikeniere Grenvilles fassten neuen Mut und drängten die Parlamentstruppen langsam zurück. Zwischen drei und vier Uhr am Nachmittag trafen sich die Angriffsspitzen aller vier Kolonnen auf dem Hügel. Die nördliche Kolonne unter Thomas Basset rollte nun die Linie des Gegners von Norden her auf. Hoptons Kavallerie griff in das Geschehen ein. Stamfords Truppen flohen, sie ließen dreihundert Gefallene und 1.700 Gefangene zurück. Dabei befand sich auch James Chudleigh. Stamford klagte ihn öffentlich (und fälschlicherweise) des Verrats an, darauf lief Chudleigh zu den Royalisten über. Außer dieser personellen Verstärkung gab es auch noch einen materiellen Gewinn für die Partei der Königstreuen: Die Royalisten eroberten 13 bronzene Kanonen, einen Mörser, ein großes Versorgungsmagazin und 70 Fässer Pulver. Letzteres war nicht unerheblich angesichts der Tatsache, dass sie selbst gerade noch vier Fässer Pulver besaßen.[95]

Der Grund, warum in einer Gesamtdarstellung des Englischen Bürgerkrieges hier so ausführlich auf die Geschehnisse im Südwesten eingegangen wird, liegt in der interessanten Person Hoptons. So schlug sich Hopton gleich dem Prinzen Rupert eine Zeitlang als Freibeuter durch (dazu später). Hopton war ein Soldat mit Kriegserfahrung, der der pfälzischen Sache gedient und wie Rupert im Dreißigjährigen Krieg seine Erfahrungen gesammelt hatte. Wie Rupert war er in erster Linie ein Kavallerieführer. Wie Rupert war er sehr charismatisch, er war zäh[96] und ideenreich. Hopton ließ sich trotz der Kriegssituation nicht davon abbringen, mit seinem alten Freund Waller Korrespondenz zu pflegen – Waller war ein hochrangiger Kommandeur der Gegenseite.

Hopton und der um 1597 geborene Waller waren alte Freunde. Beide hatten in den zwanziger Jahren in der Armee der protestantischen Union in Deutschland gedient. Hopton gehörte als Parlamentsabgeordneter zum Flügel der gemäßigten Opposition gegen den König, schlug sich aber bei Ausbruch des Krieges auf dessen Seite. Waller, auch Abgeordneter, neigte dem Presbyterianismus zu und nahm deshalb die Dienste des Parlaments. Beide trafen im Bürgerkrieg mehrfach als Gegner aufeinander, trotzdem blieben sie Freunde, die einen Briefwechsel pflegten.[97]

Krieg in Nordengland

Nordengland stand überwiegend auf der Seite des Königs, wenn es auch Enklaven parlamentarisch gesonnener Kräfte gab – etwa Raby Castle im Palatinat (Fürstbistum) Durham.

Wichtig war für den König besonders der Besitz von Newcastle und seinem Hafen. Die wichtige Aufgabe, den Norden zu sichern, oblag William Cavendish, dem 1. Earl of Newcastle,[98] der 50 Jahre alt war, von immensem Reichtum und völlig unerfahren in militärischen Dingen. Aber er war tapfer, ein guter Reiter und Fechter. Und er vertraute seinem Stabschef, dem Schotten Generalleutnant James King, der ein echter Profi war.

Ihm gegenüber stand Lord Ferdinando Fairfax (geb. 1584), der sich auf die solide puritanische Gesinnung der Textilstädte Leeds, Bradford, Halifax und Wakefield stützte. Ihm zur Seite stand sein Sohn Thomas, mit 30 Jahren schon ein erfahrener

---

[95] Vgl. ebd.: S. 46.

[96] Bei der Belagerung von Devizes wurde er durch eine Explosion zeitweilig gelähmt und geblendet. Er lehnte es trotzdem ab, das Kommando abzugeben und gab weiterhin seine Befehle.

[97] Nach dem ersten Bürgerkrieg verschlug es Hopton nach Holland, wo er sich Charles II. anschloss. 1650 kommandierte er einige Schiffe der royalistischen Flottille vor der Küste Cornwalls. Weil er Charles' Annahme des Presbyterianismus ablehnte, nahm er nicht am desaströsen Feldzug von 1650 teil. Er starb in Utrecht, manche Quellen sprechen von Brügge. Sein Freund Waller lehnte später Cromwells Diktatur ab, er entwickelte royalistische Inklinationen und wurde 1648 für drei Jahre inhaftiert. Er ging auch ins holländische Exil, half bei der Restauration der Monarchie und verstarb 1668. Er liegt in einem anonymen Grab in London begraben.

[98] Später 1. Marquis, 1592-1676.

Soldat, wohl der beste Roundheadkommandeur des ersten Bürgerkrieges. Gouverneur Hotham in Hull wollte sich Fairfax nicht so recht unterordnen, er führte den Krieg lieber nach eigener Fasson (und er hatte ein paar royalistische Inklinationen).

In der Anfangsphase des Krieges drohte Yorkshire für die Partei des Königs verlorenzugehen, da besetzte der Earl of Newcastle mit 8.000 Mann in einem Blitzangriff York.

Am 6. Dezember 1642 kam es bei Tadcaster zu einem größeren Gefecht. Newcastle wollte die 1.500 Mann starke Truppe von Lord Fairfax in zwei Kolonnen aus verschiedenen Richtungen angreifen. Die Abstimmung mit seinem Unterführer, dem Earl of Newport, klappte nicht. Der Kampf dauerte von 11 Uhr morgens bis 5 Uhr abends, die Kavaliere hielten einen Teil der Stadt besetzt, bis die Roundheads die Häuser stürmten oder anzündeten. Schließlich zogen sich die Royalisten zurück. Lord Fairfax erfuhr, dass die Royalisten etwa 100 Mann an Toten verloren hatten, seine Verluste waren aber nicht erheblich geringer, sein Pulvervorrat war erschöpft. Er zog sich zurück, machte dabei einen schweren operativen Fehler: Er wählte den falschen Rückzugsweg, der die puritanisch gesonnenen Textilstädte ungedeckt ließ. Newcastle nutzte das aus und besetzte Pontefract Castle und er verstärkte die royalistische Garnison von Newark. Thomas Fairfax machte alle diese Gewinne der Königstreuen wieder zunichte, indem er Leeds stürmte. Bei diesem heftigen Gefecht am 23. Januar verloren ungefähr 50 Mann ihr Leben.

Am 23. Februar landete die Königin mit einem Konvoi bei Bridlington Bay. Sie brachte Waffen, Munition, Geld und Offiziere für die Armee ihres Mannes. Zu Lande ging es per Wagenkolonne weiter durch Newark. Auf der Seite der Roundheads wurde schnell klar: Newark musste fallen.

Ein großangelegter Angriff aus mehreren Richtungen wurde am 27. Februar 1643 gegen Newark vorgetragen. Auf lokaler Ebene rekrutierte Parlamentstruppen unter Generalmajor Thomas Ballard griffen die Garnison unter Colonel Sir John Henderson an. Henderson, der ein geschickter Taktiker war, konnte den Angriff noch vor der Stadt verzögern. Dann nutzte er den Vorteil der inneren Linie, um seine Reserven schnell an bedrohte Punkte zu werfen. Als der Angriff der Roundheads stockte, machte er einen Ausfall. Die Parlamentstruppen zogen sich unter Zurücklassung von drei Geschützen zurück.

Der sehr energischen und charmanten Königin gelang es, Sir Hugh Colmley auf die Seite der Royalisten zu ziehen, so kamen die in den Besitz von Scarborough mit seinem Hafen und seiner starken Burg.

Am 30. März kam es zu dem Gefecht von Seacroft Moor. Lord Ferdinando Fairfax fand seine Stellungen bei Selby zu exponiert und beschloss, auf Leeds zurückzufallen. Ein begrenzter Vorstoß einer Kampfgruppe seines Sohnes Thomas sollte die Absetzbewegung decken. Newcastle reagierte prompt. Er schickte 20 Troops Kavallerie und Dragoner unter General Lord Goring.

Lord George Goring war ein Haudegen und ein Raufbold. Er war 34 und hatte lange bei den Holländern gedient. Obwohl er der Schwiegersohn des schwerreichen

Earls of Cork war, hatte er so hohe Schulden, dass er 1633 bei der niederländischen Armee anheuerte. Er war bei der Belagerung von Breda 1637 dabeigewesen und hatte einen Schuss in den Knöchel davongetragen. Eine Gehbehinderung blieb zurück. Er war impulsiv und sprach gerne dem Alkohol zu. Er war schwer zu kontrollieren und zu führen, aber er war ein begnadeter Taktiker.

Bei Tadcaster stellte Goring Fairfax. Der gab seiner Infanterie den Befehl, schnell abzurücken und verzögerte mit seiner Kavallerie den Vormarsch Gorings. Als er Goring weichen musste, setzte er sich ab und fand die Infanterie dort, wo er sie zurückgelassen hatte! Nun marschierte er mit der Infanterie und dem Rest der Kavallerie ab. Goring folgte mit drei Angriffskolonnen. Als die gegnerische Marschordnung in Unordnung geriet, gab er sofort den Angriffsbefehl. Fairfax' Infanterie zerstob in alle Winde, er hatte zuwenig Pikeniere, um einen „Igel" bilden zu können. Nur mit Mühe gelang es ihm, sich mit ein paar Reitern in Sicherheit zu bringen. 200 Roundheads fielen, 800 wurden gefangen. Immerhin hatte Thomas Fairfax seinem Vater soviel Luft verschafft, dass der Leeds ungehindert erreichen konnte.

Newcastle wandte sich nun langsam südwärts und brachte die Armee der Eastern Association (der Parlamentskräfte der östlichen Grafschaften) in Bedrängnis. Im April hatte Colonel Oliver Cromwell 12.000 Mann in Cambridge, Norfolk und Suffolk aufgestellt. 5.500 davon waren unter Lord Grey of Wark abmarschiert, um zur Armee des Earls of Essex zu stoßen. Der Rest sollte sich gegen Newcastles Armee wenden. Die war aber inzwischen über 16.000 Mann stark. Neben Goring gab es in der Figur von General Charles Cavendish (einem Neffen von Newcastle) einen weiteren hervorragenden Kommandeur.

Dieser zweite Sohn des Earls of Devonshire war ein geborener Soldat. Cavendish war trotz seiner Jugend, er war erst 1620 geboren, ein erfahrener Kommandeur. Er hatte 1641 unter dem Prinzen von Oranien gekämpft und war bei Edgehill Freiwilliger der Leibgarde gewesen.

Newcastle hätte der Armee der Eastern Association große Schwierigkeiten bereiten können, wenn ihm nicht Thomas Fairfax mit seiner Truppe ständig in die Quere gekommen wäre. Am 13. Mai 1643 attackierte Cavendish drei gegnerische Kavallerietroops unter Lord Willoughby[99] bei Grantham. Er jagte sie auseinander. Dann machten die Roundheads unter Cromwell eine Gegenattacke und schlugen die Royalisten aus dem Feld, die 100 Tote und 45 Gefangene zu beklagen hatten.[100] Fairfax (jun.) verfiel auf die Idee, Wakefield zu stürmen (21. Mai 1643). Er wollte Gefangene machen, die er gegen seine bei Seacroft Moor gefangenen Leute auszutauschen gedachte. Er rechnete mit rund 800 bis 900 Royalisten in Wakefield. Tatsächlich waren es aber 3.000 Infanteristen und Hunderte von Reitern. Nach den ersten Angriffen merkte Fairfax, dass etwas mit seiner Annahme nicht stimmte. Man hielt Kriegsrat und beschloss, den Angriff weiter vorzutragen.

---

[99] Francis Willoughby of Parham, 5. Baron; nicht zu verwechseln mit Willoughby d'Eresby.
[100] Vgl. Burne u. Young: The Great Civil War, S. 58.

Goring, den ein Fieber aufs Lager warf, kommandierte die Königstreuen vom Feldbett aus. Fairfax fand sich inmitten heftigsten Handgemenges und kam bei den Straßenkämpfen nur mit knapper Not davon. Aber am Ende siegte er. Nun hatte er genug Gefangene, die er austauschen konnte (darunter auch Goring).

Am 30. Juni kam es bei Adwalton Moor zur Schlacht. Der Earl of Newcastle hatte mit 10.000 Mann begonnen, Bradford zu belagern, Lord Ferdinando Fairfax war mit 4.000 Mann[101] aufgebrochen, gerade dieses zu unterbinden. Newcastle hatte auf den Höhen von Adwalton Moor Stellung bezogen. Fairfax (sen.) war es gelungen, das Vorgelände von royalistischen Plänklern zu säubern, dann hatte er Defensivposition bezogen. Zwischen den Hecken konnte sich die Kavallerie der Royalisten nicht entfalten. Colonel George Heron (er kam aus einer alten, sehr streitbaren Familie der Borders) attackierte mit 13 oder 14 Troops Kavallerie die Parlamentstruppen. Es war ein blutiges Handgemenge. Heron fiel, seine Leute wurden zurückgeschlagen. Fairfax (jun.) setzte zur Gegenattacke an und stoppte diese vorsichtigerweise in 600 Yards Entfernung von den eigenen Linien. Durch einen eigenartigen Zufall kam das Glück jetzt den Royalisten zur Hilfe. Auf gut Glück feuerten sie eine ihrer Kanonen ab und trafen auf große Entfernung vier Roundheads, die gerade die Leiche von Colonel Heron fledderten. Fairfax sah dies als einen Akt göttlichen Strafgerichts. Aber es sollte ärger kommen. Auf dem von Generalmajor John Gifford kommandierten Flügel der Roundheads stand alles zum besten, ja Newcastle hatte schon Order gegeben, sich zurückzuziehen. Da wurde Colonel Posthumous Kirton bei ihm vorstellig. Er bat dringend darum, einen Angriff führen zu dürfen. Man gewährte ihm die Bitte. Er ließ seine Leute vorrücken und nun zahlte sich die Tatsache aus, dass Fairfax wenige Pikeniere hatte. Da es noch keine Bajonette für die Musketen gab, war die Abwehrkraft der Roundheads im Nahkampf begrenzt (wie gesagt, ohne Pikeniere). Newcastle sah den Erfolg von Kirton und schickte die Kavallerie. Die Roundheads mussten sich zurückziehen. Fairfax senior verpasste es irgendwie, Fairfax junior rechtzeitig vor dem Desaster zu warnen. Vielleicht kam auch der Melder einfach nicht durch. Jedenfalls verloren die Roundheads 1.400 Mann an Gefangenen, 400 Mann an Toten, drei Kanonen und einige Bagagewagen. Thomas Fairfax und Gifford zogen sich nach Bradford zurück. Newcastle erschien vor der Stadt und ließ sogleich die Kanonen sprechen. Fairfax junior und Gifford brachen mit 50 Reitern durch die feindlichen Linien, die zurückgelassene Infanterie (300 Mann) musste kapitulieren.

Fairfax senior versuchte, Leeds zu sichern. Aber dann brachen 700 königstreue Kriegsgefangene aus dem Gefängnis aus, versicherten sich erst des Magazins (mit 12 Kanonen und 1500 Waffen) und dann der Stadt. Sie hielten aus, bis Newcastle ihnen zur Hilfe kam.

Für Thomas Fairfax sah es böse aus: Er war bei seiner Flucht verwundet worden (das heilte aber schnell wieder). Schlimmer noch, seine Frau Anne war bei der Flucht gefangen worden. Aber der Earl of Newcastle war auch Kavalier

[101]Damit sind nur die ausgebildeten und bewaffneten Soldaten gemeint. Eine unspezifische Zahl an Leuten nur mit behelfsmäßigen Waffen kam noch dazu.

im Wortsinn. Chevaleresk bot er der Dame seine Kutsche an. Er ließ sie bis Hull (das ein Roundhead-Stützpunkt war) bringen. Abgesehen von diesem Lichtblick menschlicher Größe sah es für die Parlamentsanhänger in Yorkshire übel aus. Fast die ganze Grafschaft war verloren. Da half es gar nichts, daß in Lancashire[102] alles von den Roundheads erobert wurde, abgesehen von Lathom House und Greenhalgh Castle. Sicherlich haben es die Kampfteilnehmer dort anders empfunden, aber im strategischen Zusammenhang waren das „Side-shows".

In Hull konspirierte ausgerechnet Gouverneur Sir John Hotham, der ja dereinst dem König das Betreten der Stadt verweigert hatte, mit den Royalisten, in deren Hände er die Stadt spielen wollte. Das gelang ihm nicht, denn Captain Moyer von der Hercules landete bewaffnete Seeleute und sicherte Stadt und Arsenal, bis Fairfax Verstärkung schickte. Hotham wurde übrigens zusammen mit seinem Sohn (er hieß auch John Hotham), der ebenfalls in die Verschwörung verwickelt war, gefangengenommen und am 2. Januar 1645 exekutiert.

Der Verlust Hulls wäre für die Roundheads ein schwerer Schlag gewesen. Nordostengland (und die Borders) gehörten den Royalisten, und sollten nicht schottische Truppen die Grenze überschreiten, wer sollte es ihnen streitig machen?

„My affections to you are so unchangeble,
that hostility itselfe cannot violate
my friendship to your person, but I
must be true to the cause wherein I serve."

General Waller in einem Brief an
den royalistischen General Hopton

Krieg in Zentralengland

Zentralengland war der Hauptkriegsschauplatz. Von hier aus konnte der König am besten gegen London vorgehen, hier lag sein Hauptquartier Oxford, das von einem Ring befestigter Garnisonen geschützt war. Eine davon war Lichfield. Seine Majestät hatte Richard Bagot zum Kommandanten gemacht. Bagot stützte sich auf den Lichfield Cathedral Close, einen Gebäudekomplex, der von einem mittelalterlichen Bischof dereinst zur Festung ausgebaut worden war. Im Februar 1643 erschienen starke Truppenverbände der Roundheads vor der Stadt und beschossen den Cathedral Close mit Mörsern. Am 6. März kapitulierte die Besatzung bzw. die, die noch übrig waren. Aber die Gegenseite hatte auch eine herben Verlust beklagen müssen. Lord Brooke, der Anführer der Sturmtruppen (meist aus War-

[102] Der Earl of Derby versuchte, eine neuaufgestellte Truppe der Parlamentsstreitkräfte unter Ralph Assheton zu zersprengen. Er traf bei Whalley Abbey am 20. April 1643 auf den Feind. Von Musketenfeuer aufgehalten mussten seine Leute langsam zurückweichen, als sie von lokaler Bevölkerung angegriffen wurden. Derby überquerte die Pennines, um in Yorkshire Hilfe zu erhalten, als er die nicht bekam, setzte er sich auf die Isle of Man ab, um wenigstens diese zu sichern (er hatte großen Grundbesitz dort). Die Verteidigung seiner Residenz Lathom House überließ er seiner Gattin.

wick und Staffordshire) wurde am 2. März durch einen Schuss ins Auge getötet. Irgendein Musketier der Gegenseite hatte auf weite Entfernung geschossen.[103]

Angeblich hatte „Dumb" Dyott von der St. Chads Cathedral geschossen. Der Treffer und die Tatsache, dass es gerade der Namenstag dieses Heiligen war, wurde von den Royalisten weidlich propagandistisch ausgeschlachtet.

Dann erreichte aber ein Zehn-Zoll-Mörser die Belagerer und nach ein paar Schüssen gaben die Eingeschlossenen auf.

Eine Roundhead-Garnison in Lichfield störte empfindlich die Prädispositionen des Königs, der nach einem Belagerungsexperten schickte. Er fand ihn in der Person seines Neffen, des militärischen Allroundtalentes Rupert. Der ging am 7. April ans Werk. Er hatte die Belagerung von Breda mitgemacht und wusste, wie man der Festung beikommen konnte. Er ließ Bergleute aus den Kohlenminen bei Cannock Chase kommen und graben. Das hört sich einfacher an, als es war. Beim Lichfield Cathedral Close gab es unterirdische Wasseradern, die anzugraben erfrischend, feucht und tödlich sein konnte. Man musste mehrfach ansetzen und die Grabungsrichtung ändern. Vier Minen wurden vorangetrieben, drei wurden durch Konterminen nutzlos. Die vierte gelangte an die Grundmauern der feindlichen Bastion, aber Rupert dachte, er könnte nicht genug Pulver für eine Sprengung erübrigen. Da traf Nachschub ein, die Sprengung riss ein Loch in die Wand. Die Verteidiger trieben aber Ruperts Leute mit Handgranaten zurück. Dabei verbrauchten sie aber selbst soviel Pulver, dass sie den Widerstand einstellen mussten: Am 21. April war Rupert am Ziel, Lichfield war wieder in der Hand des Königs.

Im März 1643 schickte Charles I. eine Armee unter dem Befehl des Earls of Northampton (Spencer Compton, 2. Earl) nach Staffordshire. Die Parlamentsstreitkräfte unter den Kommandeuren Sir John Gell[104] und Sir William Brereton rückten in zwei Marschsäulen auf das Städchen Stafford vor. Als Northampton am 19. März seine 1.200 Soldaten (meist Kavalleristen) bei Hopton Heath in Stellung gebracht hatte, war die Haupttruppe der Infanterie auf der Seite der Parlamentsstreitkräfte auf einem mit Kaninchenlöchern durchsetzten Gelände aufgestellt worden. Hier konnte die Kavallerie nur mit großem Risiko angreifen. Die Hecken und Trockenmauern des Geländes bildeten ideale Brustwehren für die Musketiere Gells und Breretons. Dazu hatten sie noch acht sogenannte „Drakes" (5-Pfünder Geschütze) und drei schwerere Kanonen. Die Royalisten hingegen hatten „Roaring Meg", ein zwölf Fuß langes Monster von Kanone. Roaring Megs Bedienungsmannschaft konnte nur 10 Schuss pro Stunde verschießen, aber was für welche! 25 Pfund Pulver brachten

[103] Vgl. Haythornthwaite: The English Civil War, S. 21.

[104] Gell war schon ein illustrer Charakter. Er hasste seinen royalistischen Gegner Sir John Stanhope so bitter, dass er nach dessen Tode dessen Haus plünderte. Dann schlug er dem steinernen Denkmal Stanhopes in der Gemeindekirche die Nase und die Finger ab. Sogar die Blumenbeete der Lady Stanhope ließ er umgraben. Dann besann er sich eines besseren: er verliebte sich in die attraktive Witwe, umwarb sie und sie heirateten. Der 1593 geborene Gell hatte ein Vermögen mit Bleiminen gemacht. Weil er 1649 an einem Komplott beteiligt war, wurde er zu lebenslänglicher Haft verurteilt, allerdings 1653 wieder freigelassen. Er starb in London 1671. Vgl. Carlton, Charles: Civilians, in: Kenyon u. Ohlmeyer: The Civil Wars, S. 287.

eine 29 Pfund schwere Eisenkugel auf den Weg. Als Northamptons Dragoner sich mit den Musketieren Gells ein Feuergefecht lieferten, erhob Roaring Meg[105] ihre donnernde Stimme: Der erste Schuss tötete sechs Männer und verwundete vier weitere, der nächste Schuss schlug eine regelrechte Gasse in die Reihen der Parlamentstruppen.

Die Artillerie der „Parlamentarier" erwiderte das Feuer, schoss aber zu hoch. Nachdem das Artillerieduell schon eine halbe Stunde andauerte, führte Northampton seine Reiter zur Attacke. Sie schlugen die gegnerischen Kavalleristen aus dem Feld und erbeuteten acht Geschütze, aber durchbrachen nicht die Linien von Breretons Fußvolk. Dessen Musketiere feuerten eine gut liegende Salve, die viele Opfer forderte. Darunter befand sich auch Northamptons edles Pferd. Der Earl stürzte, rappelte sich auf und fand sich umzingelt. Er lehnte die Aufforderung zur Kapitulation ab und focht, bis ihn ein Hellebardenstreich auf den Kopf tötete.

Erst hatte man ihm den Helm vom Kopfe schlagen müssen, erst der zweite Schlag traf dann tödlich.

Mittlerweile feuerten die Dragoner beider Seiten aufeinander, so heftig, dass beiden Seiten die Munition ausging. Da nahmen die wackeren Leute die Musketen und Karabiner bei den Läufen und droschen mit ihren Waffen aufeinander ein. Die Kavallerie der Royalisten sammelte und jagte dann die feindlichen Reiter in die Reihen derer Pikeniere. Die hielten aber stand und ließen sich von den Royalisten nicht abdrängen. Es wurde Nacht, die Streitkräfte des Parlaments zogen ab. Die restlichen Geschütze versenkten sie in Teichen. Sie sollten nicht auch noch in die Hände des Gegners fallen. Obwohl es nur ein (gemessen an der Zahl der Kämpfer) kleineres Gefecht war, wurde so hart gekämpft, dass die Verluste mit 300 bis 500 Mann auf jeder Seite sehr hoch waren.

Am 13. April 1643 kam es bei Riple Field zu einer weiteren Schlacht. In der Nähe von Tewkesbury befand sich ein Übergang über den Severn. Dieser war für die Royalisten von ganz großer Bedeutung, da eine Abteilung der Roundheads die Bootsbrücke, die Prinz Moritz hatte schlagen lassen, zerstörte. Moritz, der jüngere Bruder Ruperts, hatte eine Armee von rund 2.000 Mann, mit der er gegen die ebenfalls rund 2.000 Mann starke Armee von Waller antrat. Wallers Armee bestand fast nur aus Reitern, es gab nur rund 200 Infanteristen (die gehörten zur Garnison von Gloucester unter Lieutenant-Colonel Edward Massey). Moritz war auf der Hut, er hatte einen gesunden Respekt vor dem alten Taktiker Waller. Der aber sah ein, dass er seine Positionen mit so wenig Infanterie nicht halten konnte. Also zog er sich zurück. Jetzt ließ Prinz Moritz bei aller angebrachten Vorsicht den Angriff eröffnen. Der Angriff war gut geplant und ausgeführt, Moritz' Kavalleristen warfen die gegnerischen Dragoner, die bei ihrem Rückzug die Roundheadinfanterie durcheinanderbrachten. Waller hatte nennenswerte Verluste, allein 80 Mann an Toten. Er fiel mit seinen Truppen bis Tewkesbury zurück. Die Zeitung der Royalisten („Mercurius Aulicus") feierte nun den jungen Prinzen als Helden der

[105] Es gab auch einen Roring Meg genannten Mörser, er wurde bei Goodrich eingesetzt und stand lange Zeit im Hereford City Museum, jetzt in Goodrich Castle.

Stunde. Die große Stunde seines älteren Bruders sollte schon bald schlagen.

Bei Chalgrove zeigte Prinz Rupert sein taktisches Geschick. Am 2. Februar hatte er schon Cirencester genommen, Lichfield (schon erwähnt) gab weiteren moralischen Auftrieb. Nun plante er, eine Kriegskasse von Essex (immerhin 21.000 Pfund) zu erobern. Der schottische Söldner Colonel John Hurry war mit wertvollen Informationen über Art und Standort der Kasse zu den Royalisten übergelaufen. Rupert war nicht der Mann, sich so eine Chance entgehen zu lassen. Der Plan ging schief, Rupert wurde von John Hampden in Richtung Oxford verfolgt. Zehn Meilen vor der Stadt gab der Prinz[106] seiner Infanterie Befehl, weiterzueilen, und legte mit seiner Kavallerie den Verfolgern einen Hinterhalt. Auch aus diesem Plan wurde nichts, die Kavallerie der Parlamentstruppen holte derart schnell auf, dass sich beide Reiterverbände nur durch eine Hecke getrennt gegenüberstanden – der Reiterverband Ruperts aber noch ungeordnet. Der Prinz war ein Mann schneller Entschlüsse. Er gab seinem Ross die Sporen und setzte über die Hecke, seine Leibgarde tat es ihm nach. Rupert hatte nun stolze 15 Mann um sich und das reichte ihm, den Kampf aufzunehmen. Die Reiter Ruperts griffen an und schlugen den Gegner. Mittlerweile waren zwei ganze Kavallerieregimenter der Royalisten zu Rupert aufgeschlossen und griffen in den Kampf ein. Die Roundheads wurden geworfen. Hampden explodierte eine Pistole in der Hand, er verblutete.[107] Rupert machte 100 Gefangene und ließ 45 tote Roundhead-Soldaten auf dem Schlachtfeld zurück.

Die beiden wichtigsten Ergebnisse der Schlacht waren der Tod Hampdens und der Schlachtruhm Ruperts. Hampden war einer der ersten parlamentarischen Oppositionellen von König Charles gewesen. Er war außerdem ein fähiger militärischer Führer, der die Nachfolge des glück- und konzeptlosen Essex[108] hätte antreten können. Das wurde dann später Hampdens Cousin, Oliver Cromwell. Der Ruf des Prinzen wurde durch den Sieg von Chalgrove am 17. Juni 1643 fast legendär.

Essex bot dem Parlament seine Demission an, das wurde aber abgelehnt.

Bristol und der Westen

Im schönen Nordwales gibt es eine Burg, Chirk Castle, deren damaliger Besitzer, Sir Thomas Myddelton, überzeugter Anhänger des Parlaments, war. Die Familie hatte enge Beziehungen zur City of London und war reich begütert. Das Parlament gab Sir Thomas einen wichtigen Kommandoposten in Wales – und Sir Thomas musste zähneknirschend mitansehen, wie seine eigene Burg – Chirk Castle - von royalistischen Truppen besetzt und gehalten wurde. Auch sonst zeigten sich die Königstreuen in Nordwales gegenüber den Bemühungen der Parlamentsanhänger wie Sir Thomas recht obstinat.

Da Wales fest in der Hand der Royalisten war, die Dinge im Südwesten sich gut

[106] Rupert hatte 1.000 Kavalleristen, 350 Dragoner und 500 Musketiere zur Verfügung.
[107] Vgl. Guest: British Battles: S. 112-113. Es gibt eine andere Version, die von zwei Musketenkugeln in die Schulter als Todesursache spricht.
[108] Robert Devereux, 3. Earl of Essex.

(aus der Sicht des Königs) entwickelt hatten und in Zentralengland die Position des Königs stärker denn je war, konnte nun ein ehrgeiziges Kriegsziel in Angriff genommen werden, der Sturm auf Bristol, die zweite Stadt des Königreiches.

Nach dem Sieg von Stratton war Hopton frei, in Somerset einzudringen, was er auch prompt tat. Der König detachierte eine Armee unter Hertford und dem Prinzen Moritz, ihn zu verstärken. Bei Chard trafen beide Armeen am 4. Juni aufeinander. Zunächst gab es Spannungen, wer den Oberbefehl der kombinierten Armeen haben sollte. Immerhin waren es 7.000 Mann, die es zu befehligen galt. Hertford blieb nominell Oberbefehlshaber, Hopton übernahm den wirklichen Oberbefehl, Moritz das Kommando der Reiterei.

William Waller marschierte ihnen aus Gloucester entgegen. Bei Bath traf er auf den Gegner. Am 5. Juli 1643 entbrannte die Schlacht von Lansdown. Beide Heere bewegten sich frontal aufeinander zu, es gab eine heftige Scharmützeltätigkeit. Beide Seiten bewegten sich in Richtung auf Lansdown Hill. Waller erreichte die Hügelkette zuerst und setzte sich am Gipfelkamm fest. Hopton sah keine günstige Möglichkeit zum Sturmangriff und entschied, den Feindkontakt abzubrechen, um Munition zu sparen. Waller ließ seine Kavallerie angreifen. Das Kavallerieregiment von Sir Arthur Hesilrige[109] unternahm (unterstützt von den Dragonern) einen Angriff auf Hoptons Freiwillige aus Cornwall. Obwohl Hesilriges Reiter hoffnungslos in der Unterzahl waren, errangen sie einen Anfangserfolg. Mehr aber auch nicht, denn sofort formierte sich die Infanterie aus Cornwall zu lanzenstarrenden Blöcken. Die Kavallerie der Royalisten unternahm einen Gegenangriff. Auch einige Musketierkompanien unter dem Befehl von Sir Nicholas Slanning beteiligten sich am Gefecht. Jenes wogte hin und her, immer mehr Einheiten beider Seiten griffen ein. Die Royalisten drangen bis zum Fuße des Lansdown Hills vor. Jener war mit den Feldbefestigungen von Wallers Mannen gekrönt und stellte eine ‚harte Nuss' dar. Während die Kanonen Wallers die Royalisten am Fuße des Hügels bepflasterten, berieten sich die Unterbefehlshaber Hoptons, was zu tun sei. Die Freiwilligen aus Cornwall drangen auf einen Sturmangriff und Hopton willigte grimmig ein. Zuerst griff die Kavallerie in der Mitte an, sie konnte am steilen Hang aber nichts ausrichten. Die Pikeniere auf beiden Flanken jedoch gewannen langsam an Gelände. Zweimal wurden sie von Hesilriges Reitern angegriffen, zweimal schlugen sie die Reiter zurück. Beim dritten Angriff fiel der tapfere Kommandeur der Pikeniere, Sir Bevil Grenville. Nur noch knappe 400 Meter von der Stellung Wallers entfernt kamen die Truppen der Royalisten zum Stehen. Der Feuerkampf dauerte fort bis zum Einbruch der Dunkelheit. Obwohl Waller weniger Leute verloren hatte als Hopton, musste er seine Streitmacht unter allen Umständen einigermaßen intakt erhalten, deshalb beschloss er den Abzug. Gegen ein Uhr nachts ließ er eine Vollsalve feuern, dann rückten seine Leute ab.

---

[109] Colonel Sir Arthur Hesilrige, Mitglied des Parlaments. Es findet sich auch die Schreibweise „Hazilrig". Er war entfernt verwandt mit dem berüchtigten Sheriff von Lanark, William Hazelrig, der 1297 von William Wallace getötet wurde, weil er dessen Geliebte (oder Ehefrau) Marion Braidfute hatte hinrichten lassen.

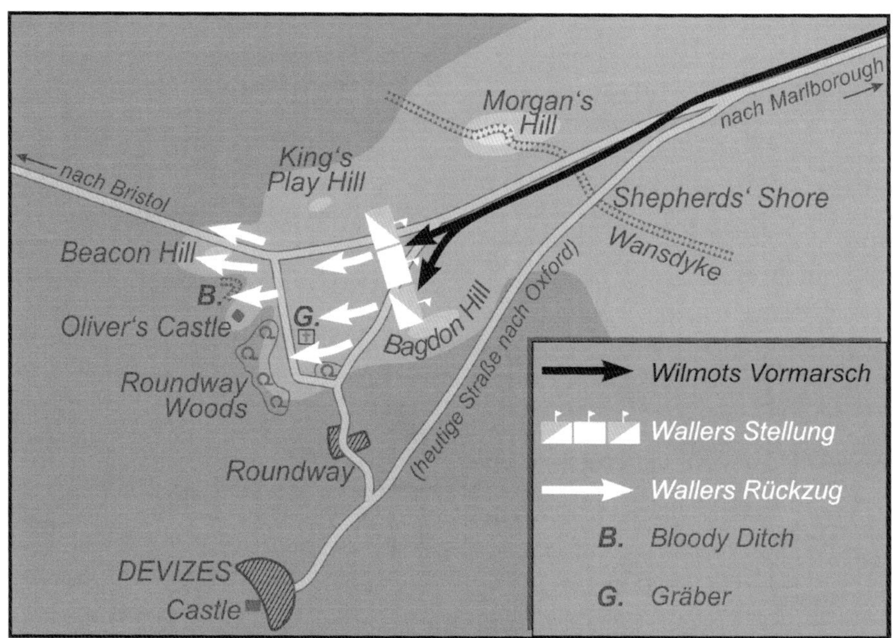

Die Stimmung der Königstreuen war gedrückt. Grenville war tot, Hopton schwer verwundet. Er hatte sich in der Nähe eines Pulverwagens aufgehalten. Das allein wäre nicht schlimm gewesen, nur war der Wagen in Brand geraten und explodiert. Man trug ihn auf einer Trage vom Schlachtfeld. Die Königstreuen zogen sich nach Devizes zurück, wo man Hopton in einem Haus unterbrachte. Hier hielt man Kriegsrat ab und entschied, Hopton sollte Devizes halten, während Moritz um die Stellungen der Roundheads herum seine Kavallerie nach Oxford führen sollte, um Verstärkungen heranzuholen. So wurde es gemacht und Moritz erreichte tatsächlich am 11. Juni Oxford. Dort trommelte man Verstärkungen zusammen und setzte sie in Marsch. Das waren 1.800 Mann unter Lord Wilmot und Sir John Byron (300 Reiter waren aus den Regimentern von Moritz, der noch kampffähige Rest). Sie waren 40 Meilen von Oxford herangeritten und stießen bei Roundway Down am 13. Juli 1643 auf Wallers Streitmacht. Diese bestand aus 3.000 Fußsoldaten und 2.000 Reitern, dabei 8 Kanonen. Die Kürassiere von Hesilrige stießen auf Wilmots Reiterbrigade. Der Kampf war kurz und heftig. Bei der zweiten Attacke der Kürassiere stießen sie nicht mehr allein nur auf Wilmots Leute, auch Byrons Brigade griff in den Kampf ein. Hesilriges Kürassiere waren in ihren schweren Rüstungen so unbeweglich, dass sie auf die Attacke nicht mehr rechtzeitig reagieren konnten.

Sir Arthur Hesilrige trug selbst eine schwere Rüstung. Sie widerstand jedem Schwertstreich und drei Pistolenschüsse prallten einfach ab. Dann brach Heselriges Pferd tot zusammen. Hesilrige rappelte sich hoch und wollte sich ergeben. Chevaleresk wollte er sein Schwert zum Zeichen der Übergabe übergeben. Aber er brachte den Knoten der Fangschnur nicht auf, mit der er sein Schwert am Handgelenk befestigt hatte. Während er so friemelte und zerrte, stießen eigene Kavalleristen zu ihm und retteten ihn. Als man dem König die Begebenheit erzählte, bemerkte der mit trockenem Humor: „Wenn er noch so gut verpflegt gewesen wäre wie befestigt, hätte er auch noch einer siebenjährigen Belagerung standgehalten."[110]

Nun rückte Waller selbst mit dem Rest seiner Kavallerie, mit Fußsoldaten und zwei Kanonen an. Byron ritt mit seinen Leuten direkt in das Feuer der Parlamentstruppen. Mit eiserner Disziplin hielten Byrons Reiter das Feuer zurück, bis sie auf Nahdistanz heran waren. Jetzt traf jede Kugel. Nachdem sie ihre Pistolen abgefeuert hatten, griffen Byrons Reiter zu den Schwertern. Mit blitzenden Klingen setzten sie Wallers fliehenden Kavalleristen nach. Die ritten in das Licht der untergehenden Sonne und übersahen die tiefe Schlucht, auf die sie zuritten. Männer und Rösser verschwanden im Abgrund bei Oliver's Castle. Wallers Infanterie hielt ihre Stellung, bis die Fußtruppen Hoptons eintrafen, dann wurde Wallers Niederlage komplett.[111]

Am 18. Juli setzte sich Rupert von Oxford aus in Marsch, um den Oberbefehl über die westliche Armee zu übernehmen. Er brachte Verstärkungen in der Gestalt von drei Infanteriebrigaden (Lord Grandison, Colonel Henry Wentworth und Colonel John Belasyse), zwei Kavalleriebrigaden (Sir Arthur Aston und Charles Gerard[112]) und neun Troops an Dragonern. Dann war da noch ein Artillerietrain mit Monsieur de la Roche aus Frankreich an der Spitze und Captain Samuel Fawcett als Second-in-Charge.

Am 23. Juli machte sich Prinz Rupert an der Spitze eines Spähtrupps selbst ein Bild der Lage. Bristol war eine verlockende Beute. Es war die zweitgrößte Stadt des Königreiches und als Kapitalplatz wie als Hafen bedeutend. In der Bevölkerung gab es durchaus royalistische Sympathien. Aber diese Nuss war schwer zu knacken, denn auf drei Seiten war Bristol durch die Flüsse Avon und Frome gedeckt. Über den Avon gab es keine Brücke. Auf der vierten Seite erhob sich Bristol Castle. 500 bis 800 Meter vor den Toren der Stadt gab es einen äußeren Verteidigungsring,

---

[110] Was sich so lustig anhört, wird bei eingehenderem Studium der Quellen zu einer makabren Lektüre. Ein Captain Richard Atkyns vom Prince Maurice's Regiment of Horse sah sich in der Schlacht einem vollgerüsteten Reiter gegenüber, es war Hesilrige. Nach dem Bericht Atkyns' feuerte Hesilrige seinen Karabiner und eine Pistole ab, trat aber nicht. Danach schoss Atkyns, nachdem er seine Waffe aufgesetzt hatte. Hesilrige geriet etwas ins Schwanken, mehr nicht. Nachdem er seine zweite Waffe gezogen hatte, setzte Atkyns nach und holte Hesilrige wieder ein. Atkyns setzte nun seine Pistole an den behelmten Kopf seines Opponenten und feuerte. Die Kugel prallte ab, Hesilrige, dem der Schädel mächtig gedröhnt haben muss, erschien verwirrt, aber nicht blessiert. Atkyns führte das auf die ungewöhnlich schwere Panzerung seines Gegners zurück: Hesilrige trug vermutlich ein Kettenhemd unter dem Panzer und der Helm war schussfest. Vgl. Tincey u. Turner: Ironsides, S. 62.

[111] Vgl. Guest: British Battles, S. 121.

[112] Sir Arthur Aston hatte in der polnischen Armee gegen die Türken gekämpft und dann mit König Gustav Adolph im Dreißigjährigen Krieg, obwohl er ein Katholik war. 1642 hatte der König seine Dienste zunächst abgelehnt, aber als Fairfax Aston ein Kommando anbot, schritt Rupert ein und verschaffte ihm ein Regimentskommando. 1643 war er erst Gouverneur von Reading, dann von Oxford. Er verlor ein Bein durch Wundbrand. Dann ging er nach Irland und diente unter Ormond. Charles Gerard, erster Baron Gerard of Brandon und Earl of Macclesfield, war ein enger Freund des Prinzen Rupert und ein erfahrener Soldat, der schon in niederländischen Diensten gedient hatte. Er verstarb 1694.

Das Denkmal für Bevil Grenville am Lansdown Hill. Foto: Hagen Seehase.

der aus einem Erdwall mit einem Trockengraben davor bestand. Fünf Forts waren in diese Verteidigungslinie integriert: die ganze Linie war drei Meilen lang. Der Festungskommandant Colonel Nathaniel Fiennes verfügte zur Verteidigung der Stadt über 1.500 Fußsoldaten, 300 Reiter und einige lokale Hilfswillige. Die Mannschaftsstärke war seiner Aufgabe nicht angemessen, 1.200 Infanteristen waren ja unglücklicherweise Waller in die Schlacht von Roundway Down gefolgt. Aber Fiennes hatte noch die Artillerie, fast 100 Rohre. Am 24. forderte Rupert die Stadt zur Übergabe auf, das wurde abgelehnt und er fuhr seine Artillerie auf. Am 25. hielt er Kriegsrat, man entschied, nicht eine langwierige Belagerung mit Minen und Sappen vorzutreiben, sondern frontal zu stürmen. Die Angriffszeit war der Tagesanbruch des 26., das Losungswort war „Oxford", das Erkennungszeichen ein grüner Zweig oder Stoffetzen. Niemand sollte ein Halstuch oder ähnliches tragen. Rupert gab seinen Brigadekommandeuren freie Hand, die Forts anzugreifen. Sie sollten die Roundheads mit Alarmen die ganze Nacht auf den Beinen halten. Dann sollten zwei Schüsse aus Grandisons Batterie den Generalangriff signalisieren. Leider hielten sich die Leute aus Cornwall unter dem Kommando des Prinzen Moritz nicht an den klugen Plan, sondern sie begannen sogleich mit dem Sturmangriff. Es war erst 3 Uhr und Rupert blieb gar nichts übrig, als das Zeichen zum Angriff auf der ganzen Linie zu geben. Auf dem linken Flügel machte Grandisons Brigade eine heftige Attacke gegen ein Fort. Captain Fawcett befestigte eine Sprengladung („Petarde") am Tor, aber die Ladung war zu schwach. Die Besatzung des Forts warf die Royalisten zurück, die den Graben rund ums Fort mit Toten angefüllt zurückließen. Auch Grandison war tödlich verwundet. Belasyse führte seine Leute gegen ein anderes Fort. Man hatte keine Sturmleitern und keine Faschinen, um die Gräben zu füllen. So zogen sich die Leute zurück. Rupert selbst stieß auf einige und führte sie höchstpersönlich wieder gegen den Feind. Sein Pferd wurde ihm dabei unter dem Hintern weggeschossen. Colonel Henry Wentworth griff mit seiner Brigade zwischen zwei Forts an, dabei gerieten seine Leute in heftigen Beschuss. Sie liefen so schnell sie konnten vorwärts, um in den toten Winkel der Geschütze zu gelangen. Wentworth und Colonel Washington führten selbst den Angriff. Sie kamen bis an den Fuß des Walles. Hier waren sie für die Verteidiger unsichtbar. Man warf Handgranaten (zu dieser Zeit noch mit Pulver gefüllte Weinflaschen) über die Mauer und vertrieb so die Verteidiger. Mit Hellebarden und Schwertern gruben die Royalisten eine Bresche. Eine Reserve der Roundheads unter Major Hercules Langrishe versäumte den richtigen Zeitpunkt zur Gegenattacke. Die Kavallerie von Fiennes griff nun an, aber 300 Royalisten waren schon durch die Bresche und schlugen den Angriff zurück.

Der Angriff von Moritz war allerdings nicht durchgedrungen. Seine Männer waren zwar gut versorgt mit Sturmleitern etc., aber sie gerieten in heftigstes Abwehrfeuer. Nach einer halben Stunde waren ihre Verluste fürchterlich. Von den Offizieren waren Trevanion, Buck und Slanning tot. Bassett und Sir Bernard Astley waren verwundet. Slingsby hatte geholfen, einen Karren in einen Graben zu kippen, war hinterhergefallen und lag nun in seiner schweren Rüstung bewusstlos am Boden. Man trug ihn davon. Jetzt war es 4 Uhr.

Wentworth machte Boden gut und wurde durch Belasyses Brigade und einige Reiter von Aston verstärkt. Dann trug man zwei Vorstöße vor: Wentworth gegen den Flusshafen, Belasyse und Aston gegen Frome Gate, ein Stadttor. Zwei Stunden dauerte der Kampf um dieses Tor, die Roundheads machten mehrere Ausfälle, wobei sie durch Musketenfeuer aus den Fenstern gedeckt wurden. Inzwischen bauten 200 Frauen aus der Stadt hinter dem Tor eine Barrikade aus Erde und Säcken mit Wolle. Belasyse wurde sehr schwer verwundet und seine Leute waren dicht daran, den Kampf abzubrechen, als ein Regiment aus Grandisons Brigade auftauchte. Jetzt gelang der Durchbruch. Als seine Leute in den Vorstädten waren, schlug der Prinz seinen Befehlsstand dicht am Kampfgeschehen auf, in gefährlicher Nähe zu zwei Roundhead-Stützpunkten. Die waren aber kampfmüde und unternahmen nichts. Rupert schickte nach Verstärkungen. Moritz sollte 1.000 Mann detachieren. Aber bevor sie eintreffen konnten, hatte Fiennes schon einen Parlamentär geschickt, er war bereit aufzugeben.

Dafür wurde er später vor ein Kriegsgericht gestellt und zum Tode verurteilt. Der Earl of Essex intervenierte jedoch und verhinderte das Schlimmste. Fiennes hätte die Stadt auch gar nicht länger verteidigen können. Das soll aber keineswegs die Verdienste von Prinz Rupert schmälern.[113]

Bristol hatte eine besondere Bedeutung als Produktionsort von Waffen. Die Fertigungsraten stiegen allmählich, 1645 waren es schon 15.000 Musketen und 5.000 Piken pro Jahr.

Gloucester und Newbury

Die Eroberung von Bristol hob verständlicherweise neben der Reputation Ruperts auch die Moral der Königstreuen. Generalleutnant Robert Dormer, Earl of Caernarvon, eroberte Dorset, während Prinz Moritz in Devonshire aktiv wurde.

Mit der Armee in Zentralengland wollte der König nun Gloucester stürmen, um die Verbindungen von Wales nach Oxford zu sichern. Charles I. zog am 10. August vor Gloucester auf, dessen Kommandeur (Colonel Massey) nur ein reguläres Regiment zur Verfügung hatte, der Rest waren Einheiten zweifelhaften Kampfwertes. Rupert votierte für sofortigen Angriff in Brachialmanier, aber der König scheute nach der Erfahrung von Bristol die hohen Verluste und wollte eine methodische Belagerung. So verschaffte er den Roundheads Zeit.

In London erschloss Pym so ziemlich jede Hilfsquelle für die Armee von Essex: Geld, Kleidung, 2000 Rekruten wurden zur Verfügung gestellt. Sechs Regimenter der London Trained Bands formierten eine neue Brigade. Um London herum sollte eine neue Feldarmee aufgestellt werden, für deren Oberbefehl Waller vorgesehen war.

Einige Leute in Wallers Armee waren jung, sehr jung. Zwei Schuljungen aus Bury St. Edmunds, John Gandy und William St. Lawrence, rannten davon, um sich anwerben zu lassen.

Essex erhielt Order, schnellstmöglich Gloucester zu entsetzen. Mit 15.000 Mann

---

[113] Vgl. Burne u. Young: The Great Civil War, S. 92-96.

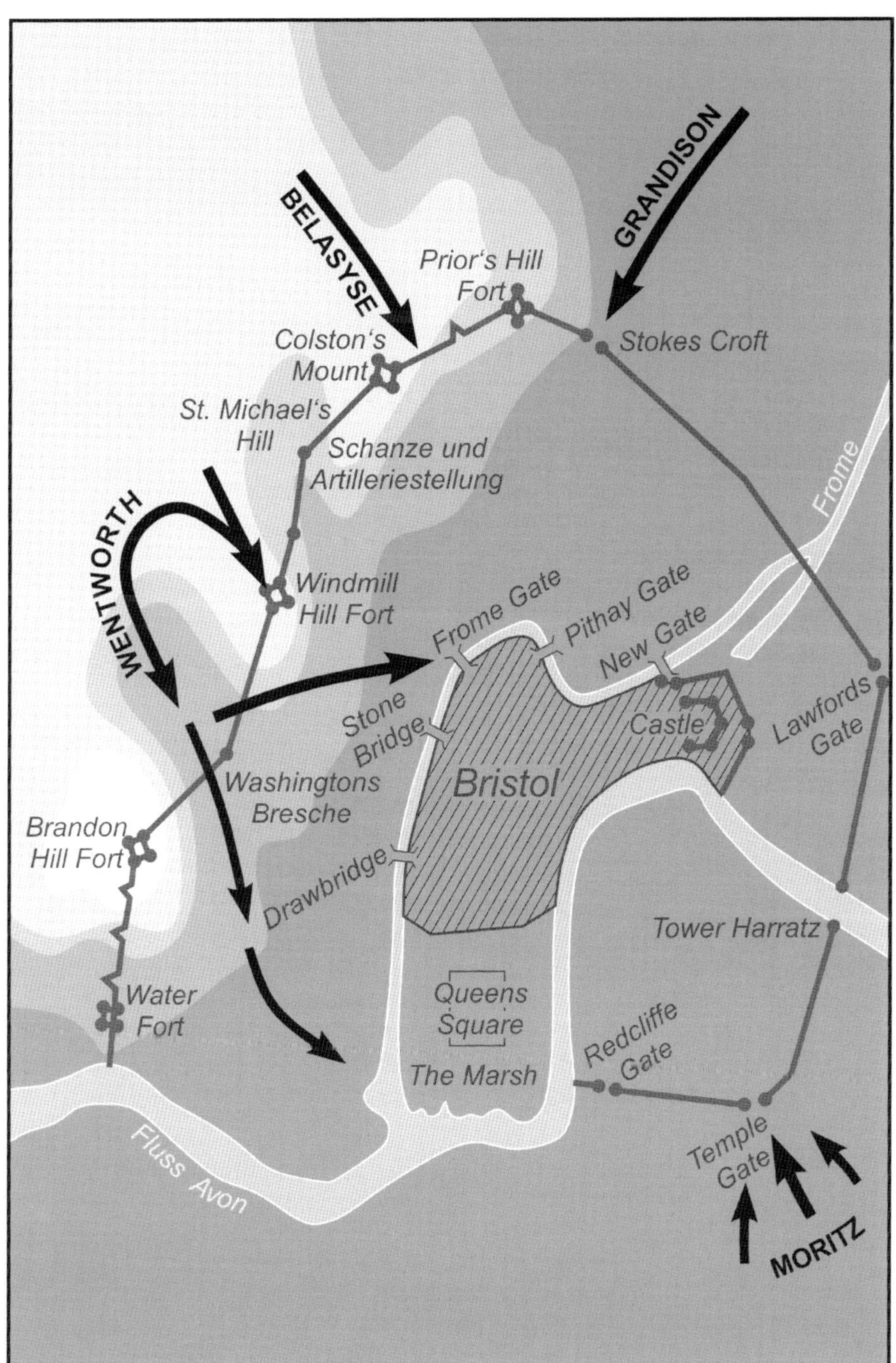
BELASYSE
GRANDISON
Prior's Hill Fort
Stokes Croft
Colston's Mount
St. Michael's Hill
Schanze und Artilleriestellung
Frome
WENTWORTH
Windmill Hill Fort
Frome Gate
Pithay Gate
New Gate
Castle
Lawfords Gate
Stone Bridge
Bristol
Washingtons Bresche
Brandon Hill Fort
Drawbridge
Tower Harratz
Water Fort
Queens Square
Redcliffe Gate
The Marsh
Temple Gate
Fluss Avon
MORITZ

gutversorgter Truppen setzte sich Essex in Marsch, er durchquerte eine von den Royalisten gehaltene Zone. Wilmot beschattete ihn mit einem Observationskorps. Rupert war allein mit seiner Kavallerie nicht in der Lage, Essex zu stoppen. Massey in Gloucester hatte nur noch drei Fässer Pulver, als die Royalisten die Belagerung abbrachen. Des Königs Plan war nun durchkreuzt, aber eine neue, großartige Chance zeichnete sich ab. Wenn es den Royalisten gelänge, Essex den Weg nach London zu verlegen, wäre der zwischen mehreren königstreuen Armeen eingeschlossen. Von zentraler Bedeutung war der Besitz des Verkehrsknotenpunktes Newbury. Am 17. war Essex nur noch 20 Meilen von Newbury entfernt, Charles 28. Es schien, als ob Essex dieses Rennen gewinnen würde, da trat Rupert auf den Plan. Am 18. September griff er die Roundheads bei Aldbourne Chase an und verzögerte deren Vormarsch erheblich. Am Ende des Tages gelangte Essex nur bis Hungerford, neun Meilen vor Newbury. Unvorsichtigerweise rückten die Quartiermeister der Parlamentsarmee mit schwacher Eskorte nach Newbury ein, um Quartiere zu sichern, Versorgungsgüter zu beschlagnahmen etc. Das war unklug, denn Rupert donnerte mit einigen Reitern in die Stadt, zerstob die Eskorte und nahm die Quartiermeister gefangen.

Derweil quälte sich die Hauptarmee von Essex durch den Herbstregen heimwärts. Westlich Newbury bezogen die Royalisten eine Riegelstellung quer über die nach London führende Straße. Das war in den Abendstunden des 19. Septembers 1643 geschehen. Die Parlamentstruppen waren von den in Newbury gelagerten Versorgungsgütern abgeschnitten, während sich die Royalisten dieses unerwarteten „Geschenks" ihrer Gegner erfreuten. Allerdings versäumte es der König (der seine Truppen persönlich kommandierte und in Newbury logierte), seinen Zeitvorteil auszunutzen. Dabei waren die Pulvervorräte der Royalisten gefährlich knapp. Bei Morgengrauen eröffnete die Artillerie der Parlamentstruppen vom Round Hill das Feuer. Die Königstreuen hatten verabsäumt, diese wichtige Position zu sichern. Sir Nicholas Byron sollte nun mit seiner Brigade den Round Hill erobern, sein Neffe John ihn mit Kavallerie unterstützen. Südlich des Round Hill sicherte die Kavallerie des Prinzen Rupert ein Plateau. Von dort startete man einen Angriff auf die feindliche Infanterie, die ihre Stellungen hielt. Diese Fußsoldaten kamen aus den Londoner Trained Bands, den bestausgebildeten und -bewaffneten Truppen des Parlaments. Jede Hecke, jeder Graben wurde heftig umkämpft. Sir John Byrons Reiter nahmen den Hügel und erbeuteten eine Kanone, sie konnten den Hügel aber nicht lange halten.

Lord Falkland hatte sich als Freiwilliger Byrons Reitern angeschlossen und fiel bei der Attacke; dass er angesichts des Horrors dieses Bürgerkrieges vielleicht den Tod gesucht hatte, wird oft unterstellt.

Die Infanterie der Parlamentstruppen in diesem Abschnitt erhielt Verstärkung, denn General Skippon setzte in diesem kritischen Moment seine Reserven aus gutausgebildeten Londoner Soldaten ein. Die Infanterie der Royalisten zeigte sich ungewohnt untätig, hätte sie Byrons Reiter wirkungsvoll unterstützt, hätte der Round Hill wohl gehalten werden können. Die Artillerie beider Seiten duellierte sich heftig, die Pulverknappheit der Royalisten machte sich schon bald bemerkbar. Nach 12-stündigem

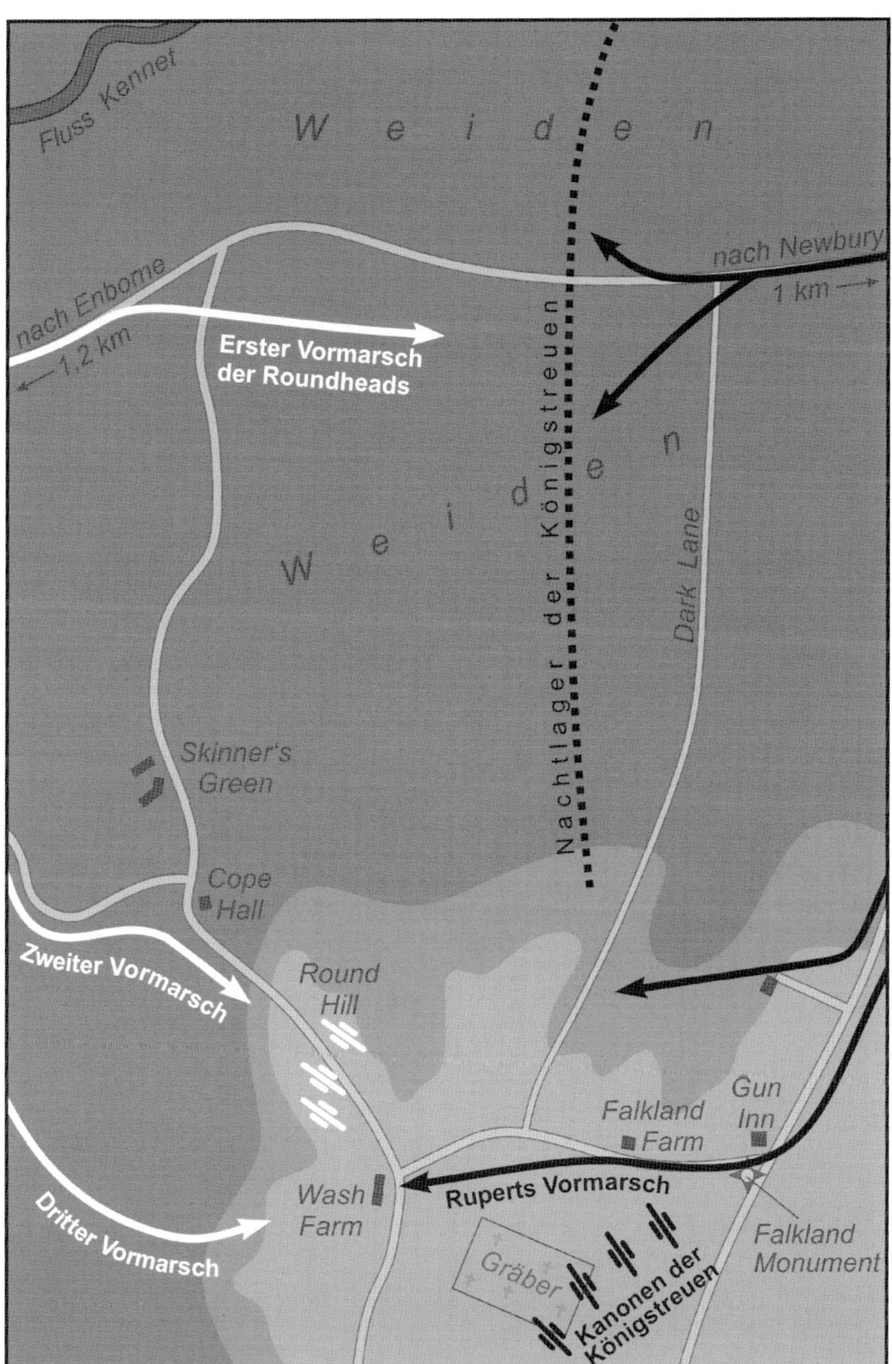
Fluss Kennet
W e i d e n
nach Newbury
1 km
nach Enborne
1,2 km
Erster Vormarsch der Roundheads
Nachtlager der Königstreuen
W e i d e n
Dark Lane
Skinner's Green
Cope Hall
Zweiter Vormarsch
Round Hill
Falkland Farm
Gun Inn
Wash Farm
Ruperts Vormarsch
Falkland Monument
Dritter Vormarsch
Gräber
Kanonen der Königstreuen

Kampf ebbte die Schlacht ab. Rund 3.500 Mann waren gefallen, davon waren 300 allein aus Ruperts Brigade. Ein Kriegsrat wurde auf königlicher Seite abgehalten, und obwohl Sir John Byron und Prinz Rupert für eine Weiterführung des Kampfes optierten, beschloss der König den Rückzug. Die Royalisten zogen im Schutze der Dunkelheit ab, sie hatten sich restlos verschossen: angeblich waren gerade noch 10 Fässer Pulver übrig. Mit einem Sieg bei Newbury hätte der König den Verlauf der Geschichte ändern können. Hätte er Essex geschlagen und wäre dann auf London vorgerückt, hätte er den Bürgerkrieg siegreich beenden können. Newbury zeigt auch, wie wichtig es ist, die Logistik im Griff zu haben. Einige Fässer Pulver zuwenig haben den Abzug der royalistischen Artillerie bewirkt.

So blieb den Royalisten die traurige Pflicht, neben der verpassten Gelegenheit auch ihre Gefallenen zu beklagen: Neben vielen einfachen Soldaten hatte Lord Falkland den Tod gefunden, der Earl of Sunderland war durch eine Kanonenkugel getötet worden und der Earl of Caernarvon wurde von einem versprengten Parlamentssoldaten gestellt und erstochen.

Die Midlands und Yorkshire

Im Norden hatte sich einiges getan. Unglücklicherweise für Rupert war er in Zentralengland mit einem sekundären Kommando gebunden, zwar nur seinem königlichen Onkel untergeordnet, aber der passte kaum zum stürmischen Temperament seines Neffen.

Im Norden, einem Schauplatz, dem Rupert später seinen Stempel aufdrücken sollte, reüssierten gerade zwei Roundheadkommandeure und empfahlen sich für höheres. Das waren Thomas Fairfax und Oliver Cromwell.

Am 20. Juli hatte Lord Willoughby of Parham Gainsborough genommen und damit die Verbindung zwischen Newcastles Armee und Newark gekappt. Newcastle schickte General Cavendish los, es zurückzuerobern. Ihm sollten auf Befehl des Parlaments Colonel Sir John Meldrum (ein schottischer Berufssoldat) und Colonel Oliver Cromwell entgegentreten. Cromwell, Meldrum und die Truppen aus Lincolnshire trafen sich am 27. Juli bei Scarle. Insgesamt ergab das eine Streitmacht von 1.200 Mann (Kavallerie und Dragoner). Sofort rückte sie auf Gainsborough vor und stieß auf die Vorhut der Armee Cavendishs, die numerisch stärker war und ebenfalls aus Berittenen bestand. Die Dragoner der Roundheads traten gegen die Kavallerie der Royalisten an, ohne erst abzusitzen. Die Truppen aus Lincolnshire kamen zu Hilfe und trieben die Vorhut Cavendishs auf seine Hauptmacht zurück, die aus drei Kavallerieregimentern bestand. Während die Kavallerie der Roundheads über durchwühltes Gelände ritt, gedachten die Royalisten diesen Vorteil auszunutzen und griffen an. Meldrums und Cromwells Reiter aber hielten stand. Die Royalisten zogen sich zurück und die Roundheads verfolgten sie. Klugerweise hatte Cromwell aber drei Troops von seinem Regiment zurückgehalten und nicht an der Verfolgung teilnehmen lassen. General Cavendish setzte auf der Gegenseite sein eigenes Reserveregiment gegen die Lincolnleute ein und trieb sie auseinander. Jetzt griff Cromwell mit seiner Reserve an. Cavendish wurde getötet, sein Regiment zurückgeschlagen. Cromwell hatte sein militärisches Talent bewiesen.[114]

Schnellstmöglich rückten die Roundheads in Gainsborough ein. Hier verstärkten 400 Infanteristen Willoughbys die Truppe, die erneut gegen eine Kavalleriestreitmacht der Kavaliere vorging. Cromwell selbst schlug zwei Troops royalistischer Kavallerie in der Nähe einer Windmühle. Vom Mühlenhügel sah Cromwell dann, was sich auf ihn zubewegte: Die ganze Armee Newcastles. Einige Kavallerieschwadronen hatten schon Willoughbys Infanterie angegriffen und ihr Verluste zugefügt. Nun floh die Kavallerie der Roundheads. Nach einer halben Meile sammelten Colonel Cromwell, Major Whalley und Captain Ayscoghe (der Kommandeur der Männer aus Lincolnshire) ihre Leute. Man trat einen geordneten Rückzug an. Während ein Teil der Truppe sich zurückzog, startete der andere jeweils einen begrenzten Gegenangriff. So hielt man die Royalisten auf Abstand. Die folgten in Schussweite und schossen, was das Zeug hielt, näherten sich aber nicht. Angeblich verloren die Roundheads nur zwei Leute. So gelangten sie bis nach Lincoln. Am 30. Juli gab Willoughby Gainsborough auf, seine Truppe schmolz dahin, am Ende musste er sogar Lincoln aufgeben. In Hull (neuer Gouverneur war jetzt Ferdinando Fairfax) wartete man auf den Angriff Newcastles. Der kam dann auch. Newcastle (nun Marquis) ließ sich viel Zeit. Henderson aus Newark und Fairfax (jun.) lieferten sich Passiergefechte.

Mittlerweile war Edward Montague, der 2. Earl of Manchester,[115] zum Kommandeur der Truppen der Eastern Association ernannt worden. Er eroberte am 16. September Lynn. Der Earl of Manchester rückte nun nach Boston vor und unterstellte Cromwell und Thomas Fairfax seinem Kommando. Seine Streitmacht zählte nun 6.000 Infanteristen und 1.500 Reiter. Während er noch seine Truppen organisierte, bewegten die Royalisten ihre Verbände. Sir William Widdrington (nach Cavendishs Tod neuer Kavalleriekommandeur) und Sir John Henderson erhielten Befehl, mit Kavallerieverbänden Bolingbroke Castle zu sichern. Indem die Royalisten Leute aus ihren Garnisonen von Gainsborough, Lincoln und Newark abzogen, brachten sie zwischen 1.500 und 2.000 Reiter und 800 Dragoner zusammen. Am 11. Oktober kam es bei Winceby zur Schlacht.

Der Kommandeur der Vorhut der Parlamentstruppen war Oliver Cromwell. Manchester, der zunächst bei Cromwell in der ersten Linie weilte, eilte zurück, um die zurückgefallene Infanterie nach vorne zu bringen. Als die Verbände der Königstreuen in Sicht kamen, gab Cromwell Angriffssignal und ritt seinen angaloppierenden Reitern voraus. Die Royalisten (Dragoner unter Sir William Saville) antworteten mit Pistolenschüssen. Die zweite Salve tötete Cromwells Pferd. Er rappelte sich auf, wurde aber von Sir Ingram Hopton umgerissen. Der nutzte die Gelegenheit, Cromwell zu töten, aus chevaleresker Geisteshaltung nicht. Widdrington aber wähnte Cromwell in dem Durcheinander getötet. Cromwell hatte sich derweil inzwischen ein anderes Pferd verschafft und übernahm bald wieder die Führung seiner Verbände. Die

[114] Vgl. Burne u. Young: The Great Civil War, S. 109.
[115] Edward Montague, 2nd Earl of Manchester, 1602 - 1671.

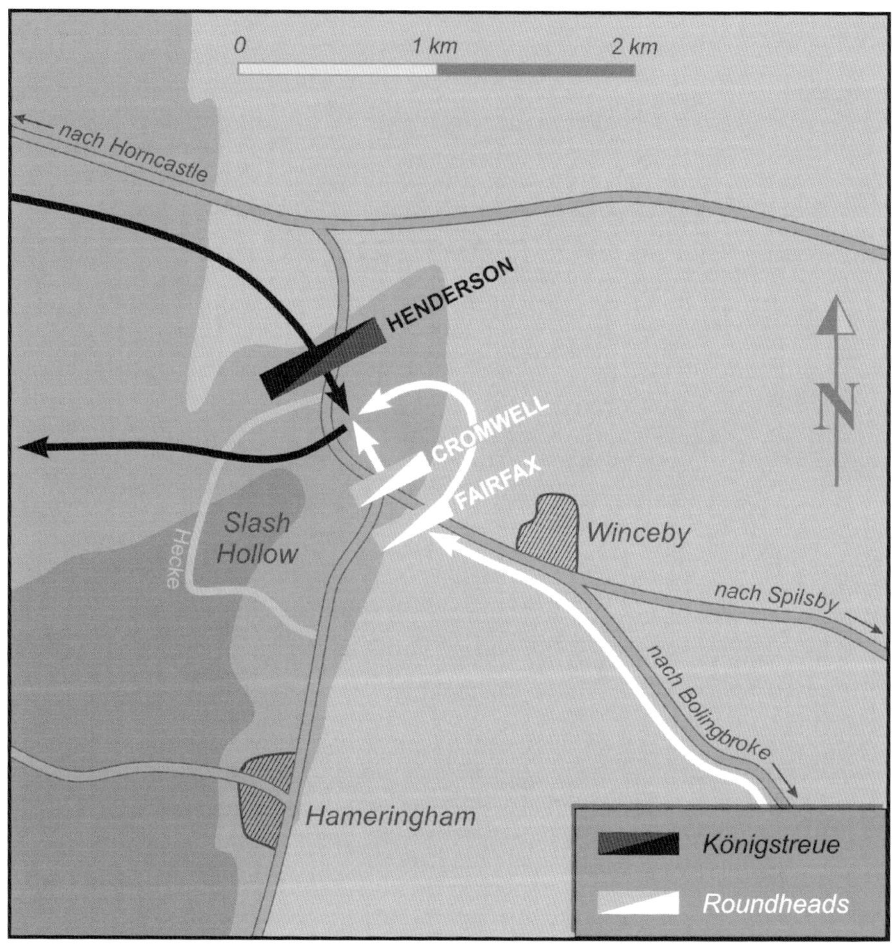

wurden durch Truppen unter Sir Thomas Fairfax verstärkt. Der griff in bekannter Manier die Königstreuen mit einer flankierend ausholenden Bewegung an und jagte in gestrecktem Galopp mitten unter sie. Savilles Dragoner ergriffen die Flucht. Nach einer halben Stunde Kampf waren die Royalisten in die Flucht geschlagen. Manchesters Infanterie hatte in dem Gefecht keinerlei Rolle gespielt. Jetzt waren die Royalisten gezwungen, Gainsborough zu räumen. Nicht lange und Newark selbst war von den Roundheads blockiert.

Bei Hull konnte Faifax (sen.) eine riesige Kanone der Royalisten erobern, einen 36-Pfünder (eine Kanone eines Paares, das als „Queen's Pocket Pistols" bekannt war). Die Belagerung von Hull wurde aufgegeben. Dazu trug auch die Anlandung von 650 Soldaten durch Thomas Rainborough mit der „Lion" und einem Kauf-

Oliver Cromwell.

fahrer in Hull bei.[116]

Wichtiger noch als die Ergebnisse auf dem Schlachtfeld waren diplomatische Bemühungen des englischen Parlamentes. Am 25. September 1643 wurde mit den Schotten der „Solemn League and Covenant" unterzeichnet, das formelle Bündnis der englischen Parlamentspartei und der schottischen Covenanter. Jetzt war militärische Hilfe der Schotten für die Roundheads gesichert. John Pym, der unangefochtene Führer des Parlaments, der das Bündnis zustandegebracht hatte, erlebte den Bündnisfall nicht mehr, er starb wenig später.

An der westlichen Ecke Nordenglands erhielt Sir John Byron den Oberbefehl einer neuaufgestellten Armee. Byron, jetzt Baron, hatte durch eine verachtenswerte Intrige Lord Arthur Capel bei der Vergabe des Postens überrundet. Nun sollte er mit seinen Truppen aus Cheshire vorstoßen, General Sir William Breretons Streitmacht aufreiben, Lancashire zurückerobern und zu Newcastles Armee stoßen. Dabei sollten ihm Truppen der irischen Armee von Ormond helfen. Der hatte seit September Waffenstillstand mit den irischen Konföderierten und schickte 12 Infanterie- und ein Kavallerieregiment über die Irische See, einige Regimenter landeten im Südwesten, die Mehrzahl jedoch in Chester.

Chester war eine Hauptverbindung der Royalisten zwischen England und Irland. Hier landeten nicht nur irische Regimenter – man konnte sich auch nach Irland absetzen, wenn die Lage es verlangte. Das jedenfalls machte ein Captain der Royalisten einer verheirateten Frau aus dem Dörfchen Myddle weiß. Sie verließ ihren Mann (den sie nur auf Verlangen ihrer Familie geheiratet hatte) und ihr Kind und zog mit dem galanten Offizier, der mit ihr nach Irland gehen wollte – so sagte er jedenfalls. In Chester ließ er sie sitzen. Reumütig kehrte sie zu ihrem gehörnten Ehemann zurück. Der nahm auch die Reumütige zurück, allerdings gebührenpflichtig: Ihre Familie musste erst eine zweite Mitgift zahlen.

Einer der Hauptstützpunkte der Parlamentstruppen war Beeston Castle in Cheshire. Im Dezember 1643 wurde es von einer Schar Royalisten in einer Kommandoaktion erstürmt: Es waren nur neun verwegene Leute mit Schnapphahnmusketen. Nach Monduntergang kletterten sie in der finsteren Winternacht in die Burg und verschanzten sich dort. Bei Tagesanbruch sah sich der Burgkommandant dem Feinde innerhalb der eigenen Burg gegenüber. Er wusste nicht, wieviele es waren, und kapitulierte, er lud den gegnerischen Kommandeur sogar zum Lunch ein. Später stellte man ihn vors Kriegsgericht und erschoss ihn. Die Royalisten in der Burg hielten aus und vertrieben sich die Zeit mit der Haltung exotischer Vögel.

Von weit größere Bedeutung war aber der Hafen von Chester.

Fünf Infanterieregimenter wurden Byron unterstellt und der zeigte sein aggressive Natur. Am 26. Dezember forderte er ein Roundhead-Detachement in Barthomley Church auf, zu kapitulieren. Die Aufforderung wurde zurückgewiesen, Byron stürmte die Stellung und ließ die Roundheads exekutieren. Das ließ sich

[116] Vgl. Capp, Bernard: Naval Operations, in: Kenyon u. Ohlmeyer: The Civil Wars, S.156 - 191, hier: S. 166.

Sir Thomas Fairfax

zwar noch mit dem Kriegsrecht vereinbaren (die Kapitulationsaufforderung war ja zurückgewiesen worden), war aber inhuman und löste Empörung aus. Es war außerdem eine absolute Idiotie, denn das Parlament war nun entschlossen, mit aller Härte gegen Byron vorzugehen, um ein Exempel zu statuieren. Der richtige Mann dafür war Thomas Fairfax.

Er marschierte zur Verstärkung Breretons. Newcastle war vollauf damit beschäftigt, die schottischen Truppenkonzentrationen jenseits des Tweed zu beobachten. Angriffsziel von Brereton und Fairfax war Byrons zweite nördliche Armee, denn mit gewisser Berechtigung glaubten sie den Marquis of Newcastle mit der schottischen Gefahr beschäftigt.

Seit dem 13. Dezember 1643 belagerte Byron die kleine Stadt Nantwich, den einzigen verbliebenen Stützpunkt der Roundheads in Cheshire. Am 18. Januar gab er den Befehl zum Sturm, der aber mit schweren Verlusten zurückgeschlagen wurde. Fairfax sammelte seine Kavallerie und brach dann mit 2.300 Mann durch Derbyshire nach Manchester auf. Hier nahm er 3.000 Infanteristen auf. Am 21. Januar 1644 rückte er Richtung Nantwich ab.

Diese kleine Stadt lag östlich des Flusses Weaver. Direkt am Stadtausgang querte eine Brücke den Fluss und die Straße führte nach rund einer Meile zum Örtchen Acton. Etwas nördlich verlief eine zweite Straße, die den Fluss (außerhalb der Stadt) mit der Beam Bridge überquerte. Die Belagerungstruppen der Royalisten hatten bei der Beam Bridge noch eine Fähre in Betrieb. Die nächste weitere Brücke lag sechs Meilen weiter nördlich. Am 24. Januar, als sich Fairfax' Entsatzarmee von Nordosten näherte und ein Scharmützel mit Spähtrupps der Kavaliere hatte, setzte schwerer Regen ein. Byron brachte die ganze Infanterie und seine Geschütze auf die westliche Seite des Flusses, die Kavallerie behielt er auf dem Ostufer zurück. Am nächsten Tag schwemmte die Flut die Fähre weg und zerstörte die Beam Bridge fast komplett. Da die Roundhead-Garnsion von Nantwich die Acton Bridge (bzw. deren Ostende) besetzt hielt, war Byrons Truppe nun in zwei Hälften geteilt. Byron erhielt Nachricht von Fairfax' Anmarsch, dachte aber gar nicht daran, die Belagerung aufzugeben. Er war voller Verachtung für den gegnerischen Kommandeur, der ein wesentlich größeres militärisches Talent war als Byron selbst. Als sich die Nachrichten über Fairfax' Näherrücken häuften, blieb Byron gar nichts anderes übrig, als mit der Kavallerie nach Norden aufzubrechen, am Ostufer des Flusses entlang, um ihn bei Minshull zu überqueren. Richtiges Timing vorausgesetzt konnte er dann Fairfax sogar in den Rücken fallen.

Byron hatte Generalmajor Richard Gibson das Kommando über die Infanterie übergeben. Nördlich von Acton legte Gibson vier seiner fünf Regimenter in eine Sperrstellung quer über die Straße, die Fairfax herunterkommen musste. Ein Regiment beließ er als Reserve zurück, es sollte außerdem die Acton Bridge bewachen, um zu verhindern, dass ein Ausfall der Nantwich-Garnison ihn im Rücken traf. Sechs Geschütze brachte Gibson ebenfalls in Stellung. Als die Roundheads unter Fairfax nur noch eine Meile von Gibsons Stellungen entfernt waren, erhielt Fairfax die Nachricht, feindliche Kavallerie nähere sich von Nordosten. Fairfax befand sich nun tatsächlich zwischen zwei feindlichen Truppenkonzentrationen. Das schien ihn aber nicht sonderlich beunruhigt zu haben, er fasste den Entschluss, die Stellungen bei Acton zu durchbrechen und dann Byrons Angriff abzuwarten. Zwei Kavallerieregimenter schickte er gegen Byron, sie sollten sein Vorrücken verlangsamen. Damit hatten sie Erfolg, trotzdem: trotz des schweren und zerwühlten Bodens war ein Vorwärtskommen für Byron nicht unmöglich. Byron zeigte aber eine merkwürdige Lethargie. Fairfax ließ seine Infanterie angreifen. Gibsons Regimenter auf den Flanken hielten ihre Stellungen, Warrens Regiment im Zentrum wich aber zurück. Colonel George Monck sammelte es und führte es wieder gegen den Feind. Beim zweiten Angriff löste sich die Formation jedoch auf, die Soldaten des Regiments flohen. Es kam noch schlimmer. Das Reserveregiment sollte auch die Acton Bridge bewachen. Byron selbst hatte für diese Aufgabe dreihundert Mann vorgesehen, Gibson hielt einhundert für ausreichend. Schnell erkannte die Garnison von Nantwich ihre Chance. Mit 600 bis 1.000 Musketieren griff sie die Brückenbedeckung Gibsons an, fegte sie weg und rückte bis Acton vor. Hier eroberte sie die Wagen und einige Kanonen Gibsons. Das zweite Regiment im Zentrum geriet in Panik und floh ebenfalls. Nun standen die beiden Flankenregimenter allein da. Fairfax nagelte sie mit einem Frontalangriff fest und stieß dann in die Lücke im Zentrum vor. Vor hier drehten die Angriffskolonnen nach außen. Bald waren die Regimenter der Royalisten an den Flanken überwältigt. Einige Flüchtlinge retteten sich in die Acton Church, wo sie sich später ergaben.

Fairfax' Sieg war komplett, er hatte die Belagerung von Nantwich aufgebrochen, 1.500 Gefangene gemacht, alle Kanonen, Wagen und Fahnen des Gegners erbeutet. Byron floh mit seiner Kavallerie nach Chester. Seine Nordarmee hatte aufgehört zu existieren.[117]

Die Verlautbarung der Parlamentsseite, unter den Leuten, die Fairfax in der Acton Church gefangengenommen habe, hätten sich 21 als Männer verkleidete, bis an die Zähne bewaffnete Amazonen befunden, ist in den Bereich der Fabel zu verweisen.

Nach Nantwich war klar, dass ein besserer Kommandeur für den Norden (als Byron einer war) her musste. Wer anders als Rupert konnte solche herkulischen Aufgaben erfüllen? Leider war Rupert im Moment ohne Kommando. Warum sich der König diesen Luxus oder diese Dummheit leistete, ist nicht klar. Rupert war sein bester Feldherr und loyal dazu. Leider hatte aber Rupert Kritiker am Hofe und Neider. Königin Henrietta mochte ihn nicht, einige Ratgeber des Königs intrigierten gegen Rupert. Leider besaß King Charles keine gesunde Menschenkenntnis und war in Personalentscheidungen sehr unbeholfen. Nun wurde Rupert aber zum Kommandeur einer zweiten Nordarmee berufen (viel zu spät), immerhin. Leider existierte diese Armee gar nicht. Rupert musste also improvisieren. Am 18. Februar beorderte der König Rupert zur Sicherung Newarks. Das wurde auch

[117] Vgl. Burne u. Young: The Great Civil War, S. 137.

höchste Zeit. Einen Tag später zog der Prinz mit ein paar Troops in Shrewsbury ein. Dort sammelten sich Überlebende der Schlacht von Nantwich und Colonel Henry Tillier, ein erprobter Veteran, traf mit zwei irischen Regimentern ein. Am 12. März weilte der Prinz in Chester, dort erfuhr er, dass starke Roundheadverbände Newark angriffen. Tatsächlich hatte schon am 29. Februar Sir John Meldrum mit 6.000 bis 7.000 Mann einen Vorstoß auf Newark unternommen. Dessen neuer Kommandeur, Sir Richard Byron, hatte nur 2.000 Soldaten, darunter 300 Reiter. Er konnte nicht auf Hilfe von Newcastle hoffen. Am 6. März kam es vor den Toren der Stadt zum Gefecht von Muskham Bridge, am 8. März konnten die Belagerten einen Angriff der Roundheads zurückschlagen und bei einem Ausfall 200 Gefangene einbringen. Ein Entsatzversuch unter Colonel Gervase Lucas von Belvoir Castle aus schlug aber fehl. Die Roundheads konnten sich auch der großen Flussinsel westlich Newarks festsetzen und dort ihre Geschütze in Stellung bringen. Sie waren in geradezu idealer Schussposition, um die Mühlen der Stadt zu zerstören.

Der Bürgermeister der Stadt, ein reicher Tuchhändler namens Hercules Clay, hatte einen Traum. Er träumte, daß eine Kanonenkugel sein Haus in Brand setzen würde und alle darin umkämen. Nachdem er diesen Traum zum zweiten mal gehabt hatte, handelte er. Er evakuierte das Haus, das prompt am nächsten Tag durch Artilleriebeschuss in Trümmer gelegt wurde. Zum Dank machte er eine Stiftung.

Rupert eilte zurück nach Shrewsbury. Major Legge sammelte alle Musketiere der irischen Regimenter, die die Garnison Shrewsburys entbehren konnte. Colonel Tillier wurde mit 1.120 Mann in Marsch gesetzt. Rupert stieß mit 800 Reitern zu ihnen. 300 Mann der Garnison von Dudley Castle kamen hinzu. Am 17. März erreichte diese improvisierte Armee Lichfield. Man sollte erwähnen, dass Rupert diese Leute nicht kannte, und sie ihn ebensowenig. Aber sein Charisma und seine fachliche Kompetenz verfehlten ihre Wirkung nicht. Erprobte Soldaten hatten selten Probleme, sich Rupert unterzuordnen, Angehörige des Hochadels knirschten bisweilen mit den Zähnen. Ruperts Taktlosigkeit und sein mangelndes Verständnis für Idioten und Dilettanten trugen dazu das ihre bei. Meldrum schickte seine Kavallerie, 2.000 Mann unter Sir Edward Hartop, Rupert entgegen, denn er befürchtete, der könne noch weitere royalistischen Kontingente einsammeln. Er sollte mit seinen Sorgen Recht behalten, denn am 18. März traf Rupert bei Ashby-de-la-Zouch Castle mit Henry Hastings, Lord Loughborough und Generalmajor George Porter zusammen. Nun hatte er 3.500 Reiter, 3.000 Musketiere und drei Feldgeschütze. Die Qualität seiner Truppen und Offiziere war gut, die Moral ebenso. Rupert rückte auf Newark vor. Ständig ließ er sich durch Spähtrupps und auch durch Spione über alle Aktivitäten Meldrums unterrichten. Der konzentrierte seine Infanterie nordöstlich von Newark (Rupert rückte von Südwesten an). Seine Kavallerie (einen Teil hatte er zu Sicherungsaufgaben detachiert) war etwas südöstlich der Infanterie auf dem Beacon Hill postiert. Sie hatte Order, Rupert nur in Reichweite von Meldrums Artillerie anzugreifen, also zog sie sich zurück, als Rupert mit ein paar Schwadronen auf dem Beacon Hill auftauchte. Rupert beobachtete den taktischen Rückzug und fürchtete, die Roundheads könnten ohne Schlacht abrücken. Das war nicht nach seinem Geschmack. Sofort zog er seine Kavallerie nach vorne. Die Hälfte seiner Reiter hatte diese Bewegung noch gar nicht ausgeführt, von der Infanterie ganz zu schweigen, als Rupert angreifen ließ. Er stellte die noch schwache Angriffstruppe in zwei Linien auf: Sein eigenes Regiment (500 Mann) rechts und die Leibgarde unter seinem persönlichen Kommando links. Dahinter standen Porters Regiment und Loughboroughs Troop. Generalmajor Gerard kommandierte eine schwache Reserve (einen Troop). Mit seiner üblichen Todesverachtung ritt Rupert höchstpersönlich mitten ins wildeste Gefecht. Ein Roundhead versuchte, ihn am Kragen vom Pferd zu reißen, da schlug Sir William Neale dem Mann die Hand ab. Generalmajor Charles Gerard stürzte und wurde gefangengenommen. Sir Richard Crane durchbrach die feindlichen Linien und drang bis zu den Stellungen der feindlichen Infanterie vor.

Dann trat eine Kampfpause ein. Ruperts Infanterie traf ein und der Prinz beorderte Tillier mit den irischen Einheiten, Meldrums Rückzugweg abzuschneiden. Das gelang zwar nicht, aber Meldrum war zwischen den Stellungen Ruperts, Tilliers und der Garnison von Newark blockiert. Ein Gefangener enthüllte Rupert, dass Meldrum nur noch für zwei Tage Lebensmittel hätte. Rupert entschied, ihn auszuhungern. Als bei den Roundheads ein Regiment aus Norfolk meuterte, schickte Meldrum[118] Parlamentäre. Er kapitulierte und durfte mit seinen Leuten, allen Fahnen und Trommeln, Wagen und aller persönlichen Habe, mit den Pferden und den Schwertern abziehen. Zurückzulassen hatte er alle Geschütze, Feuerwaffen und alles Pulver. Die Beute war immens: 3.000 Musketen und Pistolen und 11 Bronzegeschütze nebst zwei Mörsern, dabei befand sich auch die Basiliske von Hull, ein großer 32-Pfünder. Obwohl der Sieg von Newark eine ganz große taktische Leistung darstellt, spielt er in der Überlieferung keine große Rolle und ist nur Fachleuten bekannt.

Während Rupert seine Positionen konsolidierte, beobachtete Newcastle argwöhnisch alle Bewegungen der Schotten. Am 19. Januar hatten schottische Truppen die Grenze zu England überschritten, am 3. Februar standen sie vor der Stadt Newcastle. Ihre rückwärtigen Verbindungen sicherten den Personal- und Materialnachschub, dagegen konnte und wollte der Marquis of Newcastle etwas unternehmen. Am 19. Februar lieferten sich die Kavalleristen der Schotten mit denen der Royalisten ein Scharmützel bei Corbridge. Newcastle operierte von Durham aus und schien mit seinen Angriffen auf die Nachschublinien der Schotten zufrieden. Dann aber überraschten die Soldaten des schottischen Covenants Newcastles Leute bei Chester-le-Street. Newcastle rückte auf Hilton vor (am 23. März), er suchte die Schlacht. Seine Infanterie attackierte die Schotten, der Kampf zog sich bis in die Dunkelheit hinein. Schießereien dauerten die ganze Nacht an. Die Covenanter zogen sich zurück, ebenso Newcastle. Da ließ das schottische Oberkommando seine Kavallerie die Nachhut Newcastles attackieren. Sir Charles Lucas (ein in Flandern erprobter Veteran) wendete sich daraufhin mit seiner Brigade gegen die schottische Kavalle-

[118] Meldrum fiel später bei der Belagerung von Scarborough.

Arundel Castle. Foto: Hagen Seehase.

rie, er warf die schottischen Lanzenreiter zurück und jagte sie, bis sie die eigenen Artilleriestellungen erreicht hatten. Die Schotten verloren 1.000 Mann, Newcastle hatte 250 Mann Verluste.[119]

Nun war also ein neuer Feind aufgetaucht. Alle Versuche von König Charles I., durch einen Waffenstillstand in Irland Truppen für den Krieg in England freizusetzen, waren Makulatur, wenn schottische Truppen en masse in England auftauchen sollten. Schottische Truppen aus Nordirland abzuziehen und schottischen Truppen aus Nordengland fernzuhalten, dazu gab es nur ein Mittel: Den Aufstand der schottischen Royalisten. Mit dem Erscheinen der Covenanter in Nordengland und den ersten Kämpfen zwischen ihnen und Newcastles Armee erhielten solche Pläne neue Nahrung. Doch weitab von den Nebenkriegsschauplätzen hatte der König nicht sein Hauptziel aus den Augen verloren: London.

Cheriton

Im Dezember 1643 hatten Hopton und Astley Arundel Castle genommen, aber Waller hatte aus London zwei Infanterieregimenter zur Verstärkung erhalten, noch dazu ein Reiterregiment vom Earl of Essex. Er überfiel ein royalistisches Detachement bei Alton am 13. Dezember 1643, nahm 875 Gefangene und trieb Hopton zurück.

[119] Vgl. Burne u. Young: The Great Civil, War, S. 143.

Bei Alton fiel ein royalistischer Offizier, dessen Tod der König ganz besonders bedauerte. Es war Sir Richard Bolle. Er hatte sich mit ein paar hartgesottenen Kämpfern in der Kirche von Alton verschanzt, als der Gegner sie stürmte, fiel er in der Kanzel.

Arundel fiel an Waller am 6. Januar 1644. Hopton trainierte den Rest des Winters über seine Truppen bei Winchester, während schlechtes Wetter Waller von weiteren Offensivaktionen abhielt.

Eine neue Armee der Königstreuen wurde im Westen aufgestellt. Sie sollte unter dem Kommando des erprobten Sir Ralph Hopton (der war wieder weitgehend genesen) Dorset, Wiltshire und Hampshire erobern. Dann sollte er so weit wie möglich auf London vorstoßen. Leider unterstellte man ihm nicht die alte Westarmee (die stand unter dem Oberbefehl von Prinz Moritz) und der Rest der alten Kämpen aus Cornwall zählte eben nicht sehr viele Köpfe. So verfügte Hopton über 200 Infanteristen und 1.580 Reiter. Es waren aber gute Regimenter. Die Verstärkungen, die er nachher bekam, taugten nicht so viel. Da waren zunächst zwei Regimenter aus Munster in Irland. Die Offiziere waren gut, aber die Mannschaften neigten zur Meuterei. Hopton ließ kurzerhand die Wortführer erschießen, dann war Ruhe. Es gab aber auch guten Grund zur Unzufriedenheit, die Royalisten waren knapp bei Kasse, die Soldzahlungen waren im Rückstand.

Hoptons Befürchtungen wurden wahr, wieder hatte ausgerechnet sein Freund Waller den Befehl über die Truppen, die ihm gegenüberstanden. Hopton versuchte, Wallers Verbindungslinien zu kappen. Das gelang nicht. Der König schickte Hopton sehr zweifelhafte Verstärkungen in der Form von 1.200 Fußsoldaten, 800 Reitern und vier Geschützen unter General Patrick Ruthven, Earl of Forth. Zweifelhaft war die Verstärkung, weil die Leute Ruthvens (Iren und neue Rekruten) keinem Vergleich mit Hoptons Veteranen aus Cornwall standhielten. Außerdem war Ruthven im Rang leider Hopton vorgesetzt. Er bekam also den Oberbefehl, war aber gar nicht in der Lage, ihn auszufüllen. Ruthven, der ein alter, feiner Gentleman war, verbrachte die Zeit krank in seiner Kutsche, Hopton musste das Kommando führen, das gar nicht seins war.

Am 29. März standen sich beide Armeen bei Cheriton gegenüber. Der dichte Morgennebel erlaubte keine klare Sicht. Schließlich ließ der numerisch unterlegene Hopton (er hatte 6.000 Mann, Waller 10.000) angreifen. Er schickte Musketiere in den Wald von Cheriton. Es war ein merkwürdiger Zufall, beide Seiten hatten das gleiche Abzeichen (weiße Bänder) und den gleichen Schlachtruf („God with us") gewählt. Im Nebel war nun gar nicht mehr Freund von Feind zu unterscheiden. Der Verlauf der erbitterten Nahkämpfe verlief glücklich für Hopton. Der beriet gerade mit seinem Stab die nächsten Schritte, als Colonel Sir Henry Bard aus eigenem Entschluss und gegen ausdrücklichen Befehl mit seinem Kavallerieregiment den Gegner angriff. Er lief in einen Flankenangriff, den Sir Arthur Hesilrige mit seinem berühmten Kürassierregiment („The Lobsters") brillant ausführte. Bards Einheit wurde aufgerieben, andere Verbände der Royalisten, die zur Hilfe eilten, erlitten das gleiche Schicksal. Ruthven riss nämlich das Kommando an sich und schickte ein Regiment zur Rettung von Bards Leuten hinterdrein. Und dann noch eins und so fort: die unkoordinierten

Angriffe wurden einer nach dem anderen abgewehrt. Hopton konnte nur hilflos zusehen, wie der Tag zum Desaster wurde. Es gelang ihm gerade noch, 300 Reiter zu sammeln, meist Kavalleristen der Queen's Horse, darunter viele Franzosen (der Colonel war Raoul Fleury). Hoptons Armee erlitt schwere Verluste. Ein allgemeiner Rückzug setzte ein. Hopton hatte in bitterem Entschluss die Artillerie abfahren lassen, er konnte so 9 seiner 11 Geschütze retten.

Hoptons Gegner Waller konnte jedoch froh sein, mit dem Leben davongekommen zu sein. Er hatte persönlich eine Kavallerieattacke angeführt, seinen Helm verloren und war vom Gegner erkannt worden.

Nicht überlebt hatten zwei royalistische Kavalleriegeneräle, Lord John Stuart und Sir John Smith, der Held von Edgehill. Teile der geschlagenen Armee rückten nach Winchester ab, Hopton, Ruthven und der Großteil der Leute zogen sich zurück nach Basing House (das seit Anfang November 1643 den Angriffen der Roundheads trotzte)[120] zurück. Das hatte weitreichende Konsequenzen: Sir Edward Walker, der Sekretär des Königs, stellte fest, dass von Cheriton an die Royalisten keine offensive, nur eine defensive Strategie anwenden mussten.[121] Die Möglichkeit eines Angriffs auf London durch Hoptons Südarmee war nun erledigt. Die königliche Zentralarmee war ihrerseits zu schwach, um London ohne Unterstützung angreifen zu können. Die Verantwortung für das Desaster trug der König. Er hatte Hopton einen nahezu unmöglichen Auftrag erteilt, ohne ihm die nötigen Verstärkungen mitzugeben. Stattdessen hatte er ihn durch die Detachierung Ruthvens noch in seiner Kommandogewalt behindert. Durch die Entsendung der Verstärkungen, die bei Cheriton unnötig verheizt wurden, hatte Charles I. die Zentralarmee geschwächt.

Am 29. Juni 1644 kam es bei Cropredy Bridge (in der Nähe von Banbury, Oxfordshire) zu einer weiteren Schlacht. 9.000 Mann unter Waller standen einer geringfügig kleineren Armee unter dem Kommando des Königs höchstselbst gegenüber. Charles' Truppen waren in weit auseinandergezogener Marschordnung entlang des Flusses Cherwell verstreut. Ihre Nachhut geriet in höchste Gefahr, als Waller und Generalleutnant Middleton mit Infanterie und Kavallerie über den

---

[120] Basing House in Hampshire war so etwas wie der Alamo der Royalisten. Das befestigte Landhaus gehörte der katholischen Marquess of Winchester. Ihr Ehemann, der Marquis Sir John Paulet of Winchester (1598 -1676) war einer der reichsten Männer Englands und enger Vertrauter der Königin Henrietta Maria. Der berühmte Architekt Inigo Jones befand sich im Basing House, als die Belagerung begann. Die erste Attacke der Truppen Wallers brach in einem Regenschwall zusammen. So begannen die Milizen aus Hampshire mit der Belagerung. Später kamen Truppen aus Manchester dazu. Die Verteidiger unter Lord Winchester hatten ihre Stellung durch religiöse Bigotterie selbst geschwächt, als sie die Festug zu einer katholischen Garnison erklärten und 500 Mann royalistischer, allerdings protestantischer Truppen unter Sir Marmaduke Rawdon hinauskomplimentierten. Am 8. Oktober 1645 traf Oliver Cromwell mit schweren Geschützen ein. Die Parlamentssoldaten rissen die Bleisärge aus den Grablegen von Basing Church und machten Kugeln daraus. Am 13. Oktober schossen Cromwells Artilleristen zwei Breschen in die Umfassungsmauer und am nächsten Morgen stürmten die Parlamentssoldaten hinein. 100 Verteidiger (darunter 6 Priester) wurden getötet, 300 weitere gefangengenommen. Vgl. Downing u. Millman: Civil War, S. 85.

[121] Vgl. Seehase u. Oprotkowitz: Montrose, S. 90. Walker war 1612 geboren und starb 1677. Seine Korrespondenz, z.T. im British Museum erhalten, ist wegen ihrer Klarheit und Objektivität eine Quelle ersten Ranges für die Zeit des Englischen Bürgerkrieges.

Fluss setzten und angriffen. Dabei verlor aber die Infanterie der Parlamentstruppen rasch den Anschluss. Während die Kavallerie Middletons und Wallers auf verbissene Gegenwehr traf, warf der junge Earl of Northampton (James Compton, 3. Earl) die Infanterie Wallers über den Fluss zurück. Der Earl of Cleveland (Thomas Wentworth, 1. Earl) wartete mit seinen Reitern kaltblütig ab, bis Middletons Infanterie den Anschluss völlig verloren hatte. Dann kam eine donnernde Attacke, die die Parlamentstruppen durcheinanderfegte. Waller konnte glücklich schätzen, dass Charles nicht entschlossen nachsetzte. Die Royalisten zogen ab, sie hatten relativ geringe Verluste. Die Ausfälle Wallers betrugen 700 Mann, darunter viele Deserteure.[122] Wäre Hoptons Armee jetzt intakt gewesen, dann wäre das große operative Ziel des Königs, der Angriff auf London, möglich gewesen. Aber so fehlten die Reserven.

Und Prinz Rupert weilte mit kampferprobten Regimentern im Norden, um die Scharten auszuwetzen, die andere royalistische Kommandeure verursacht hatten. Die Position der Roundheads wurde ständig stärker, da schottische Regimenter über die Grenze strömten. Da schlug ein nicht ganz uneigennütziger Ratgeber König Charles I. einen kühnen Plan vor.

Intermezzo im Norden

Der Earl of Antrim brachte im königlichen Hauptquartier die Idee eines Zangenangriffs auf Schottland vor, der die Covenanter zum Rückruf ihrer Truppen aus England bewegen sollte. Die südliche „Backe" dieser Zange sollte von einer Truppe unter Montrose (darunter befand sich auch Viscount Aboyne) gebildet werden. Für den Oberbefehl hatte man zunächst Prinz Moritz vorgesehen, doch der war absolut unabkömmlich. Montrose ritt mit 200 Mann Kavallerie nordwärts. Der Marquis of Newcastle gab ihm alle Soldaten, die er entbehren konnte – nicht eben viel: 100 schlecht berittene Borderer. Mit dieser Streitmacht rückte Montrose in Schottland ein. Es gelang die Einnahme von Dumfries im Süden Schottlands (am 15. April). Diese Stadt galt als Hochburg der Covenanter. Die reagierten sehr zeitig und versammelten ihre Truppen in Selkirk. Am 19. April verließ Montrose vor den anrückenden Covenantern Dumfries. Die Truppen des Covenants trieben die kleine Streitmacht Montroses' an die Grenze zu England. Jahre später machten Gerüchte die Runde, zwei Regimenter der Covenanter (Sinclair's Foot und Lothian's Foot) hätten geplant, zu Montrose überzugehen, was durch dessen Abzug nach Süden dann aber gegenstandslos wurde.

Nach dem Verlust von Dumfries war Montrose aber nicht untätig geblieben. Er hatte eine Truppe von englischen und schottischen Borderern zusammengebracht. Das Geschlecht der Grahams, die Familie Montroses, war ursprünglich ein Borderclan. Und ein wilder dazu. Montrose gewann mit seinen Borderern Territorium nördlich des Tyne für die Royalisten zurück. Er eroberte Morpeth Castle, Stockton Castle, South Shields Fort, Stockton und Hartlepool. Montrose muss über eine recht ansehnliche Truppe verfügt haben, immerhin war Morpeth Castle, das von 500 Covenantern

[122] Vgl. Guest: British Battles, S.134 - 135.

Borderer. Foto: Hagen Seehase.

verteidigt wurde, eine harte Nuss, nach dreiwöchiger Belagerung fiel es aber. Eine Armee der Covenanter unter dem Earl of Callander folgte jedoch Montrose und nahm die verlorenen Stützpunkte wieder ein. Montrose hatte nicht genug Soldaten, erobertes Gelände ausreichend sichern zu können. Außerdem waren die Borders dem königlichen Oberkommando nicht wichtig genug, dorthin viel Truppen zu verlegen. Der Marquis of Newcastle erkannte die Problematik der schottischen Truppen im äußersten Norden Englands, aber er konnte dagegen nicht viel tun. Der Plan des hinterhältigen Antrim (dem ging es weniger um des Königs Macht als um seine eigene) konnte als gescheitert betrachtet werden, Montrose hätte mit seinen Leuten den Krieg nach Schottland tragen sollen, um so schottische Soldaten aus England fortzuziehen. In der Realität hatte er einen Nebenkriegsschauplatz in den englischen Borders eröffnet, der schottische Einheiten nach England zog. Aber weder Montrose noch Antrim waren gewillt, ihre Pläne ganz aufzugeben. Eine weitere eingeplante Größe konnten sie aus ihrem Strategem allerdings auch noch streichen: Der Aufstand der Royalisten im Nordosten Schottlands war völlig zusammengebrochen. Huntly, als deren Anführer, sah sich ins Exil genötigt.

Montrose erhielt den dringenden Befehl, nach Yorkshire zu kommen. So brach er mit seinen Reitern auf zu einem Zusammentreffen mit dem Prinzen Rupert.

Marston Moor

Am 19. Januar hatten schottische Truppen die Grenze zu England überschritten, am 3. Februar standen sie vor Newcastle. Ihre rückwärtigen Verbindungen wurden nun durch die Verbände unter dem Earl of Callander geschützt, da halfen auch alle Bemühungen Montroses nichts. Inzwischen hatte Fairfax Selby genommen (und neben John Belasyse noch 3.000 weitere Gefangene gemacht), am 20. April trafen sich die Schotten und Lord Fairfax' Verbände bei Tadcaster. Die schottischen Truppen verbanden sich mit den Roundheads zu einem Angriff auf York.

Mit dem Eintreffen der schottischen Truppen unter Leven wurden die Probleme des Königs größer, viel größer. Alexander Leslie, nun Earl of Leven, war ein erprobter Soldat, der seine Truppen auf das Vorzüglichste gedrillt hatte. Die schottischen Truppen waren nach dem Standard der Zeit modern ausgerüstet und taktisch eingestellt. Trotz der Anstrengungen von Montrose waren die Borders für die Royalisten verloren, mit der Kontrolle über York hatte die königstreue Partei aber noch einen wichtigen Trumpf in Nordengland.

Im Frühsommer 1644 wurden die königstreuen Truppen (minus die Kavallerie unter Lucas) unter dem Marquis of Newcastle in York eingeschlossen und von 28.000 Mann (Schotten, Yorkshire-Milizen, Parlamentstruppen der Eastern Association Army) belagert. Am 3. Juni schloss die Armee der Eastern Association unter dem Earl of Manchester den Belagerungsring. Es kamen beträchtliche Verstärkungen hinzu. Allein die Schotten hatten 10.500 Mann Infanterie in sieben Brigaden plus einem Regiment (Lord Sinclair's mit 750 Mann). Dazu kamen 2.100 Kavalleristen in sechs Regimentern und noch einmal 500 Dragoner. Ihrer Artillerie war eindrucksvoll:

69 konventionelle Geschütze und 88 „Fframes" (Lederkanonen). Lord Ferdinando Fairfax stieß mit einer Armee von 3.000 Infanteristen und 3.000 Artilleristen hinzu. Das Committee of Both Kingdoms schickte den um York versammelten parlamentarischen Streitkräften einen Emmissär, Sir Henry Vane, der den Befehl zu einer Trennung der versammelten Streitkräfte zwecks Eroberung verbliebener Widerstandsnester in Nordengland übermittelte. Diesen militärisch absolut unsinnigen Befehl verweigerten die Kommandeure. Vane benutzte vermutlich die Gelegenheit, um zu versuchen, die Generäle von seiner Idee einer englischen Republik nach dem Sieg über den König zu überzeugen.

Der König indessen konnte nicht viel für Newcastle tun. Seine ganze Hoffnung setzte er in Prinz Rupert, dessen taktischem Genie er die Truppen anvertraute. Rupert enttäuschte seinen Onkel nicht. Er trug einen Brief in seiner Tasche, in dem der König ihn geradezu beschwor, unter allen Umständen York zu befreien. Prinz Rupert trug diesen Brief bis zum Tage seines Todes immer bei sich.

Am Anfang seiner Kampagne hatte es Rupert gar nicht so eilig gehabt, denn die Schotten hielten sich mit Belagerungen kleinerer royalistischer Garnisonen in den Borders auf. Die drei in York liegenden Regimenter (Sir Thomas Glemham's, Sir Henry Slingsby's und John Belasyse's) schienen als Bedeckung angemessen. Erst als ein direkter Angriff auf York drohte, hatte Newcastle seine Infanterie in die Stadt geworfen. Damit war deren Garnison derart verstärkt, dass man erste Angriffe durchaus abwehren konnte.

Als Prinz Rupert am 16. Mai von Shrewsbury abrückte, hatte er nur 3.000 Reiter und 8.000 Fußsoldaten unter seinem Kommando. Sein Kavallerieführer war Lieutenant-General of the Horse John Lord Byron, der Kommandeur der Infanterie Sergeant-Major General of the Foot Henry Tillier. In Preston hatte Rupert den nach neunmonatiger Gefangenschaft ausgetauschten Goring getroffen und ihm das Kommando über alle Reiterverbände aus der Armee des Marquis of Newcastle übertragen.

Am 25. Mai tauchte Rupert vor Stockport auf, dessen Roundheadgarnison mit 3.000 Mann sich ihm in den Weg stellte. Eine Attacke von Colonel Washingtons Dragonern warf die Roundheads zurück. Davon hörte Colonel Alexander Rigby, der seit 18 Wochen die Countess of Derby (mit dem schönen französischen Namen Charlotte de la Trémoille) im Lathom House belagert hatte. Er zog sich nach Bolton zurück, das er mit 2.500 Mann gegen Rupert zu verteidigen hoffte. Am 28. Mai erschien Rupert und ließ wie üblich sofort angreifen. Rigby konnte seine Stellungen genau eine halbe Stunde halten. Ein zweiter Angriff wurde von James Stanley, dem 7. Earl of Derby, persönlich angeführt und der hatte private Rechnungen zu begleichen. Es wurden kaum Gefangene gemacht. 1.600 Roundheads starben, Rigby hatte das Losungswort der Royalisten erfahren und entkam deshalb.

Nach diesem Erfolg strömten die Royalisten aus Lancashire zu Ruperts Fahnen. Am 30. Mai stieß Lucas mit 5.000 Reitern und 800 Infanteristen zu Rupert. Am 11. Juni eroberte Rupert Liverpool. Die Alliierten, die York belagerten, hielten den Anmarsch Ruperts in so kurzer Zeit nicht für möglich. Außerdem machten sie bei ihren Anstrengungen, die Stadt zu nehmen, große Fortschritte. Newcastle versuchte, durch Verhandlungen mit den Belagerern Zeit zu gewinnen. Die trieben Minen unter die Stadtmauern. Am Morgen des 16. Juni explodierte eine Mine unter dem St. Mary's Tower am Nordwestwall. Generalmajor Laurence Crawford ließ angreifen, was für die Belagerten besonders misslich war, denn viele ihrer Offiziere befanden sich gerade auf einem anglikanischen Gottesdienst in der Kathedrale. Aber Crawford hatte seine Attacke nicht mit den anderen Befehlshabern der Armee abgesprochen, sodass er wenig Unterstützung erhielt. Er wurde mit einem Verlust von 300 Mann von Newcastles Eliteformationen und Freiwilligenverbänden der Bürger Yorks zurückgeschlagen. Leichtsinnigerweise hielten die Parlamentsstreitkräfte sogar erste Stoßtrupps von Ruperts Kavallerie für eigene Verstärkungen. Am 30. Juni war Rupert in Knaresborough, 12 Meilen vor York. Die Befehlshaber der Parlamentskräfte befürchteten, zwischen seinen Truppen und denen Newcastles in die Zange genommen zu werden, und sie marschierten Rupert entgegen. Allerdings waren sie taktisch nicht sehr geschickt, sie blockierten einfach die Route von Knaresborough nach York. Rupert befahl daraufhin eine flankierende Bewegung und umging den Gegner.

Am 1. Juli 1644 traf Rupert in York ein, wo er sich sofort mit Newcastle über die zukünftige Operationsführung beriet. Newcastle war dafür, auf weitere Verstärkungen (unter Colonel Sir Robert Clavering) zu warten. Rupert spielte seine Amtsautorität aus. Er war für eine Schlacht, je früher, desto besser. Die Alliierten unter dem Oberbefehl des Earls of Manchester entschieden, sich etwas nach Süden zurückzuziehen. Dort wollten sie dem Prinzen eine Falle stellen, wenn er den Rückweg nach Süden antreten sollte. Prinz Rupert entschied, Manchesters Nachhut zu überfallen und in einer Blitzattacke aufzureiben, bevor der Rest des alliierten Heeres zu Hilfe kommen konnte. Dieser gewagte Plan basierte auf zwei Faktoren: Da war zunächst die Geschwindigkeit. Rupert musste seine Leute in größter Eile disponieren und dann zuschlagen. Dass der Prinz über solche operativen Fähigkeiten verfügte, hatte er mehr als einmal bewiesen. Zum Zweiten war die Unterstützung der 4.000 Mann starken Yorker Garnison notwendig. Die standen unter dem Befehl von Newcastle und damit begannen die Probleme. Newcastle war ein fähiger, aber auch stolzer Kommandeur, der sich nicht ohne Zähneknirschen Rupert unterordnete. Immerhin hatte er bei der Aufstellung königstreuer Truppen große Teile seines nicht unbeträchtlichen Vermögens investiert. Seine militärische Führungskunst war anerkennenswert – angesichts der Tatsache, dass er vor dem Bürgerkrieg keine militärische Erfahrung hatte. Damit war er nun in gewisse Konkurrenz zu Rupert getreten, der hatte ebenfalls große Erfolge erringen können, während viele royalistische Kommandeure schon 1643 wegen Unfähigkeit des Kommandos enthoben worden waren: der Marquis of Hertford, der Earl of Derby, der Earl of Glamorgan. Sie wurden durch professionelle Militärs ersetzt, die nicht die hohe Herkunft der Ebengenannten, wohl aber taktisches Können mitbrachten.

Als Rupert Newcastle am 2. Juli anwies, schnell zu ihm zu stoßen, sah der gar keinen Grund zur Eile. Seine Leute hatten nach der Aufhebung der Belagerung das

Die Stadtmauer von York. Foto: Hagen Seehase.

Camp der Belagerer visitiert und reiche Beute gemacht. Die Soldaten Newcastles blieben bis zum Nachmittag in York. In der Zwischenzeit hatte Sir Thomas Fairfax, der Kommandeur der alliierten Nachhut, die Gefahr erkannt. Er sandte Melder zu den Kommandeuren der alliierten Infanterie und Artillerie, ihm Truppen zur Unterstützung zu schicken. Eine Einheit des Parlamentsheeres nach der anderen machte kehrt und marschierte neben Fairfax' Kavallerie auf. Rupert sah seinen gutüberlegten Schlachtplan durchkreuzt. Selbst mit den Leuten von Newcastle waren seine Verbände nur halb so stark wie die gegnerischen. Zu allem Überfluss durchnässte auch noch ein Platzregen die Soldaten. Der ohnehin feuchte Boden verwandelte sich in Morast. Die Armee des Prinzen war in Defensivposition hinter einem Graben am Rande des Marston Moors aufgestellt. Um 5 Uhr nachmittags trafen die Truppen aus York ein. In der Zwischenzeit hatte ein Artillerieduell begonnen. Dann war Stille. Irgendwer in den Reihen der Alliierten begann, Psalme zu singen. Immer mehr Soldaten fielen in den Gesang ein. Gegen 7.30 Uhr bewegten sich die alliierten Reihen auf Ruperts Position zu. Im Kriegsrat der Alliierten hatte sich Leven durchgesetzt, der zum Angriff riet. Vor dem düsteren Himmel muss der Angriff der Schotten und Roundheads ein fürchterlicher Anblick gewesen sein. An der ganzen Front brachen Kämpfe aus. Im Zentrum der royalistischen Schlachtlinie standen die Infanteristen, darunter die berühmten „Whitecoats", eine Elitetruppe des Marquis of Newcastle. Davor waren

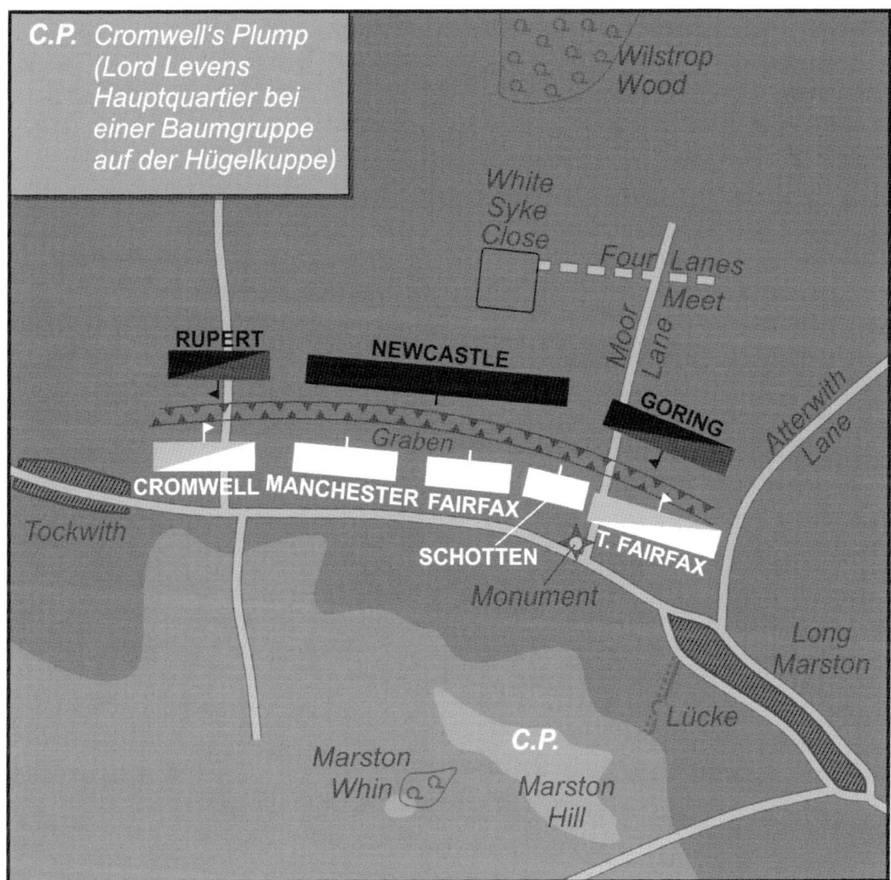

Scharfschützen und Stoßtrupps postiert. Hinter dem Infanteriezentrum standen das Kavallerieregiment von Sir Edward Widdrington und Prinz Rupert Leibgarde als zentrale Reserve. Als direkte Eingreifreserve für die Infanterie war eine ganze Kavalleriebrigade unter Sir William Blakiston vorgesehen.[123] Auf der linken Flanke standen Reiterregimenter unter Goring (mit der Reiterbrigade von Sir Richard Dacre als zweiter Linie), auf dem anderen Flügel Ruperts Kavallerieregiment und weitere Kavalleristen unter dem Befehl von Lord Byron. Die zweite Linie wurde von Lord Molyneux kommandiert. Ihnen gegenüber stand alliierte Kavallerie unter Cromwell und Leslie. Im Zentrum hatten die Alliierten ihre Infanterie unter Ferdinando Fairfax und dem Earl of Manchester (Engländer) sowie unter Lumsden, Baillie und Crawford (Schotten) aufgestellt. Auf dem rechten Flügel standen Kavallerieeinheiten unter Thomas Fairfax.

Rupert hatte irgendwann am Nachmittag die Hoffnung aufgegeben, die Alliier-

[123] Vgl. Tincey, John u. Turner, Graham: Marston Moor 1644, London 2003, S.25.

ten angreifen zu können, rechnete seinerseits aber auch nicht mit einem Angriff, da er den Zeitpunkt zu weit fortgeschritten wähnte. Rupert zog sich zum Supper zurück. Ähnlich sah es Newcastle, der gerade in seiner Kutsche saß, um sich eine Pfeife anzuzünden, als der Angriff begann. Ruperts Kavallerieeinheiten wurden dem Befehl von John Byron unterstellt. Der schlug alle prinzlichen Dispositionen in den Wind. Rupert hatte in genauer Kenntnis der numerischen Unterlegenheit seiner Kavallerie und angesichts der Bodenbeschaffenheit eine defensive Taktik angeordnet. Byron sollte Cromwells „Ironsides"[124] angreifen lassen. Der weiche Boden würde ihre Pferde ermüden, ihre Attacke noch durch eine Senke vor der Front Byrons verlangsamt. Vor Byrons Kavalleristen hatte Rupert noch eine Schützenkette von Musketieren unter Colonel Napier aufziehen lassen. Erst nachdem diese eine gezielte Salve abgegeben hätten, sollte Byron angreifen. Dieser Plan war sinnvoll, setzte aber eiserne Nerven voraus. Byron ließ sich durch Artilleriebeschuss und Schlachtenlärm und nicht zuletzt durch die ungestümen Forderungen seiner Subalternoffiziere bewegen, vorschnell anzugreifen. Er warf Ruperts ausgeklügelten Plan über den Haufen. „Bloody Bragadochio Byron"[125] gab den Angriffsbefehl zu früh. Statt mit einer ausgeruhten Truppe auf bereits ausgelaugte und dezimierte „Roundhead"-Kavallerie zu treffen, waren die Pferde seiner Männer am Ende ihrer Kräfte, als er auf den Gegner traf. Die „Kavaliere" wurden geschlagen. Ein Teil der Reiter, unter dem Kommando des schottischen Glücksritters Hurry, verließ fluchtartig das Schlachtfeld. Cromwell indes bekam einen Schwertstreich über den Nacken, er verließ den Schauplatz, um sich verbinden zu lassen. Das Kommando übergab er Lawrence Crawford.[126] Jetzt kehrte Rupert aufs Schlachtfeld zurück. Wild schreiend sammelte er seine flüchtenden Reiter und führte sie wieder gegen den Feind. Aber zwei Attacken in gestrecktem Galopp, das war nicht durchführbar. General David Leslie warf 800 schottische Reiter gegen den Prinzen und seine Kavaliere. Die wurden geworfen, das Pferd des Prinzen getötet. Der vielleicht größte Kavallerieführer des 17. Jahrhunderts war nun zu Fuß! Er versteckte sich in einem Bohnenfeld und entging so der Gefangennahme.

Cromwells Ironsides zeigten nun ihre überlegene Disziplin. Anstatt Ruperts fliehende Reiter zu verfolgen, sammelten sie sich. Cromwell (nun verbunden) übernahm

---

[124] Diesen Begriff hatte Rupert selbst geprägt.

[125] Eine launige, aber treffende Beschreibung dieses eher zwielichtigen Charakters findet sich in Vicars „God's Ark". John Bryon, erster Baron Byron of Rochdale, war 1641/42 Gouverneur des Towers. Als er bei York zum König stieß, war sein Reiterregiment eines der ersten der royalistischen Armee. Byron erhielt am 1. Januar 1643 in einem Gefecht bei Burford eine Verwundung durch eine Hellebarde, die Wunde auf der linken Wange trug er mit einem gewissen Stolz. Er wurde im Oktober 1643 zum Baron erhoben. Gegen Ende des Krieges verteidigte er Chester und Caernarvon mit großer Zähigkeit. Er starb 1652.

[126] Diese Episode ist später Anlaß zu giftiger Kritik an Cromwell geworden. Denzil Holles, ein Mann der Cromwell tief verabscheute, gibt in seinen Memoiren seine Version des Geschehens preis. Demnach sei Cromwell nur von einem heißgeschossenen Pistolenlauf am Kopf versengt worden. Er habe sich verbinden lassen. Derweil standen seine Reiter untätig herum, als Crawford auf der Szene erschien und Cromwells Kavalleristen anbrüllte. Cromwell tauchte wieder auf, fragte Crawford: „Major General, what shall I do?" Darauf antwortete Crawford:" Sir, if you charge not all is lost." Daraufhin soll Cromwell Crawford das Kommando überlassen haben. Vgl. Haythornthwaite: The English Civil War, S.92.

wieder das Kommando.

Auf dem anderen Flügel lief es für die Alliierten nicht so günstig. Thomas Fairfax geriet mit seinen Reitern in das Streufeuer der Schützenkette vor Gorings Kavallerie Dann wurden Fairfax' Reiter von Gorings Kavalleristen geschlagen. Sir Thomas Fairfax wurde leicht verwundet, sein Bruder Charles ebenfalls, allerdings tödlich. Die Kavaliere verfolgten ihre Gegner oder plünderten deren Bagage und vertaten so eine einmalige Chance. Nichtsdestotrotz waren die Eliteregimenter der royalistischen Infanterie erfolgreich. Gegen den Widerstand der numerisch stark überlegenen Parlamentstruppen gewannen sie Boden. Newcastle hatte erst vergeblich versucht, einige Reiter des rechten Flügels zu sammeln. Dann hatte er persönlich das Kommando über Blakistons Reiterbrigade übernommen und sie gegen die alliierte Infanterie geführt. Dabei zerbrach sein Schwert, er kämpfte mit dem seines Pagen weiter.[127] Newcastles Angriff drang durch, ein einzelner Pikenier versuchte, eine ganze Schwadron von royalistischen Reitern aufzuhalten (Sir John Methams Gentlemen-Volunteers). Eine Kavallerieattacke unter Sir Charles Lucas gegen die alliierte Infanterie hatte einigen Erfolg, dann wurde Lucas gefangengenommen. Die Schotten igelten sich ein wie ihre Vorväter in den „Schiltrons". Das alliierte Oberkommando wurde von Panik erfasst.

Nach den Aussagen eines Chronisten zog sich Ferdinando Fairfax nach Hause zurück, Lord Leven flüchtete nach Leeds, auch der Earl of Manchester verließ vorübergehend das Schlachtfeld.

Sir Thomas Fairfax stellte den Ruf der Familie wieder her. Er riss sich die Abzeichen (ein weißes Tuch) von der Uniform. Dann ritt er unerkannt quer durch die Reihen der Royalisten. Schließlich erreichte er Cromwell auf dem anderen Flügel. Der hatte seine Wunde (vielleicht war es nur eine Verbrennung durch eine zu nah abgefeuerte Pistole) verbinden lassen. Zusammen führten sie die Ironsides gegen den Rücken der königstreuen Infanterie und gegen Gorings Reiterregimenter. Zwischen den Blöcken der schottischen Infanterie und den Schwertern von Cromwells „Eisenseiten" zerbrachen die Reste der royalistischen Kavallerie. Ein royalistisches Infanterieregiment nach dem anderen sah sich eingekreist und kapitulierte. Nur die Whitecoats, Newcastles Eliteinfanterie, hielten stand (und ein Greencoat-Regiment, vermutlich das von Colonel Tillier oder das von Colonel Broughton).

Nun trat ein schottisches Reiterregiment, die Dragoner von Colonel Hugh Fraser, in Aktion: Sie schlugen eine Bresche in die Reihen der Whitecoats. Diese wiesen die Kapitulationsaufforderung zurück. Bis tief in die Nacht kämpften sie und fielen, wo sie standen. 6.000 Royalisten waren am Ende tot oder gefangen.[128] Unter den Gefangenen waren Sir Charles Lucas, Generalmajor Tillier und Generalmajor Porter. 4.550 Männer wurden bei White Side Close, dem letzten Standort der Whitecoats, beerdigt. Die Truppen der Eastern Association konnten 4.500 Musketen und 800 Piken, nebst

---

[127] Vgl. Haythornthwaite: The English Civil War, S.88.

[128] Vgl. Guest: British Battles, S.141. Angeblich soll Lord Eythin, der vor der Schlacht einen Blick auf Ruperts Dispositionen werfen konnte, gesagt haben: „By God, Sir, itt is very fine in the paper, but ther is no such thinge in the fields."

10 Artilleriegeschützen und 40 Fässern Pulver vom Schlachtfeld aufsammeln und einer erneuten Verwendung zuführen.

Am nächsten Morgen erschien die Frau von Colonel Charles Towneley, einem Royalisten aus Lancashire, um nach seiner Leiche zu suchen. Ein Roundhead-Offizier riet ihr, doch diesen Platz der Verwüstung zu verlassen und gab ihr einen Reiter als Begleitschutz mit. Später entdeckte Mrs. Towneley, dass der unbekannte Offizier Cromwell gewesen war.

York kapitulierte am 16. Juli, der royalistische Kommandeur Sir Thomas Glemham durfte mit seinen Soldaten unter Waffen ungehindert bis ins königstreue Chester marschieren. Der Marquis of Newcastle ging ins Exil, das er der königlichen Ungnade vorzog. Er schiffte sich in Scarborough in Richtung Hamburg ein. Einen Tag nach der Kapitulation Yorks ging im irischen Munster Lord Inchiquin (dem der König die Ernennung zum Lordpräsidenten von Munster verweigert hatte) mit seiner ganzen Armee zum Parlament über, denn das stand seinen Wünschen offener gegenüber.

Rupert hatte als einer der Letzten das Schlachtfeld Richtung York verlassen, alle marschbereite Infanterie und Kavallerie gesammelt und in weiten Bogen nach Lancashire geführt.

Der Prinz fiel in eine tiefe Depression, zu der die Tatsache beitrug, dass sein heißgeliebter schwarzer Pudel „Boy" im Gedränge getötet worden war. Der Prinz versuchte, in der Geselligkeit und im Alkohol Trost zu finden, so jedenfalls kann man die Tatsache deuten, dass er am 4. Juli in einem Wirtshaus in Richmond saß (manche Quellen sprechen auch vom 6. Juli). Dort wurde er von einem Besucher begrüßt, der nicht minder taktisch begabt und charismatisch war, wenngleich seine militärische Reputation sich erst bei zukünftigen Kampagnen formen sollte.

Montrose hatte sich damals im Hauptquartier des Königs in Oxford sehr zuversichtlich gegeben. Er offerierte dem König nichts weniger, als Schottland für Charles zurückzugewinnen. Montrose war wirklich sehr zuversichtlich. Dank der Unterstützung des erprobten Intriganten Antrim, der einige sehr viel näherliegende Ziele verfolgte (jeder Sieg in Schottland könnte die Covenanter dazu bewegen, ihre Truppen von seinen Ländereien in Nordirland abzuziehen) hatte er das Ohr des Königs gewonnen. Das Argument, dass der König in Schottland eigentlich nichts zu verlieren habe, überzeugte schließlich. Er bot Montrose letztendlich an, ihn zum Vizekönig von Schottland zu ernennen und ihm den Rang eines Captain-General zu verleihen. Montrose lehnte ab, wohl weniger aus Bescheidenheit, denn aus Besonnenheit, diese Titel und Würden hätten ihm in Schottland nur Neider eingetragen. Stattdessen ließ er sich zum Marquis erheben (immerhin) und akzeptierte einen Rang als Generalleutnants. Der König konnte ihm keine Armee zur Verfügung stellen, Montrose selber aber einige englische Borderer anwerben. In Richmond traf er, wie erwähnt, Prinz Rupert. Der war in sehr niedergeschlagener Stimmung und ließ sich von Montroses Enthusiasmus nicht anstecken. In der Tat hatte er selbst Montrose von seinem halbprivaten Feldzug in den englischen Borders herbeigeordert. Für Rupert ging es darum, in Nordengland zu retten, was noch zu retten war. Melmesley Castle in North Yorkshire verteidigte sich tapfer gegen Angriffe der parlamentarischen Streitkräfte. Sir Marmaduke Langdale[129] erhielt den Befehl über die Rest von Newcastles Kavallerie, die er mit Rekruten aus den Borders und aus Yorkshire vertärkt als „Northern Horse" den Truppen Ruperts wieder zuführte. Es war eine aufsässige Truppe, die stets am Rande der Meuterei stand. Aber Rupert war froh über jeden und alles. Er konnte keinen Mann entbehren. Montrose hatte einige Borderer, die Folklore spricht von 100, es mögen einige mehr gewesen sein. Sie unterstanden aber nicht direkt Montroses Kommando, sondern dem von Sir Robert Clavering. Rupert unterstellte diese Truppe seinem Kommando, Clavering inklusive. Er hatte keine Lust, sich auf strategische Debatten einzulassen. Er nahm Montrose und Clavering mit nach Carlisle (Clavering starb auf dem Marsch an einer Krankheit). Hier hörte man von der Landung der Irischen Brigade in Schottland und Montrose machte sich auf den Weg nach Norden – mit nur zwei Begleitern. Selbst einige seiner fähigsten schottischen Unterführer beließ Montrose in Carlisle, darunter so prominente wie den Viscount Aboyne, der erst später wieder zu ihm stieß.

Die Kommunikation weit auseinander operierender Heeresteile vermittels von Kurieren war nicht nur schwierig, sondern auch riskant. Leicht konnten Nachrichten in die Hand des Feindes gelangen. Deshalb wurden während des Bürgerkrieges einfache Methoden der Chiffrierung verwendet. Es waren Zahlenchiffren für Ortsnamen, Personen etc. und ein Zahlen- und Buchstabencode.

Der Prinz marschierte in einem großen Bogen aus Nordengland in die royalistischen Kernlande in Wales und den Marches, dabei beließ er Garnisonen zurück, aber Nordengland war für den König verloren (bis auf ein paar isolierte Garnisonen), und was in Schottland werden sollte, stand in den Sternen.

„Gebt mir tausend Reiter und ich schlage mir einen Weg in das Herz von Schottland"; soll Montrose dem Prinzen gesagt haben. Der war nicht beeindruckt und er gab Montrose nicht nur nicht die geforderten Kavalleristen, er nahm ihm – wie gesagt – auch noch die Borderer und unterstellte sie seinem eigenen Kommando. Nun konnte der Prinz wirklich jeden Mann gebrauchen, den er finden konnte. Mit nur zwei als Kavalleristen verkleideten Begleitern brach Montrose nach Schottland auf. Er reiste sehr unauffällig, teilweise inkognito, bis er in Zentralschottland angekommen war.

Was hätte er mit tausend kampferprobten Kavalleristen aus Ruperts Regimentern ausrichten können! Zusammen mit Borderern, die ausgezeichnete leichte Kavalleristen waren, hätte Montrose dem Covenant sehr gefährlich werden können. Auf dem englischen Kriegsschauplatz bedeuteten tausend Mann nicht viel, in Schottland entschieden sie über Sieg oder Niederlage. Andererseits war Montrose kein Royalist der ersten Stunde und die militärische Reputation des Prinzen war zu diesem Zeitpunkt – trotz Marston Moor – ungleich höher.

---

[129] Sir Marmaduke Langdale, 1598-1661, war ein Katholik aus Yorkshire, der 1639 Sheriff von Yorkshire gewesen war und sich geweigert hatte, Ship Money einzutreiben.

Und es gibt zugegebenermaßen eine andere Variante der Geschichte von Montroses Rückkehr nach Schottland:. Demnach hatte er durchaus erkannt, dass seine Reitertruppe zu groß war, um unentdeckt zu bleiben, aber zu klein, um sich einen Weg in die royalistischen Kerngebiete in den Highlands und an der Deeside freizukämpfen. Montrose „schlich" sich bei Carlisle über die Grenze und tauchte in der Region Strathearn (wo royalistische Gesinnung verbreitet war) unter. Seine beiden Begleiter auf der gefährlichen Reise waren Sir William Rollo und Colonel Sibbald. Beide waren als Soldaten von Levens Armee verkleidet, Montrose spielte ihren Pferdeknecht.

Er war nicht an der Spitze einer imposanten Truppe zurückgekehrt. Montrose musste seine Mitstreiter woanders finden.

Für Rupert indessen ging es darum, die Reste der einstmals beeindruckenden königstreuen Streitmacht im Norden zusammenzuhalten. Den Feldzug des Königs im Südwesten des Landes konnte er von seiner Position nicht unterstützen, aber es sah so aus, als ob seine Hilfe im Moment nicht gebraucht würde. Hatte Rupert seine Meister in Cromwell und vor allem in Fairfax gefunden, so sah sich König Charles I. zu seinem Glück einem inferioren strategisch-operativem Talent gegenüber.

Lostwithiel

Für den König war die Nachricht vom Verlust des Nordens eine wahre Hiobsbotschaft, die nur wenig dadurch gemildert wurde, dass die Yorker Garnison unter Sir Thomas Glemham ungehindert nach Chester abziehen durfte. Die schottische Expedition Montroses hatte sich noch nicht ausgewirkt. Umso entschlossener schien der König zu sein, die Armee des Earls of Essex zu zerstören.

Am 23. Juli erreichte Essex Tavistock und schrieb dem Committee of Both Kingdoms (dem englisch-schottischen Kriegskabinett), er wolle die seit langem belagerte Garnison von Plymouth entsetzen. Er hoffte, Waller würde mit seinen Truppen die des Königs binden und so seine (Essex') Bewegungsfreiheit erhalten. Sir Richard Grenville (der Bruder des gefallenen Sir Bevil) gab die Belagerung von Plymouth auf und zog kleinere Garnisonen an sich, um Essex den Einmarsch nach Cornwall zu verlegen. Essex hatte die Wahl: Gegen den König anzutreten oder in Cornwall einzufallen. Lord Robartes beschwor ihn, letzteres zu tun. Robartes überschätzte aber seinen Einfluss in der Grafschaft, die keineswegs zu den Roundheads überging. Essex schlug Grenville aus dem Weg und erreichte Bodmin. Er hoffte auf die Unterstützung der Flotte unter Warwick. Die brauchte er auch, denn mit seinen 10.000 Mann war er der königlichen Armee, die durch Grenvilles Leute verstärkt wurde wie durch die Truppe des Prinzen Moritz (auf 20.000 Mann), unterlegen. Essex hoffte, Truro und Falmouth erobern zu können, aber als er die Aussichtslosigkeit dieses Unternehmens einsah, zog er sich auf Lostwithiel zurück. Er hoffte, Warwick würde ihn über den Hafen von Fowey versorgen oder evakuieren können. Aber die Winde waren königstreu und Essex hatte einfach nicht genug Leute, einen ausreichenden Brückenkopf halten zu können.

Jetzt gab es ein Zerwürfnis im königlichen Oberkommando: Baron Wilmot,

Generalleutnant der königlichen Kavallerie, schlug Verhandlungen mit Essex vor, um den Krieg zu beenden. Er wurde des Kommandos enthoben und arretiert. Man ersetzte ihn durch Goring, der ebenso wie Wilmot ein harter Kämpfer und Trinker war.

Waller konnte gerade 2.000 Mann unter General Middleton entbehren (alles Kavallerie), um zu Essex durchzustoßen. Middleton wurde aber bei Bridgwater zurückgeschlagen. Als sich der Ring um Essex schloss, brach in der Nacht vom 29. zum 30. August Sir William Balfour mit 2.000 Kavalleristen durch die Linien der Royalisten und gewann Plymouth, er verlor bei der Unternehmung rund 100 Mann, unter den gegebenen Umständen wenig. Essex zog sich nach Fowey zurück, während eine Nachhut unter dem zähen Skippon den Rückzug deckte. Essex beschloss, seine Armee im Stich zu lassen und fuhr mit einem Fischerboot nach Plymouth. Skippon schlug seinen Offizieren einen verzweifelten Ausbruchsversuch vor, aber die Leute waren zu erschöpft. Am 2. September kapitulierten die verbliebenen Truppen der Roundheads. Der König war froh, eine schnelle Kapitulation erreicht zu haben, denn er fürchtete das Auftauchen einer zweiten Roundheadarmee. So beließ man den Offizieren der geschlagenen Verbände ihre Waffen (nicht den Mannschaften), und man nahm ihnen das Ehrenwort ab, nicht wieder den Kampf aufzunehmen, bevor sie Portsmouth oder Southampton erreicht hätten. Dann ließ man sie gehen. In einem fürchterlichen Marsch wurden viele Soldaten Opfer der wütenden Zivilbevölkerung, die vielen gewaltsam die Kleider wegnahm. Die Verluste waren dementsprechend, eine einigermaßen sichere Zahl ist aber nicht zu nennen.[130]

Die Leute aus Lostwithiel gingen auch auf die Frauen des parlamentarischen Trosses los. Eine zerrten sie an den Haaren, rissen ihr die Kleider vom Leib und warfen sie in einen Fluss, wo sie beinah ertrank. Innerhalb von 12 Stunden verstarb sie. Dem König kam die Angelegenheit zu Ohren. Er war so erbost, dass er die Mörder umgehend hängen ließ.

Die Beute der Royalisten ließ sich sehen: 42 Geschütze plus einem Mörser, 100 Fässer Pulver und 5.000 Handwaffen.

Am 7. September erreichten Nachrichten von der Katastrophe das Unterhaus. Dort machte man aber nicht Essex für das Desaster verantwortlich. Tatsächlich verfasste man ein Dokument, in dem man dem Captain-General Essex für seine Führungskunst dankte, Schuld an dem Debakel habe allein General Middleton. Das war absolut lächerlich und Sir Arthur Hesilrige brach in schallendes Hohngelächter aus, als man ihm dieses Pamphlet präsentierte.[131] In der Person von Hesilrige manifestierte sich ein neuer Typus parlamentarischen Befehlshabers, der sich Dummheiten der politischen Führung nicht einfach beugen wollte, ohne deshalb illoyal zu sein. Waller dachte ähnlich, Cromwell schon lange. Die ganze Führungsorganisation der Roundheads war reif für eine Revision.

Schlimme Nachrichten für die Seite des Parlamentes kamen derweil aus den

---

[130] Vgl. Haythornthwaite: The English Civil War, S.95-96.
[131] Vgl. Burne u. Young: The Great Civil War; S.180.

Marches im Westen. Hier waren Hopton Castle und Brampton Bryan Castle einige der wenigen Parlamentsstützpunkte in überwiegend royalistisch dominierter Umgebung. Sir Michael Woodhouse zog mit königstreuen Truppen, darunter irischen Einheiten, von Stapleton Castle los, Hopton Castle zu erobern. Dessen Kommandant John Moore – mit nur 33 Roundheadsoldaten gegen 500 Belagerer – verteidigte die Burg geschickt, bis die Vorburg fiel. Dann zog er sich mit dem Rest der Besatzung in den Hauptturm zurück, bis auch der nicht mehr zu halten war. Moore bot die Kapitulation an, d.h. er ergab sich auf Gnade oder Ungnade. Woodhouse ließ seinen Iren freie Hand. Die massakrierten die unglückliche Burgbesatzung bis auf Moore. Dann marschierte man gegen Brampton Bryan Castle. Dessen Kastellan(in), Lady Brilliana Harley, war an den Folgen einer Erkältung verstorben.

Die tatkräftige Brilliana war in Holland geboren und mit ihrer puritanischen Gesinnung eine Ausnahme in der sozialen Elite Herefordshires. 1623 hatte sie den wesentlich älteren Sir Robert Harley geheiratet. Am 26. Juli 1643 begann die erste Belagerung durch 700 Royalisten unter Sir William Vavasour. Lady Brilliana verteidigte die Burg mit 50 Musketieren und 50 Zivilisten. Am 9. September wurde die Belagerung abgebrochen, weil Vavasour nach Hereford beordert wurde. Unglücklicherweie war die Gesundheit Lady Brillianas so angegriffen, dass sie am 31. Oktober 1643 43-jährig verstarb.

Die Mauern der Burg wurden nun zusammengeschossen, die Besatzung kapitulierte und entging dem schlimmen Schicksal der Verteidiger von Hopton Castle. Beim nahegelegenen Stokesay Castle gab es eine Schießerei, zum Glück wurde die Burg nicht in Mitleidenschaft gezogen.

In Nordengland gab es derweil nur noch Reste royalistischer Kräftekonzentrationen, immerhin aber hielt die Stadt Carlisle sich recht wacker und bedrohte die Nachschubwege der schottischen Covenanter. In Cumberland und Westmoreland gab es noch 3000 königstreue Soldaten und in Chester stand der unvergleichliche Rupert mit 5.000 Kavalleristen. Das Committee of Both Kingdoms wies Manchester an, Rupert in Chester anzugreifen. Er lehnte aber ab, seine Armee war zu erschöpft. Als Rupert sich mit seinen Truppen jedoch südwärts zu bewegen begann, rückte Manchester nach. Rupert traf Ende September mit dem König zusammen, um von Marston Moor einen persönlichen Rapport zu geben. Das getan, beorderte ihn der König mit 2.000 Infanteristen und 2.000 Kavalleristen nach Gloucestershire.

Donnington Castle und Second Newbury

Wenngleich keine der Belagerungen des Englischen Bürgerkrieges den großen Belagerungen des Dreißigjährigen Krieges (etwa Breda oder Breisach) auch nur annähernd an Größe und Materialeinsatz gleichkommt, gab es doch sehr verbissene und langwierige Belagerungen.

In Berkshire stand das romantische Donnington Castle, eine Burg aus dem späten 14. Jahrhundert,[132] die dereinst einer der Lieblingsplätze von Queen Elisabeth I. gewesen war. Sehr viel stand schon bei Beginn des Bürgerkrieges nicht mehr, nur ein paar unwichtige Gebäude abgesehen vom massiven Torhaus, als man die strategische Bedeutung der Position erkannte: Donnington Castle blockierte die Straße von London nach Bristol und ebenso die wichtige Nord-Süd-Verbindung von Oxford nach Winchester. Eine starke royalistische Garnison unter dem Haudegen Colonel John Boys lag in der Burg, die durch massive Erdwerke verstärkt wurde.[133] Boys hatte 200 Mann Infanterie, 25 Reiter und vier Geschütze. Sternförmige Erdwerke schützten die eigentliche Burg. Im Juli 1644 hatten 3.000 Mann unter General Middleton die Burg belagert. Middleton hatte Boys eine formelle Kapitulationsaufforderung zugeschickt, Boys hatte abgelehnt. Bei einem Sturmangriff, der mit Sturmleitern vorgetragen wurde, verlor Middleton 300 Mann. Im September hatte es neue Angriffe unter einem neuen Kommando gegeben. Nach einem 12-tägigen Bombardement waren drei Türme in Trümmern niedergesunken. Boys hatte die nächste Übergabeaufforderung aber ebenso abgelehnt. Im Oktober hatte es wieder Angriffe gegeben, dabei wurden 1.000 Schuss Artilleriemunition abgefeuert. Dann entsetzten royalistische Truppen Donnington Castle.[134] Als am 18. Oktober der König in Andover einzog, zog sich die Belagerungstruppe der Roundheads bis auf Basingstoke zurück. Damit war Donnington Castle nun frei, ebenso Banbury, während die dritte belagerte royalistische Festung (Basing House) nicht entsetzt werden konnte. Das hatte aber der König vor, der weitermarschierte.

Am 22. Oktober bezogen die Königstreuen eine starke Stellung nördlich von Newbury. Charles schwächte aber seine Armee durch die Detachierung einer Kavalleriebrigade unter dem Earl of Northampton zur Verstärkung von Banbury Castle. Mit rund 9.000 Mann sah sich Charles I. einer Roundheadarmee von 17.500 Mann unter Waller gegenüber. Aber seine Stellungen waren gut gedeckt: Im Süden lag Newbury, das der König mit einer Garnison gesichert hatte. Hinter der linken Flanke lag Donnington Castle. In der Mitte seiner Schlachtlinie lag Shaw House, ein Herrensitz, der einem gewissen Mr. Dolman gehörte. Um drei Seiten des Schlossgartens liefen alte Wälle, die das Haus zur veritablen Festung machten. Und der König hatte noch einen weiteren Vorteil: Das war das geteilte Oberkommando seiner Gegner. Das Oberkommando hatte Manchester, der wohl am wenigsten fähige der präsenten Parlamentsgeneräle. Essex war nicht zugegen (er war krank), seine Verbände wurden von Skippon (Infanterie) und Balfour (Kavallerie) kommandiert. Die City Brigade der London Trained Bands stand unter dem Befehl von Sir James Harrington, der nur dem Council of War verantwortlich war. Aber dieser parlamentarische Kriegsrat fällte nun eine bemerkenswerte Entscheidung: Die royalistische Armee sollte frontal und im Rücken angegriffen werden. Dazu musste ein Teil der Roundheadarmee um die königliche Armee und um Donnington Castle herummarschieren. Das war eine riskante Entscheidung, denn während ein Teil der Armee auf einem rund 13 Meilen

---

[132] Baubeginn 1386, vgl. Evans, Martin Marix: The Military Heritage of Britain & Ireland, London 1998, S.91.
[133] Vgl. Noonan, Damien: Castles and Ancient Monuments of England, London 1999, S.122.
[134] Vgl. Fry, Plantagenet Somerset: Castles of Britain and Ireland, London 1996, S.114.

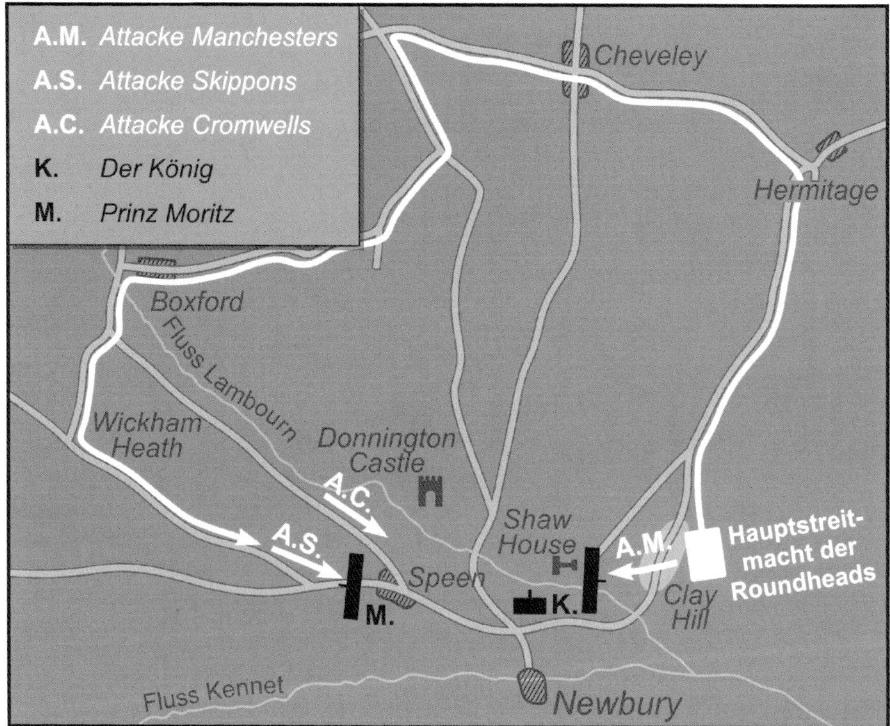

langen Marsch war, riskierte der Rest (unter Manchester), vom König angegriffen zu werden. Irgendwie bekam der König sogar Wind von den Plänen seiner Gegner. Aber anstelle anzugreifen, detachierte er Prinz Moritz in eine Stellung westlich des Ortes Speen, um den Rücken seiner Hauptarmee zu decken. Während Moritz sich mit seinen Leuten eingrub, machten sich 13.000 Mann der Roundheads unter dem gemeinsamen Oberkommando von Cromwell, Skippon, Balfour und Waller auf den Weg. Der König verpasste die Chance, die nun sehr kleine Streitmacht Manchesters mit überlegenen Kräften anzugreifen. Manchester hatte mit Skippon eine sehr weise Vereinbarung getroffen, wie die Angriffe der Roundheads zu koordinieren seien: Skippon sollte eine Kanone abfeuern, wenn er seinen Angriff begänne.

Am 27. Oktober kam es zur Schlacht, die in der englischen Literatur den Namen „Second Newbury" trägt. Sie begann mit einem Scheinangriff von Manchesters Leuten, allerdings war der Angriff dann doch substanzieller, als Manchester es geplant hatte, letztlich hatte er Schwierigkeiten, seine Leute wieder aus dem Kampf zu lösen. Um drei Uhr nachmittags tauchten Skippons Verbände gegenüber Moritz' Streitmacht auf. Es waren also noch zwei Stunden Tageslicht (damals galt noch der Julianische Kalender in England, es waren also tatsächlich novemberliche Verhältnisse). Der Kampf zwischen Skippons Infanterie und Moritz' Streitern entbrannte, aber es fiel kein Kanonenschuss – jedenfalls hörte Manchester keinen. Skippons Infanterie machte Boden gut gegenüber Moritz' Leuten, geriet dabei unter Beschuss von Donnington Castle. Die royalistische Infanterie strömte nach Speen. Der König selbst stand an der Spitze seiner Reserve (zwei Kavalleriebrigaden und einige Geschütze) und sah die Situation eskalieren. Moritz' Abwehrfront brach zusammen. In diesem kritischen Moment hätte es nur der Attacke der Roundhead-Kavallerie bedurft, und der Sieg wäre für das Parlament sicher gewesen. Auf der linken Flanke Skippons stand die Reiterei Cromwells. Der aber tat nichts. Der südliche Kavallerieflügel unter Balfour rückte vor, wurde aber von einer royalistischen Kavalleriebrigade unter Sir Humphrey Bennet gestoppt. Die andere Brigade der royalistischen Reserve wurde vom alten Earl of Cleveland geführt. Der erkannte die Gefahr, die drohte, und ließ seine Reiter die feindliche Infanterie angreifen. General Goring unterstützte diese Entscheidung und setzte sich selbst an die Spitze des Angriffs, der mit 800 Mann vorgetragen wurde. Die Front stabilisierte sich wieder.

Auf der anderen Seite, bei der königlichen Hauptarmee und bei Manchester, tat sich nun etwas: Manchester hatte den Angriff nicht gut vorbereitet und als er endlich angreifen ließ, war es schon vier Uhr. Die Sonne ging bald unter und nun standen die Kontrahenten in der Dunkelheit. Angriffsziel war Shaw House. Dort waren die Roundheads schon in den Garten gelangt, als die Brigade von Colonel George Lisle sie wieder hinauswarf. Die Dunkelheit verhinderte jede weitere größere militärische Operation – abgesehen von einer: Der König hatte schon am Morgen Vorbereitungen getroffen, im Falle eines Angriffs mit seiner Armee nach Norden zu entweichen. Das tat er jetzt. Er ließ seine Reserveartillerie bei Donnington Castle zurück und setzte sich mit den Truppen nordwärts Richtung Oxford ab. Die Roundheads bemerkten den nächtlichen Abzug nicht, der von Prinz Moritz und General Astley organisiert wurde – eine Meisterleistung an Stabsarbeit.[135] Die Armee gewann Oxford am nächsten Tag, der König ritt mit einer Eskorte nach Bath zu Prinz Rupert. Das unorganisierte Oberkommando der Roundheads verspielte derweil wertvolle Zeit. Das Committee of both Kingdoms wollte die vereinigte Armee zusammenhalten. Mehr kam bei den Beratungen nicht heraus, außer dass man Colonel Boys in Donnington Castle erneut eine Kapitulationsaufforderung zusandte. Man wolle keinen Stein mehr auf dem anderen lassen, und der gerade erst zum Ritter geschlagene Boys antwortete, er fühle sich für den Bauzustand der Burg nicht verantwortlich. Der König zeigte mehr Aktivität: Er brachte 5.000 Mann Verstärkungen nach Oxford, dann zog er diese zusammen mit einem Detachement der Oxforder Garnison zu der Armee, die er unter Moritz' Befehl zurückgelassen hatte. Jetzt war wieder eine formidable royalistische Armee beisammen (15.000 Mann). Am 6. November tat er etwas, was er längst hätte tun sollen: Er ernannte Prinz Rupert zum Generalleutnant aller königlichen Armeen. Der alte Earl of Forth (mittlerweile auch Earl of Brentford) war bei Newbury verwundet worden und hatte sein Kommando ohnehin nicht mehr ausgeübt.

---

[135] Vgl. Burne u. Young: The Great Civil War, S.186-188.

Rupert verstand es, eine schwierige militärische Operation auszuführen: Am 9. November tauchte er unter den Mauern von Donnington Castle auf, brachte die Belagerer etwas durcheinander und barg die zurückgelassene Artillerie. Die Roundheadkräfte in der Region gingen jeder Konfrontation aus dem Weg, brachen sogar die Belagerung einstweilen ab. In London sorgte die Nachricht von Ruperts Streifzug für Panik. Und damit nicht genug: Am 19. November entsetzte eine 1.000 Reiter starke Expedition unter Sir Henry Gage zeitweilig Basing House. Jeder Reiter hatte einen Kornsack o.ä. am Sattelknauf, damit war die Garnison wieder gut versorgt. Der König konnte recht zufrieden sein, als er am 23. November in die Winterquartiere ging. Die Parlamentsseite war es nicht und es brach ein erbitterter politischer Streit aus.

New Model Army

Das Führungsverhalten der obersten Kommandeure der Parlamentsseite stand in der Kritik. Waller, Cromwell und Hesilrige waren unzufrieden mit Essex und Manchester. Auch die Organisation der Parlamentstruppen ließ viele Wünsche offen. Der Streit entzündete sich aber zunächst am Führungsverhalten der Roundheadgeneräle. So hatte kurz nach der zweiten Schlacht von Newbury ein Colonel John Birch Manchester rapportiert, das persönliche Gepäck des alten Earls of Forth könne abgefangen werden. Manchester antwortete ungehalten, er ruhe derzeit, und gab keinerlei Order. Birch war empört, er griff sich einfach 47 Reiter und jagte Forth hinterher. Der entkam zwar, musste aber sein ganzes Gepäck, darunter wichtige Korrespondenz, zurücklassen. Manchester empfing Birch ungehalten.[136] Cromwell, der Manchester nicht leiden konnte, nutzte den Vorfall, um Manchester scharf im Unterhaus anzugreifen. Waller unterstützte Cromwell. Cromwell brachte es auf den Punkt: „Wir können den König hundertmal besiegen und er bleibt immer noch König, er besiegt uns ein einziges Mal und wir hängen."

Nach langen Debatten verabschiedete das Parlament schließlich am 3. April 1645 die Self-Denying-Ordinance, ein Gesetz, das jedem Mitglied des Ober- und Unterhauses verbot, militärische Kommandoposten innezuhaben.[137] Waller, Admiral Warwick, Essex, Manchester – sie gehörten zu den prominenteren Parlamentariern, die ihre Kommandoposten niederlegten. Cromwell, der die treibende Kraft hinter der Self-Denying-Ordinance gewesen war, legte seine Kommission nieder. Aber wenig später wurde ihm erneut eine angeboten und er nahm seine militärische Funktion wieder ein. Nicht ein Mitglied des Hochadels gab seinen Parlamentsposten auf, um das militärische Kommando weiterzuführen. Damit wurden diese Kommandoposten frei für militärische Profis, was die Schlagkraft der Parlamentstruppen nicht unerheblich steigerte, dazu später. Nicht weniger wichtig war die Aufstellung einer neuen Armee, der New Model Army. Diese Truppe sollte alles in den Schatten stellen, was das Parlament bisher hatte aufbieten können. Bislang waren die Truppen auf lokaler Basis aufgestellt worden, Bezahlung, mi-

[136] Vgl. Haythornthwaite: The English Civil War, S.100.
[137] Vgl. Downing u. Millman: Civil War, S.91.

litärische Disziplin, Ausbildung wurden von den einzelnen Kommandeuren sehr unterschiedlich gehandhabt. Die London Trained Bands genossen eine Vorzugsbehandlung usw. Und schließlich beeindruckten die Entschlossenheit und Härte der Verbände der schottischen Covenanter und nicht zuletzt ihre Führungsorganisation. Nach dem Muster des Kavallerieregiments Cromwells wurde eine ganze Armee aufgestellt: die New Model Army.[138]

Cromwell hatte weiland dem auf dem Felde der Ehre gebliebenen Hampden in einem Brief über die Defizite der Parlamentstruppen geklagt und kein Blatt vor den Mund genommen:

„Your troopers are the most of them old decayed serving-men, and tapsters, and such kind of fellows; ann their troopers are gentlemen's sons, younger sons and persons of quality: do you think thaat the spirits of such base and mean fellows will be ever able to encounter gentlemen, that have the honour and courage and resolution in them? You must get men of spirit that is likely to go on as far as gentlemen will go: - or else ... you will be beaten still."[139]

Cromwell wollte Leute, die von einem Ehrenkodex beseelt waren, der sich in erster Linie aus der puritanischen Glaubensauffassung herleitete. Bei der Aufstellung seines eigenen Regimentes hatte er streng auf Disziplin und Frömmigkeit geachtet. Der Erfolg gab Cromwell recht: „I raised such men as had the fear of God before them, and made some conscience of what they did; and from that day forward ... they were never beaten."[140] Cromwells Kavallerieregiment wurde das Modell für die New Model Army.

In ihrer ursprünglichen Form hatte die Armee 12 Infanterieregimenter zu je 1.200 Mann, 11 Kavallerieregimenter zu je 600 Mann, ein Dragonerregiment mit 1.000 Mann und zwei Kompanien mit Steinschlossmusketen (zur Bewachung der Artillerie). Die Artillerie selbst hatte keine feste Organisationsform.

Das Personal wurde aus drei bislang bestehenden Parlamentsarmeen genommen: der der Eastern Association (geführt von Manchester), der von Waller und der von Essex. Die angestrebte Stärke betrug rund 22.000 Mann, davon 14.400 Mann Infanterie, nicht eben viel, aber am Anfang gab es Schwierigkeiten, selbst die zusammenzubringen. Aus Wallers Armee kamen nur 600 Infanteristen, aus Manchesters 3.500, aus Essex' 3.000.[141] Bei der Kavallerie sah es ähnlich aus. Den Rest musste man mit Freiwilligen (sehr wenige) und gepressten Leuten (sehr viele) auffüllen. Es war eigentlich ein sicheres Rezept für Desertion, doch die blieb weitgehend aus. Das hatte natürlich mit der Führung zu tun. Erfahrene Offiziere, zu einem nicht unbeträchtlichen Teil aus den Mannschaftsdienstgraden emporgestiegen, führten die neuen Regimenter (zu denen noch viele dazukamen). Ein Regiment (Rainborow's

[138] Das Dekret dazu datiert vom 4. Februar 1645. Vgl. Asquith, Stuart u. Warner, Chris: New Model Army, London 1998, S.4.

[139] Oliver Cromwell, zitiert in Tincey u. Turner: Ironsides, S.16.

[140] Ebd.: S.17.

[141] Vgl. ebd.: S.18.

Regiment) hatte viele Soldaten aus den amerikanischen Neuenglandkolonien.

Wer den Oberbefehl übernehmen sollte, war angesichts das bisherigen Kriegsverlaufes natürlich eine kritische Frage, aber eine eindeutig zu beantwortende. Kommandierender General wurde Sir Thomas Fairfax,[142] mutig, loyal und von großem taktischen Geschick. Seine militärische Reputation war weit größer als die Cromwells und er war bei der Truppe sehr beliebt. Er war, kurz gesagt, der einzige, der es mit Prinz Rupert aufnehmen konnte. Seine Position wurde von keiner Seite infrage gestellt. Als Chef des Pionierwesens engagierte man einen Ausländer, den Holländer Peter Manteau van Dalem.

Natürlich war die Zeit der Winterquartiere die einzige, in der solche Reorganisationen ungestört vonstatten gehen konnten. Trotzdem gab es in der ersten Zeit noch Verbände auf der Seite des Parlaments, die nicht zur New Model Army gehörten. Da waren die Truppen von Generalmajor Sydenham Poyntz in Nordengland, da waren die Streitkräfte von Generalmajor Massey im Westen. In den Midlands gab es Milizen unter Generalmajor Browne. Und im einzigen Teil Wales', der nicht von den Royalisten kontrolliert wurde (Pembrokeshire), gab es auch Roundheadverbände, die nicht zur New Model Army gehörten.

Gerade bei den Truppen der Eastern Association waren die Independenten tonangebend, die Hälfte der Kavallerieregimenter der New Model Army kam von der Eastern Association, deren Kavallerieregimenter alle von Independenten befehligt wurden. Einer deren wesentlichen Glaubensgrundsätze (denen auch Cromwell zuneigte) war, dass nicht nur Geistliche predigen durften, und so kam es, dass viele Parlamentsoffiziere eine Doppelfunktion als militärische und geistliche Führer einnahmen. Das Image vom gottesfürchtigen Puritaner traf natürlich nicht auf jeden Soldaten der New Model Army zu. Aber es gab drakonische Strafen für undiszipliniertes Verhalten. Blasphematoren wurde zum Beispiel ein glühender Nagel durch die Zunge getrieben.

Nun soll aber keiner meinen, die Zivilbevölkerung wäre von der Radikalität dieser Moralapostel verschont geblieben. J. Bostock war ein Schreiber eines lokalen War Coucils. Er ließ sich mit Alice Chetwood ein: Ehebruch. Es war schon unerhört, dass sie das Delikt am Sonntag vollzogen, ungeheuerlich, im Hause eines Geistlichen unaussprechlich und während der Stunden des Gottesdiestes, das war absolut unentschuldbar. Sie konnten noch von Glück reden, dass man sie nur in Nantwich mit Schildern, auf denen ihre Untaten ausführlich beschrieben waren, zur Schau stellte und dem Gespött preisgab.

Bisweilen betrafen Disziplinarmaßnahmen sogar Stabsoffiziere, so wurde der französische Colonel Mazères wegen seiner Neigung zu Glückspiel, Trunk und Frauen kassiert.

[142] Sir Thomas Fairfax, später 3rd Baron Fairfax of Cameron, 1612 -1670.

Der Weg nach Naseby

Mittlerweile fühlte sich der König sicher genug, diejenigen Mitglieder seines Kriegsrates, die seiner Irlandpolitik skeptisch gegenüberstanden (das waren Hopton, Capel, Culpeper[143] und Hyde) in die Wüste zu schicken, d.h. nach Bristol, wo sie zusammen mit Prinz Charles den „Council for the West" bilden sollten. Der Nachfolger des gefallenen Lord Falkland als Secretary of State wurde der intrigante Lord George Digby, der Rupert hasste und gegen ihn intrigierte. Es war des Königs Unglück, dass er in der höfischen Umgebung von so vielen Intriganten und Speichelleckern umgeben war, die Rupert übrigens nur mit Abscheu betrachtete. Der König hatte die fatale Angewohnheit, nicht dem besten, sondern dem letzten Ratgeber zuzuhören, der ihn aufsuchte. Exekrable Kreaturen wie Digby wussten das natürlich. Dummerweise spielten fortwährend höchst eigennützige Naturen wie Ormond oder Antrim eine größere politische Rolle, als der über jeden Zweifel erhabene Rupert. Das zu erkennen, dazu war der geistige Horizont des Königs zu beschränkt.

Das Kriegsglück war wechselhaft gewesen im Winter 1644/45, Liverpool war von den Roundheads eingenommen worden, nachdem Teile der irischen Regimenter gemeutert hatten, und Fairfax hatte kleinere royalistische Stützpunkte in Schottland ausgehoben. In Schottland hingegen hatte der Marquis of Montrose mit seinen Truppen einen Sieg nach dem anderen gegen die Covenanter erringen können: Tippermuir (1. September 1644), Justice Mills (13. September 1644), Inverlochy (2.Februar 1645). Allerdings war die Auswirkung nur eine indirekte, Covenanter-Truppen mussten aus England zurückgerufen werden. Es war militärisch riskant und zu diesem Zeitpunkt höchst unwahrscheinlich, dass Montrose mit seinen Royalisten dem König zur Hilfe kommen könnte. Dazu war vielleicht die irische Brigade in der Lage, keineswegs aber die vielen Highlander unter Montroses Fahnen und auch nicht die Infanterie der Gordons. Montrose war also nicht in der Lage, die royalistischen Kräfte in England zu verstärken, aber wie war es umgekehrt? Die einzigen Verstärkungen, die ihn erreichten, waren ein paar Männer, die unter Führung des Viscounts Aboyne aus Carlisle ausgebrochen waren und sich bis Doune am Rande der Highlands durchgeschlagen hatten. Eine substanzielle Verstärkung lag aber im Bereich des Möglichen. Prinz Rupert hatte entsprechende Planungen. Derweil lag Astley mit seinen Infanterieregimentern in Gloucestershire, Moritz versuchte Chester zu entsetzen, Langdale versuchte ein Gleiches mit Pontefract Castle. Rupert hielt sich in Ludlow auf, er versuchte, die Aktionen seines Bruders zu unterstützen und plante eine großangelegte Sommerkampagne. Er sah vor, dass der König seine Artillerie nach Worcester bringen solle, dann würde ein Vorstoß zur Entlastung Chesters nordwärts erfolgen. Das erreicht, könnte man in Yorkshire und Lancashire Rekruten ausheben. Von Yorkshire aus wäre ein operatives Zusammenspiel mit Montrose möglich. So ließen sich die Truppen des Covenants aufreiben. Tatsächlich konnte

[143] John Culpeper, Abgeordneter und seit 1644 Baron, war für seine offene und manchmal brüskierende Art bekannt.

Moritz Chester zeitweilig entsetzen (am 19. Februar), aber der König ließ sich in Oxford viel zu viel Zeit. Für Rupert tauchte eine neue Aufgabe auf, denn der unternehmungslustige Massey trieb im Severn Valley sein Unwesen. Er hatte mit 900 Mann Kavallerie und Infanterie Ledbury besetzt, das nur einen Tagesmarsch von Gloucester entfernt war. Rupert schlug wie gewohnt blitzschnell zu, er marschierte des Nachts von Hereford los, rieb einen Roundheadspähtrupp nach dem anderen auf und überraschte Massey bei Tagesanbruch des 22. April. Im Gefecht von Ledbury versuchte Massey mit seiner Kavallerie den Abzug der Infanterie zu decken, aber bereits nach 30 Minuten trieben ihn Ruperts Reiterregimenter aus Ledbury und stürzten sich dann auf die Roundheadinfanterie.

Cromwell hatte derweil die Aufgabe, in Oxfordshire mit seiner Brigade den Abtransport der royalistischen Artillerie zu verhindern. Es war klar, dass Rupert versuchen würde, den Artillerietrain an sich zu ziehen. Am 23. April versuchte Cromwell vergeblich, Northamptons Regiment zu überfallen. Northampton verstärkte sich und griff nun seinerseits Cromwell mit drei Kavallerieregimentern an (am 23. April). Aber Cromwells Truppen blieben siegreich. 40 Royalisten fielen, 200 fielen in Gefangenschaft. Nun kam es zu einer der bizarrsten Aktionen des ganzen Krieges. Am 24. April tauchte Cromwell, der gar keine Infanterie mit sich hatte, vor Bletchingdon House auf.

Dessen royalistischer Gouverneur, Colonel Francis Windebank mit Namen, ließ sich bluffen. Er war sehr besorgt um die Sicherheit seiner jungen Frau, die sich bei ihm aufhielt. Er kapitulierte. Charles I. war erbost und stellte ihn in Oxford vor ein Kriegsgericht. Man verurteilte den unglücklichen Windebank zum Tode. Rupert intervenierte entrüstet, aber er konnte den König nicht umstimmen. Windebank wurde am 3. Mai 1645 erschossen. Der König hatte später Gewissensbisse und gewährte der Witwe eine Pension – nur war er zu klamm, um sie immer pünktlich bezahlen zu können.[144]

Cromwell verlagerte nun westwärts und nahm am 27. April 200 königstreue Infanteristen bei Bampton-in-the-Bush gefangen. Dann versuchte er sich an der royalistischen Garnison von Faringdon Castle. Dessen Kommandeur, Lieutenant-Colonel Roger Burges, erwiderte trocken auf die Kapitulationsaufforderung: „Ihr seid hier nicht in Bletchingdon." Alle Angriffe Cromwells schlug er blutig zurück. Die royalistische Zeitung „Mercurius Aulicus"[145] übertrieb die Verluste der Roundheads heftig, aber etliche waren es schon. Trotzdem hatte Cromwell viel erreicht, gar so viel Zugpferde standen dem König um Oxford nun nicht mehr zur Verfügung. Große Teile der Artillerie mussten damit bleiben, wo sie waren.

Am 30. April setzte sich Fairfax mit 11.000 Mann in Bewegung, Taunton zu

[144] Vgl. Burne u. Young: The Great Civil War, S.195.

[145] Dieses Propagandablatt war ob seines bissigen Spottes durchaus lesenswert. So kommentierte es einmal eine angebliche Meldung des Parlamentsgenerals Waller, er habe nur drei Mann bei der Belagerung von Basing verloren: „Waren der Rest Affen?" Das Blatt wurde in Oxford (und in London!) gedruckt und von John Berkenhead und Peter Heylin herausgegeben. Man konnte es sogar in London kaufen, erst im Januar 1645 wurden Anstrengungen unternommen, seinen Vertrieb in London zu verhindern.

entsetzen. Am selben Tag verließ Charles I. Oxford. Cromwell versuchte zwar, sich dazwischen zu manövrieren, aber der König erreichte mit seinen Truppen die Armee des Prinzen Rupert bei Stow-on-the-Wood. Goring, der Befehl hatte, ebenfalls dazuzustoßen, nahm 40 von Cromwells Reitern bei Burford gefangen. Der König hatte nun 5.000 Infanteristen und 6.000 Reiter beisammen.

Der königliche Kriegsrat beriet nun, was zu tun sei. Für einen Marsch nach Norden waren Rupert und Langdale. Rupert wollte Genugtuung für die Niederlage bei Marston Moor, Langdale wollte seine rebellischen Northern Horse mit gutem Grund näher an die Heimat verlegen. Digby, Goring und andere wollten allerdings zuallererst mit der neu im Feld erschienenen New Model Army aufräumen. Der König neigte dem Nordplan zu, aber er konnte sich zu keiner Entscheidung durchringen. Schließlich stimmte er Ruperts Plänen zu, aber er schwächte die Armee, indem er Goring (der zu dieser Zeit sehr schlecht mit dem Prinzen stand) mit einem Korps nach Westen schickte.

Auf der anderen Seite gab es aber ähnliche Probleme. Fairfax sollte Oxford belagern, und Leven sollte mit seinen Schotten die Armee des Königs angreifen. Dann kam aber aus Schottland die Nachricht, Montrose habe die Covenanter bei Auldearn am 9. Mai besiegt. Leven gab seinen ursprünglichen Plan auf und marschierte nach Westmoreland, um eine Verbindung zwischen Charles' Armee und der von Montrose zu verhindern. Am 21. Mai erschien Fairfax mit seiner Armee vor Oxford. Die Royalisten ließen sich aber nicht beirren und griffen Leicester an. Die Stadt war nur schwach bemannt und befestigt, trotzdem lehnten die Verteidiger die Kapitulationsaufforderung ab. In der Nacht zum 30. Mai schoss die Artillerie Ruperts eine Bresche in die Befestigung, durch die die royalistischen Sturmtrupps in die Stadt gelangten. Es gab 100 Tote auf der Seite der Verteidiger. Nun wäre es an der Zeit gewesen, entweder Oxford zu entsetzen oder an Ruperts ursprünglichem Plan festzuhalten. Aber Digby überredete den König, einen Schlag gegen die New Model Army zu unternehmen. Der König war wieder einmal unentschlossen. Er wartete Verstärkungen ab, übersah aber, dass die Gegenseite in weit größerem Ausmaß Verstärkungen an sich zog. So spielte er dem Gegner in die Hände, denn dort gewann die Meinung die Oberhand, Angriffsziel allererster Priorität müsse die Armee des Königs sein.

Der Bürgerkrieg steuerte auf seinen Höhepunkt zu.

Die Schlacht von Naseby

Am 12. Juni rückte Fairfax von Northampton auf Kislingbury zu. Dabei scheuchte er die Späher der Royalisten vom Feld. Der König war zu diesem Zeitpunkt gar nicht darauf vorbereitet, eine offene Feldschlacht anzunehmen. Er brach hastig sein Lager ab und rückte ab, 18 Meilen zog sich die königliche Armee in Richtung Market Harborough zurück. Fairfax wurde rechtzeitig vom diesem Abmarsch unterrichtet und er unternahm Gegenmaßnahmen. Am 13. Juni rückte er nach, er erreichte bei Einbruch der Dämmerung Guilsborough, vier Meilen südlich Naseby. Seine Vorhut drang nach Naseby ein und nahm einige überraschte Royalisten gefangen, die am Tisch eines örtlichen Gasthauses dinierten. Die Nachricht vom Eintreffen Fairfax' wurde dem König gegen Mitternacht überbracht. Er stand auf und berief einen Kriegsrat ein. Der Kriegsrat trat in den frühen Morgenstunden zusammen und beschloss, den Kampf in einer günstigen Position anzunehmen, man hielt den Feind für so gefährlich nahe, dass ein Rückzug unmöglich schien. Eine günstige Stellung glaubte man zwei Meilen südlich der Stadt in der Form eines kleinen Höhenrückens ausfindig gemacht zu haben. Diese Stellung verlief zwei Meilen von East Farndon nach Oxendon. Da diese Linie die Straße von Naseby deckte, war sie eine nicht unvorteilhafte Position. Um 8 Uhr morgens hatten die Kavaliere ihre Truppen in Stellung gebracht. Die Sicht in Richtung Süden war nicht (wie heute) durch Hecken oder Bäume behindert und ganz klar waren feindliche Kavallerievorposten im Süden zu erkennen. Prinz Rupert interessierte sich aber für die Stärke des Feindes und sandte den Scoutmaster, Francis Ruse mit Namen, zu spähen und zu rapportieren.[146] Der erschien wenig später wieder und rapportierte, er sei zwei oder drei Meilen nach Süden geritten und habe nirgendwo Feindkräfte ausmachen können. Das war ausgemachter Blödsinn, den Rupert nicht eine Sekunde zu glauben bereit war. Er ritt selbst vorwärts und nahm eine Kavallerieeskorte mit.

Mittlerweile war Fairfax vorgerückt und hatte fast zur gleichen Zeit wie die Royalisten Schlachtaufstellung eingenommen. Fairfax wusste aber nicht, ob der König seinen Angriff abwarten oder seinerseits zum Angriff übergehen wollte. Fairfax ritt zusammen mit Cromwell vorwärts, um sich einen Überblick zu verschaffen. Dabei gerieten sie in eine kleine Vertiefung, in der Fairfax für einen Moment eine gute Position für seine Armee sah. Cromwell redete es ihm aber aus und dann ritten sie zurück. Dabei wurden sie von Prinz Rupert ausgemacht, der die Absichten des Gegners richtig deutete. Er erkannte den feuchten Untergrund in der Senke und entschied, seine Kavallerie nicht frontal über solchen Boden, sondern weit nach rechts ausholend angreifen zu lassen. Das würde ihm auch noch die Luvposition verschaffen, ein nicht geringer Vorteil in den Tagen des Schwarzpulvers. Sofort detachierte Rupert einen Meldereiter an die Armee, ihm unverzüglich zu folgen. Ruperts Manöver wurde auf der Gegnerseite entdeckt und Fairfax entschied, seine Linie nach links, also in Richtung auf Ruperts erwarteten Angriff, zu verlagern. Das Resultat dieser Führungsentscheidungen war, dass beide Seiten um 9 Uhr morgens parallel nach Westen marschierten. Rupert wartete eine Stunde, dann hatte die Armee die ihr zugedachte Stellung (entlang des Dust Hills) erreicht. Er konnte aber auch beobachten, wie im Süden der Gegner ebenfalls eine neue Position einnahm und damit seinen Plan teilweise zunichte machte. Trotzdem war die neue Position gut, eine bessere zumindest als die vorher. Rupert übernahm das Kommando über die Kavallerie auf der rechten Flanke, Lord Astley kommandierte die Infanterie im Zentrum und Sir Marmaduke Langdale befehligte die Kavallerie auf der linken Flanke. Durch den überstürzten Anmarsch bedingt war der größte Teil der royalistischen Artillerie zurückgeblieben, nur einige leichte Feldgeschütze waren zur Stelle. Daneben verfügte man über 5.000 Reiter

[146] Vgl. Guest: British Battles, S.144.

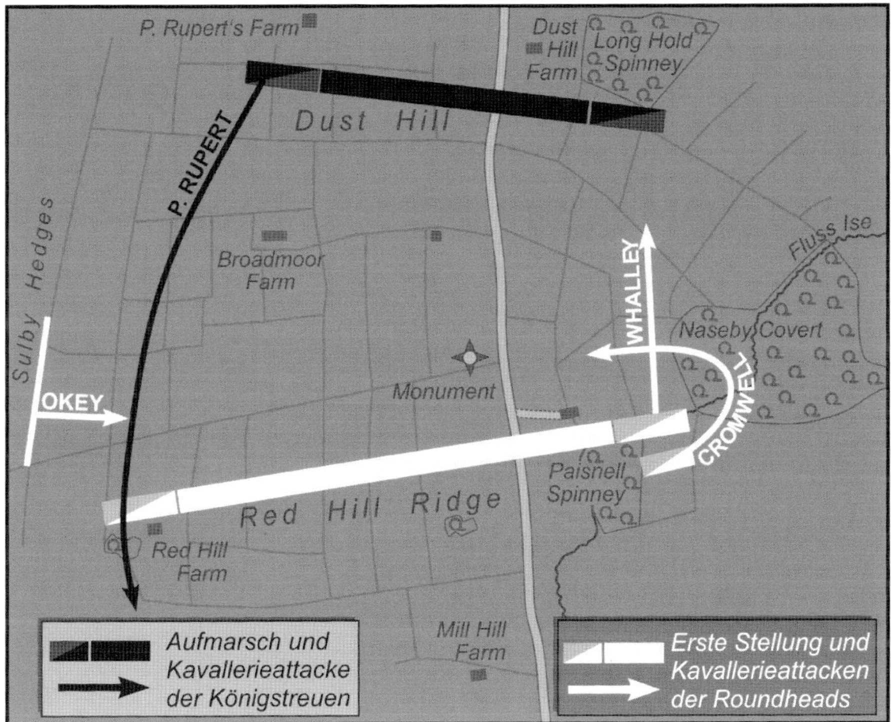

und 4.000 Infanteristen.[147] Der König nahm eine rückwärtige Position ein (bei der Dust Hill Farm), wo er einen guten Überblick hatte. Bei ihm waren Reserven von 500 Reitern und bis zu 1.600 Fußsoldaten.

Die Armee des Parlamentes war in ähnlicher Formation aufgezogen. Rechts standen die Kavalleristen unter Cromwell, im Zentrum stand die Infanterie unter Generalmajor Skippon, links wieder Kavallerie unter dem „Commissary-General of Horse" Colonel Henry Ireton. An ihrer linken Flanke befanden sich Hecken und Strauchwerk. Hinter diesen so genannten „sulby hedges" platzierte Cromwell 1.000 Dragoner unter Colonel Okey. Diese Stellung war fast zu schön, um wahr zu sein: Die Hecken verliefen senkrecht zur Aufstellung der feindlichen Armeen von der parlamentarischen Schlachtlinie nach Norden. Griff Rupert nun an, setzte er sich und seine Reiter dem Flankenfeuer der Dragoner aus. Es könnte aber auch

[147] Die Frage der Stärke der royalistischen Truppen ist bis heute nicht zweifelsfrei geklärt: Glenn Foard schätzte die königlichen Truppen 1995 auf 4.500 Mann Infanterie und 5.400 Mann Kavallerie, Stuart Reid kam 1998 auf das Ergebnis 5.000 Infanteristen und 5.450 Reiter.
Ein Augenzeuge, Sir John Belasyse, sagte „ours not exceeding 12000 Horse and Foot."
Eindeutig zu niedrig lag Walker, der vielleicht in dem Bemühen, des Königs Niederlage in etwas besserem Licht erscheinen zu lassen, eine Stärke von 7.400 oder 8.200 (er hatte sich nicht eindeutig ausgedrückt) angegeben hatte. Vgl. Evans, Martin Marix u. Burton, Peter u. Westaway, Michael: Naseby, Barnsley 2002, S.63 - 64.

sein, dass er die Hecken im Rücken der Dragoner umrundete und dann wären diese verloren. Okey gab später zu, dass nicht einmal alle seiner Dragoner in der richtigen Position waren, als die Schlacht begann.

Um 10 Uhr hatte Rupert den König überzeugt, den Befehl zum Angriff zu geben. Astley war dagegen, er befürwortete eine defensive Taktik. Rupert bekam seinen Willen, donnernd setzte sich seine Kavallerie in Marsch. 200 Musketiere, die Rupert nach schwedischem Vorbild zwischen seinen Reiterschwadronen plaziert hatte, trieben Okeys Dragoner hinter ihren Hecken etwas zurück. Kurz verhielt Rupert, er wollte den Pferden einen Moment zum Verschnaufen geben (vor dem Angriff bergauf) und der eigenen Infanterie die Gelegenheit, Schritt zu halten. Ruperts Angriff ließ die Infanterie nichtsdestotrotz zurück, das Feuer der Dragoner Okeys bremste den Angriff nicht. Die erste Linie, von Rupert und seinem Bruder Moritz kommandiert, krachte bei der Redhill Farm in Iretons Kavallerie. Die war Ruperts Leuten numerisch doppelt überlegen. Rupert hatte nur fünf unterbesetzte Reiterregimenter (Prince Rupert's, Prince Maurice's, The Queen's, Earl of Northampton's und Sir William Vaughan's). Es kam zu einem statischen Kampf, Reiter kämpfte gegen Reiter im blutigen Handgemenge mit der blanken Waffe. Die zweite Linie Ruperts (unter dem Earl of Northampton) schloss auf und die bessere Fechtkunst der Royalisten setzte sich langsam durch. Rupert ließ sammeln und den Gegner verfolgen. Nach einer Meile sah er das Wagenlager des Gegners in einer Bodensenke. Die Lagerwache wehrte sich verbissen und Rupert verlor wertvolle Zeit beim Versuch, die Bagage zu erbeuten. Rupert besann sich eines Besseren und sammelte erneut seine Leute, um sie wieder ins Gefecht zu führen, diesmal dauerte es eine ganze Stunde, bis er wieder auf dem Kampfplatz erschien.

Inzwischen war die royalistische Infanterie unter Sir Jacob Astley herangerückt. Die Infanterielinie Fairfax stand einige Meter hinter und damit unterhalb des Hügelkamms, vor dem man 300 Musketiere postiert hatte. Angeblich bewirkte deren Feuer nichts, ebensowenig die fünf Schüsse, die die parlamentarische Artillerie abgab (wenn man Sir Edward Walker glaubt). Schnell war die royalistische Infanterie heran und da erschien Fairfax´ Infanterie auf dem Hügelkamm. Sie gab eine Salve ab, gefolgt von einer Salve der Königstreuen. Dann ging man zum Nahkampf über, im dem sich die bessere Kampfmoral der Royalisten langsam durchsetzte. Jedenfalls gelang Sir Bernard Astleys „tertia" (Division), bestehend aus drei Regimentern, auf dem westlichen Flügel ein Einbruch. Zu allem Überfluss wurde Generalmajor Skippon durch einen unvorsichtigen Musketier der eigenen Truppen schwer verwundet. Er konnte sich gerade noch im Sattel halten, war aber nicht bereit, das Kommando abzugeben.[148] In dieser kritischen Situation gelang es Henry Ireton, die Überreste seiner Kavallerieregimenter zu sammeln und gegen die royalistische Infanterie zu führen. Er bezahlte diesen Entlastungsangriff mit einer Stichwunde durch eine Pike am Oberschenkel und einer üblen Schnittwunde am Kopf (von einer Hellebarde).

[148] Vgl. Evans: Naseby, S. 95.

Dann geriet er in Gefangenschaft.

Ireton fand mit seinem Bewacher ein Agreement, als die Lage sich wendete, und der ließ ihn dann laufen.

Colonel Okey hinter seinen Hecken bewies ähnliche Initiative wie Ireton. Er hatte sich beinahe verloren geglaubt, als Ruperts Kavallerieregimenter an ihm vorbeidonnerten, Ruperts 200 Musketiere das Feuer auf große Entfernung auf seine Leute fortsetzten und eine kleines Detachement royalistischer Kavallerie in seinem Rücken auftauchte. Nun sah er Iretons Angriff und gab den Befehl zum Aufsitzen. Seine Dragoner griffen wie echte Kavallerie die royalistische Infanterie jetzt ebenfalls an. Fairfax setzte derweil seine Reserven ein und brachte den Vormarsch der royalistischen Infanterie vollends zum Stehen. Auf dem rechten Flügel der Schlachtlinie der parlamentarischen Streitkräfte brachte Cromwell die Entscheidung. Er war einem Angriff von Langdales Kavallerieflügel (bestehend aus den Northern Horse und den Newark Horse) ausgesetzt gewesen. Das Gelände war aber mit seinem Buschwerk und seinen Kaninchenbauten nicht sehr günstig für einen Kavallerieangriff und es fiel Cromwell relativ leicht, Langdales Leute zu stoppen. Cromwell gab im richtigen Moment seiner ersten Linie (unter Colonel Whalley) den Angriffsbefehl. Sie donnerten bergab und zersprengten Langdales Truppen. Cromwell ließ Whalley mit einem Teil seiner Leute Langdale verfolgen, ein anderes Regiment unter Rossiter setzte er gegen die royalistische Infanterie ein. Dann wendete er die Reiterregimenter seiner zweiten und seiner dritten Linie nach links und griff ebenfalls die Infanterie der Königstreuen an. Um die war es jetzt geschehen. Fairfax, der bald hierhin, bald dorthin gehetzt war und dabei seinen Helm verloren hatte, konnte zufrieden sein. Die Reste von Langdales Regimentern suchten Zuflucht hinter dem besten Regiment der Royalisten, „Prince Rupert's Blew Regiment of Foote", das bisher in Reserve gelegen hatte.

Ursprünglich war es in Somerset von Colonel Sir Thomas Lunsford aufgestellt worden. Der war bei Edgehill in Gefangenschaft gefallen, das Kommando ging an seinen Bruder, Colonel Henry Lunsford, über. Der wiederum fiel beim Sturm auf Bristol. Anschließend wurde Prinz Rupert Regimentsinhaber. Kommandeur wurde Colonel John Russell.

Es war etwas vorgerückt und der König überlegte sich, ob es nicht Zeit für einen verzweifelten Angriff der Reserve unter seiner persönlichen Führung wäre. Da ergriff der Earl of Carnwath des Zügel des königlichen Reittieres und beschwor den König: „Will you go upon your death?". Der König verließ mit seiner engsten Entourage das Feld. Der einzige organisierte Widerstand kam nun von Ruperts Bluecoats, wie sein Regiment auch genannt wurde. Viele Iren waren darunter, die von ihren Gegnern keine Gnade erwarteten. Wie ein solider Block standen diese tapferen Soldaten im abwehrbereiten Karree. Fairfax selbst nahm sich des Problems an. Er traf seine persönliche Leibgarde, ein Kavallerieregiment unter Colonel D'Oyley und fragte ihn, ob er dieses Regiment schon angegriffen habe. D'Oyley bejahte und gestand ein, das es schon zwei Angriffen seiner Reiter standgehalten habe. Außerdem bot er seinem General seinen Helm an, denn der hatte ja keinen mehr, doch Fairfax lehnte ab. Er befahl D'Oyley mit seinen Männern frontal anzugreifen, während er mit einem Detachment im Rücken eingreifen wollte. Man wolle sich in der Mitte treffen. So geschah es dann auch, Fairfax hieb noch persönlich den Fähnrich der Bluecoats nieder, dann riss einer der Soldaten D'Oyleys dem Sterbenden das Banner aus der Hand.

Der Soldat, der die gegnerische Fahne erbeutet hatte, begann sofort, mit seiner Tat zu prahlen und zog sich die Wut D'Oyleys zu, der schimpfte und auf Fairfax' Anteil an dieser Aktion verwies. Doch Fairfax winkte ab und sagte, man solle dem Mann seinen Ruhm lassen, er selbst habe genug davon.

Rund 4.000 Infanteristen der Royalisten starben oder gerieten in Gefangenschaft, die Bluecoats wurden buchstäblich bis auf den letzten Mann niedergehauen. Die ganze Artillerie der königlichen Armee (12 Geschütze) fiel den Siegern in die Hände, nur die Kavallerie entkam und auch die nur in Fragmenten. Als einzige intakte Infanterieformation hatte die königliche Leibgarde bis jetzt überstanden. Sie floh auf einem Pfad, der von Clipston zum Örtchen Marston Trussel führte. Hier auf dem Slawford Field vor der Kirche wurde sie eingeholt und niedergemacht. Ähnlich erging es royalistischen Kavalleristen, die auf der Flucht vor den Verfolgern in Marston Trussel die richtige Abzweigung der Straße nach Market Harborough verpassten und in einer Sackgasse vor der Kirche landeten.

Der König selbst kam nach Market Harborough davon, obwohl er einer örtlichen Legende zufolge beinahe bei der Bloodyman's Ford gefangen worden wäre.

Bei der Verfolgung der fliehenden royalistischen Kavallerie hatten die ersten Troops der parlamentarischen Reiterei noch respektvollen Abstand zum Wagenlager der Royalisten gehalten, deren Lagerwache auf den Gegner feuerte. Wenig später war es gestürmt worden. Dabei kam es zur entsetzlichsten Episode der Schlacht von Naseby: Unter den Trossweibern und den Ehefrauen der royalistischen Soldaten gab es viele, die man beschuldigte, Irinnen, also Katholikinnen zu sein. Als „papistische Huren" wurden sie beschimpft (in Wirklichkeit kamen die meisten aus Wales) und misshandelt. Rund 100 sollen ermordet worden sein. Andere misshandelte man durch entstellende Schnitte ins Gesicht.

Im Lager erbeutete man 50 Wagenladungen voller Waffen und die Privatkorrespondenz des Königs. Es waren inkriminierende Briefe dabei, etwa einer eines Colonel Fitz-William, der ein Kommandeur der irischen Konföderierten war und anbot, 10.000 irisch-katholische Soldaten nach England zu schicken. Andere Briefe betrafen das Projekt, den Herzog von Lothringen samt seinen Söldnerscharen nach England zu holen. Solche Alliierte mussten selbst Königstreue verschrecken. Unter dem Titel „The King's Cabinet Opened" wurden die Briefe veröffentlicht und verursachten großen politischen Schaden für den König.

Nach Naseby

Die Situation nach Naseby war für die Royalisten in England beinahe hoffnungslos, aber der König setzte noch auf die Erfolge von Montrose in Schottland. Rupert schlug klugerweise vor, Friedensverhandlungen zu beginnen, was der König aber ablehnte.[149]

Byron in Chester verfügte zwar noch über einige Regimenter intakter Truppen, wurde aber in seiner Operationsfreiheit von zwei parlamentarischen Korps gehemmt: eines wurde von Sir Thomas Myddelton kommandiert, eines von Sir William Brereton. Beide waren – wie Cromwell – trotz der Self-Denying-Ordinance auf ihren Kommandoposten verblieben.

Im Juni 1645 unternahm Colonel Will. Legge einen Raid gegen Headington, mit dabei eine der farbigsten Persönlichkeiten des Bürgerkrieges: Captain (später Colonel) Richard Grace, ein Katholik. Er sollte 1691 seine militärische Laufbahn beenden, als er 70-jährig als Gouverneur von Athlone in Irland im Kampf für König James II. fiel.

Goring zeigte bedauerliche Inaktivität, er schien mehr und mehr dem Alkohol zu verfallen und machte keine Anstalten, seine versprengten Truppen zu sammeln und zu reorganisieren. Ein Plan, die Armee des Königs von Cardiff per Schiff zur Verstärkung Gorings zu schicken, wurde fallengelassen. Der Grund waren aggressive Patrouillen der Marinestreitkräfte des Parlaments. Am 10. Juli kam es bei Langport zur letzten größeren Schlacht des Krieges. Goring stand mit 7.000 Mann in einer gut ausgewählten Defensivstellung, die von Fairfax und Cromwell mit 10.000 Mann angegriffen wurde. Die Schlüsselstellung war eine Furt über den River Yeo, die Goring mit zwei leichten Feldgeschützen sicherte. Zuerst brachte die überlegene Feldartillerie der Parlamentsstreitkräfte diese schwache Batterie zum Schweigen, dann ließ Fairfax Kavallerie durch ein äußerst schmales Defilee angreifen: Fairfax erteilte Cromwell den Angriffsbefehl, der wählte drei Troops seines eigenen Regimentes unter Major Bethell aus. Der Angriff gelang trotz des Abwehrfeuers der rund 1.500 royalistischen Musketiere, die ihren Beschuss in diesem kritischen Moment auf Bethells Leute konzentrierten. Schnell wurden weitere Kavalleristen nachgezogen und die Position der Königstreuen brach langsam zusammen. Goring gelang der Rückzug, er konnte sogar den Großteil seiner Armee retten, deren Kampfmoral war aber schwer angeschlagen. Am 23. Juli nahm die New Model Army Bridgwater, damit war die Verbindung zwischen der königlichen Armee und den Kavalieren im Westen unterbrochen. Pontefract war schon am 21. Juli gefallen, Scarborough folgte am 25. Die Stützpunkte der Royalisten in Pembrokeshire fielen nach einer kombinierten Heeres-und Flottenaktion des Parlaments bei Colby Moor am 1. August 1645.[150] Am 5. August verließ der König mit 2.200 Reitern und 400 Infanteristen Cardiff, um sich doch tatsächlich bis zu Montrose in Schottland durchzuschlagen. Er fand seinen Weg

[149] Der Prinz schrieb an den Duke of Richmond: „His Majesty hath now no way left to preserve his posterity, Kingdom, and nobility but by treaty. I believ it a more prudent way to retain something than to lose all."

[150] Kommandeur der Streitkräfte des Parlamentes war Rowland Laugharne.

Helmsley Castle war ein kleiner Stützpunkt der Royalisten in North Yorkshire. Sir Thomas Fairfax belagerte die Burg von September bis November 1644. Der Verteidiger der Burg, Sir John Crosland, sah sich am 6. November 1644 aus Nahrungsmittelmangel zur Kapitulation gezwungen. Foto: Hagen Seehase.

aber durch Roundheads unter Poyntz blockiert. Die Royalisten überfielen Huntingdon (Cromwells Heimatstadt) und Leven sah sich gezwungen, die Belagerung von Newark aufzuheben. Der Grund war die Tatsache, dass er wegen der vielen Erfolge von Montrose Truppen in die Heimat detachieren musste.

Fairfax eroberte am 14. Juli Sherborne Castle und am 30. Juli Bath, dann stieß er auf Bristol vor. Die Stadt wurde von Rupert gehalten. Rupert hatte nur 1.500 Mann, mit denen er eine vier Meilen lange Linie halten sollte – eine von der Pest geplagte Stadt im Rücken. Fairfax schickte eine Kapitulationsaufforderung, in der er an die Opfer der Engländer für die Pfalz im Dreißigjährigen Krieg erinnerte. Rupert lehnte ab und Fairfax trat zum Sturm an. Fairfax hatte eine wesentlich stärkere Artillerie, als sie Rupert 1643 besessen hatte. Schnell wurde eine Bresche geschlagen. Im Süden hielten die Royalisten ihre Stellungen, im Osten mussten sie zurückweichen. Rupert startete eine Kavalleriegegenattacke, die sich festlief. Eine Schlüsselposition im Norden des Verteidigungsringes wurde von den Roundheads gestürmt und die Besatzung massakriert. Das prominenteste Opfer der Belagerung von Bristol war Sir Bernard Astley, der am 4. September fiel. Rupert beriet sich mit seinem Kriegsrat und kapitulierte. Der parlamentarische Oberst Butler gab Rupert vollkommen recht, er hätte mit so wenig Leuten nicht länger aushalten können. Die Feinde Ruperts am königlichen Hofe sahen das anders, man warf ihm vor, nicht bis zum letzten in der Burg Bristols ausgehalten zu haben. Der König nahm ihm seinen Rang als Generalleutnant. Colonel William Legge, Gouverneur Oxfords, war immer einer der treuesten Anhänger des Prinzen gewesen und wurde nur deshalb unter Arrest gestellt. Das Kommando in Oxford erhielt Sir Thomas Glemham, bis Juli 1645 Verteidiger von Carlisle.[151]

Der König versuchte, dem belagerten Chester Unterstützung zu bringen, immerhin war das der letzte Hafen für die Anlandung von Truppenverstärkungen aus Irland. Allerdings wurden Langdales Northern Horse und die kleine Reiterschar von Lord Charles Gerard von Poyntz bei Rowton Heath am 24. September geschlagen. 600 Royalisten wurden getötet, 800 gefangen. Unter den Toten war auch der Kommandeur der königlichen Gardekavallerie, Lord Bernard Stuart, gerade erst zum Earl of Lichfield erhoben. Unfähig zu helfen, musste Charles vom Phoenix Tower der Stadtmauer den Untergang seiner Truppen mitansehen. So ritt Charles I. mit 2.400 verbliebenen Leuten von dannen. Ebenfalls brach auch Lord Digby auf, der den Befehl über Langdales Reiter übernommen hatte. Sie versuchten, nach Schottland zu Montrose durchzubrechen. Bei Sherburn in Elmet überrannten sie am 15. Oktober eine kleine Garnison der Parlamentsstreitkräfte, als aber Verstärkungen unter Colonel Copely eintrafen, mussten sie weichen. Langdale erreichte tatsächlich Dumfries, wurde aber abgewiesen und bei Carlisle Sands geschlagen. Inzwischen trafen Nachrichten aus Schottland ein: Montrose war bei Philiphaugh am 13. September entscheidend geschlagen worden, er war zwar selbst entkommen, aber

[151] Vgl. Burne u. Young: The Great Civil War, S.217-219.

Corfe Castle. Foto: Hagen Seehase.

seine Armee war vernichtet.

Devizes Castle ergab sich und Berkeley Castle wurde gestürmt.

Der König logierte gerade in Newark, als er von Montroses Desaster hörte. Er zog sich nach Oxford zurück (5. November). Es kam zu einer Aussöhnung mit Rupert, der seinen Onkel von der Unmöglichkeit, Bristol zu halten, überzeugen konnte. Eine kriegsgerichtliche Untersuchung sprach Rupert in allen Punkten frei und stellte seine militärische Ehre glanzvoll wieder her. Allerdings gab der König seinem Neffen nicht mehr dessen Kommando wieder. Am 13. Oktober war Basing House gestürmt worden.[152] Am 1. November war mit dem siegreichen Gefecht von Denbigh die Kontrolle des Parlaments über fast ganz Wales gesichert worden. Im Westen sammelte der Prince of Wales die letzten royalistischen Truppen, dabei waren die Überreste von Wentworth's Reiterei. Vor denen hatten die Waffenbrüder mehr Angst als der Feind, die Trained Bands aus Cornwall liefen davon, weil sie lieber ihr Hab und Gut vor diesen Marodeuren beschützen wollten. Goring legte sein Kommando nieder und ging nach Frankreich. Er teilte zwar dem König mit, in zwei Monaten zurückkehren zu wollen, ließ es dann aber. Sein Nachfolger wurde Lord Wentworth, der zwar wenig von Gorings militärischem Talent hatte, aber dessen Hang zur Flasche teilte.

Im Dezember 1645 fiel Corfe Castle. Seit Beginn des Bürgerkrieges saß hier Lady Mary Banks, Ehefrau von Sir John Banks, der am Hofe des Königs eine Rolle als Verwaltungsadministrator spielte. Lady Mary hatte zunächst gar keine Anstalten gemacht, sich den Parlamentskräften zu widersetzen, und heimlich Vorräte in der Burg gehortet. Prinz Maurice hatte ihr dann 50 Mann Infanterie unterstellt, mit der sie die Burg von 1643 bis 1645 gegen wiederholte Angriffe der Parlamentsstreitkräfte gehalten hatte. Die Burg fiel durch Verrat: Ein Leutnant brachte Kräfte der Belagerer in die Burg, die er als Verstärkungen ausgab. Die großartige Burg wurde gesprengt, aber die tapferen Verteidiger hatten vorher ehrenvoll abziehen dürfen. Am 6. Dezemeber 1645 eroberte General Egerton Lathom House, dessen letzter Kommandeur Colonel Rawstorne war.

Das Frühjahr begann für die Royalisten schier verzweifelt. Der Prince of Wales ernannte Hopton zum Oberkommandeur. Aber Fairfax stürmte am 18. Januar Dartmouth. Obwohl die Hafenstadt in Devon stark befestigt war und von 2.500 Royalisten verteidigt wurde, kapitulierte die Verteidiger am 19. Januar. Fairfax schickte die Garnison mit einem Handgeld von 2 Schilling pro Mann nach Hause – eine feine, aber auch wohlkalkulierte Geste. Am 16. Februar wurde Hopton bei Torrington besiegt. In einem verzweifelten Straßenkampf hatten die Royalisten mit ihrer von Generalmajor Digby befehligten Kavallerie noch die Roundheads in die Enge treiben können, dann flog ihr Pulvermagazin in die Luft. Lord Fairfax entkam nur knapp mit dem Leben. Hopton wurde im Gesicht von einer Pike verletzt, ein Pferd wurde ihm unter ihm weggeschossen. Er entkam zusammen mit Lord Capel. 60 seiner

[152] Der Marquis of Winchester geriet in Gefangenschaft und wurde viele Jahre im Tower inhaftiert. Nach der Restauration erhielt er seine Ländereien zurück, wurde aber nicht völlig finanziell kompensiert.

Goodrich Castle. Foto: Hagen Seehase

Leute waren gefallen, 400 gefangen worden. Die Verluste der Roundheads waren nicht wesentlich geringer: 400 Tote, davon war die Hälfte bei der Explosion des Magazins umgekommen. Er ergab sich Fairfax am 14. März, da er – wie man sich vorstellen kann – keine Munition mehr hatte. Am 20. März wurde die letzte royalistische Feldarmee im Westen aufgelöst, der Kronprinz segelte nach Frankreich. Chester hatte schon am 3. Februar kapituliert. Noch geisterte der alte Astley mit 3.000 Mann herum, irgendwie versuchte er, nach Oxford zu gelangen. Am 21. März wurde er bei Stow-on-the-Wold geschlagen. Astley und Lucas wurden gefangen. Der 67jährige Astley saß auf einer Trommel und unterhielt sich mit Brereton, Birch und Sir Thomas Morgan. Seinen ehemaligen Gegnern sagte er: „You have done your work and may go play, unless you will fall out amongst yourselves."

Im März 1646 verlangte das Parlament die Übergabe von Donnington Castle, Colonel Boys lehnte (wie zu erwarten) ab. Boys fragte beim König um Instruktionen, der zeigte sich pragmatisch und stellte die Übergabe in das eigene Ermessen von Boys. Er riet ihm noch, beste Kapitulationsbedingungen herauszuhandeln, was Boys dann auch tat. Donnington Castle wurde übergeben.

Manche royalistische Festung verteidigte sich hartnäckig. Goodrich Castle wurde von Sir Henry Lingen gehalten. Der parlamentarische Kommandeur von Hereford, Colonel John Birch, hatte schon mehrere erfolglose Angriffe auf Goodrich Castle duchgeführt. Am 1. Juli 1646 kehrte Birch mit einer relativ großen Streitmacht nach Goodrich zurück. Er ließ ein Grabensystem um die Burg ausheben und sandte Lingen eine Kapitulationsaufforderung. Der lehnte ab. Birch hielt die Burg für zu stark, als dass ein Sturmangriff Aussicht auf Erfolg gehabt hätte. Um seine Mineure und Kanoniere zu unterstützen, ordnete Birch an, einen schwerkalibrigen Mörser zu gießen. In einer lokalen Schmiede entstand „Roaring Meg", ein Monstrum von einem Mörser, dass eine 85 Kilogramm schwere Mörserbombe werfen konnte. Bezeichnenderweise trugen einige schwere Artilleriegeschütze der Zeit den Spitznamen „Roaring Meg". Im Verlaufe der Belagerung gingen den Verteidigern die Bleikugeln für ihre Musketen aus. Sie sahen sich gezwungen, steinerne Kugeln zu verwenden.

Birch konzentrierte die Angriffe auf den Nordwestturm. Er beherbergte das Appartement des Burgherren und war deshalb besonders luxuriös eingerichtet, aber ein Schwachpunkt der Verteidigung. Birchs Mineure hatten eine Mine unter den Turm gegraben, inzwischen waren fast alle Gebäude im Inneren der Burg durch Roaring Megs Beschuss schwer beschädigt. Insgesamt wurden 22 Granaten mit Roaring Meg abgefeuert, Birch ließ es sich nicht nehmen, fast alle Schüsse selbst abzufeuern, was bei der Bauweise des Mörsers und seiner Wirkungsweise (mit Lunten) gar nicht+ ungefährlich war. Die Verteidiger gruben eine Kontermine unter den Minenstollen der Angreifer. Bei Nacht verlegte Birch Roaring Meg in die Nähe des Nordwestturms und brachte ihn teilweise zum Einsturz, dadurch wurde der Eingang zur Kontermine verschüttet. Schwere, eigens für Belagerungen gebaute Kanonen waren inzwischen eingetroffen. Nun war alles bereit zum Generalangriff, da ließ Lingen (am 31.Juli 1646) die königliche Standarte niederholen und kapitulierte.

Pendennis Castle. Foto: Hagen Seehase.

Ein Abzug der Besatzung in Waffen wurde ihm verwehrt, alle Verteidiger kamen in Gefangenschaft. Sie verließen die Burg zu den Klängen eines eigens komponierten und nicht schmeichelhaft „Harry Lingen´s Folly" betitelten Liedes.

Das gut verproviantierte Pontefract Castle hielt ein 14-tägiges Bombardement aus, bei dem mehr als 1.400 Schuss schwerster Kaliber auf die Burg abgefeuert wurden. Die Verteidiger hatten hinter den mittelalterlichen Mauern Erde bis zu fünf Meter hoch aufgeschüttet. Die Belagerer gaben den Beschuss auf und verlegten sich auf die Blockade der Burg, die immerhin bis Anfang 1646 dauerte – sieben Monate lang!

Im März 1646 übergab Lord Hastings Ashby-de-la-Zouch Castle an die Streitkräfte der New Model Army, er hatt schon einen Monat lang Kapitulationsverhandlungen geführt.

Der König schlüpfte in Verkleidung aus Oxford und begab sich mit nur zwei Begleitern nach Newark. Er kam am 5. Mai 1646 dort an (bei Southwell). Der Monarch ergab sich den Newark belagernden Schotten. Newark selbst kapitulierte einen Tag später (6. Mai), Exeter hatte sich am 9. April ergeben, St. Michael's Mount am 15. April. Dudley Castle ergab sich am 14. Mai. Am 22. Juni verließen die Prinzen Rupert und Moritz Oxford und zwei Tage später wurde die Garnison aufgelöst.[153] Am 27. Juli kapitulierte Wallingford Castle unter Colonel Blagge nach 16-wöchiger Belagerung. Am 16. August ergab sich Pendennis Castle. Der Kommandeur der Verteidiger, der 80-jährige Sir John („Jack for the King") Arundel of Trerice, wurde von seinen Soldaten gehindert, das Pulvermagazin in einer heroischen, doch nutzlosen Geste in die Luft zu sprengen. Von den rund 1.000 Mann Besatzung war die Hälfte angeblich so schwach, dass sie beim Verlassen der Burg getragen werden mussten.

Es bleib noch eine große Festung. Das war aber eine äußerst schwer befestigte Position, Raglan Castle in Südwales, Residenz des schwerreichen Earls of Worcester, der als in der Wolle gefärbter Royalist dem König die ungeheure Summe von 1 Million Pfund gespendet hatte. Unter dem Kommando von Lord Charles Somerset, dem jüngeren Sohn des Earls, war Raglan zur starken Festung ausgebaut worden. Mit 20 Kanonen und 800 Mann Besatzung war Raglan eine der stärksten Stellungen der Royalisten. Die Burg hielt allerschwerstem Beschuss stand, allerdings gestaltete sich die Lage der Verteidiger hoffnungslos. Fairfax bat den Earl (inzwischen Marquis) persönlich um die Kapitulation. Raglan Castle ergab sich am 19. August. Die Burg wurde demoliert, die wertvolle Bibliothek zerstört, die Besatzung ging in ehrenvolle Gefangenschaft. Der Marquis starb als Gefangener im selben Jahr.[154]

Charles I. wurde nach Newcastle gebracht, er sah sich selbst als Gast der schottischen Covenanter, war aber nichts anderes als ihr Gefangener. Monatelang blieb er in schottischem Gewahrsam, war aber zu intransigent oder zu dämlich, mit den Schotten zu einer tragfähigen Einigung zu kommen. Das englische Parlament bot den Covenantern die Bezahlung des Soldes ihrer Truppe nebst weiterer Subsidien an,

---

[153] Vgl. Haythornthwaite: The English Civil War, S.113.

[154] Henry Somerset, Marquis of Worcester, 1577 - 1646, war der reichste Mann in England und Wales

Raglan Castle. Foto: Hagen Seehase.

wenn sie denn aus Nordengland abzögen und die Person des Königs überstellten. So kam es dann auch. Die Covenanter übergaben den König ihren englischen Alliierten. Der König wurde in eine relativ bequeme Internierung nach Holmby House in Northamptonshire geschafft. Am 16. September 1646 starb der Earl of Essex.

Charles empfing derweil Deputationen des Oberhauses und gab seinem Wunsch Ausdruck, nach Westminster zu kommen. Diplomatische Unterstützung erhielt er von den Brüdern Bellièvre, Sondergesandten des französischen Hofes, die zwischen Charles und Parlament vermitteln sollten.

In der Armee gab es Flügelkämpfe innerhalb der Generalität und zwischen der Kommandoebene und extremen Agitatoren in den Regimentern. Radikale Kräfte innerhalb der Armee (die sogenannten „Levellers", eine von nonkonformistischen Protestanten getragene Bewegung, deren geistiger Vater John Lilburne war[155]) forderten die Abschaffung der Monarchie, des Oberhauses und religiöse Freiheit für alle („Agreement of the People", 28. Oktober). Etwas naiv glaubte Charles I., er könne diese Friktionen ausnützen. Da erschien Fähnrich Joyce mit ein paar Reitern in Holmby House und sagte dem König, er solle ihn zur Armee begleiten. Der König fragte Joyce, wer ihn authorisiert habe. Joyce zog eine Pistole und antwortete trocken, darin bestehe seine Autorisierung.

Der Zweite Bürgerkrieg

Der Kampf in England war vorbei und englische Kommandeure, die bislang den Zusammenstoß mit ausländischen Kräften gescheut hatten, wurden sehr aggressiv. Und da Britannien eine Insel ist, konnte das nur zur See geschehen. Am 1. Mai 1647 entdeckte Captain Richard Owen bei der Insel Wight einen schwedischen Konvoi aus zehn Kauffahrern und sechs Kriegsschiffen. Sofort ließ er signalisieren, die Schweden mögen als Anerkenntnis der englischen Seeherrschaft die Topsegel streichen. Das taten sie nicht. Obwohl Owen nur zwei Schiffe hatte, ließ er das Feuer eröffnen. Die Schweden segelten nun nach Boulogne, wo sie die von Owen herbeigerufene Verstärkung unter Batten stellte. Er nahm die schwedischen Kommandeure gefangen und ließ den ganzen Konvoi nach England bringen. Der schwedische Kronrat tobte und das englische Parlament, weniger angriffslustig als die Navy, ließ die Schweden heimwärts segeln. Ganz ohne Auswirkungen war die Episode nicht, denn französischerseits ließ Kardinal Mazarin alle französischen Häfen für royalistische englische und irische Freibeuter sperren.

Der englische König saß in Gewahrsam der Armee in Hampton Court und empfing dort allerlei Delegationen und Emissäre.[156] Er konnte es natürlich nicht lassen, mögliche

[155] John Lilburne war 1615 geboren und ein entschiedener Gegner des Episkopats. Ein Freiwilliger der Parlamentstruppen, gab er aus Protest gegen den Solemn League and Covenant seine Kommisssion zurück. Zwischen 1645 und 1652 wurde er siebenmal wegen seiner Ansichten eingesperrt, dann auf Lebenszeit verbannt. 1653 kehrte er nichtsdestoweniger nach England zurück und wurde erneut eingekerkert. Er starb 1657.

[156] Der vornehme Earl of Northumberland nahm derweil die Kinder des Königs bei sich in Syon House auf, weil die Pest ausgebrochen war. Charles durfte sie dort besuchen.

Partner gegeneinander auszuspielen. Irgendwie schien ihm seine Situation doch zu prekär und er floh Richtung Frankreich. Er kam bis zur Isle of Wight, hier war die Flucht erstmal zu Ende. Die Flucht des Königs (am 11. November) durchkreuzte die Absicht der Leveller-Bewegung, durch Agitation ihre sozialreformerischen Positionen durchzusetzen. Auf den am 20. Oktober begonnenen „Puntney-Debattes" ging es erst um die Frage des Wahlrechts, dann um die Position des Königs. Den höheren Armeekommandeuren war die Nachricht von Charles' Flucht vermutlich gar nicht so ungelegen, so konnten sie die Debatte abbrechen. Unzufriedene Leveller brachten zwei Regimenter dazu, sich den Befehlen zu widersetzen. Thomas Fairfax und Oliver Cromwell traten mutig unter die Meuterer und brachten sie dazu, den Dienst wieder aufzunehmen. Die drei Anführer der Meuterei wurden arretiert und zum Tode verurteilt. Durch das Los wurde schließlich ein Mann bestimmt, der tatsächlich hingerichtet wurde, er hieß Richard Arnold und wurde der Märtyrer der Leveller-Bewegung.

König Charles I. kam nun als Gefangener in relativ bequeme Haft auf Carisbrooke Castle[157] (Isle of Wight).

Charles I. machte sich Illusionen über die angeblich royalistische Geisteshaltung des Gouverneurs der Isle of Wight, Colonel Hammond. Der jedoch hielt fest zum Parlament. Er behandelte Charles mit dem nötigen Respekt - 20gängiges Hauptmenü und Bowling Green für den Monarchen - ließ sich aber auf dessen Machenschaften nicht ein. Charles gewahrte dies und versuchte zu fliehen: vergebens, denn er blieb im Fenster stecken.

In London schien man froh darüber zu sein, den König in der Provinz zu wissen. Man schickte dem König die Vorschläge des Parlaments („Four Bills") und verlangte sofortige Unterzeichnung ohne weitere Diskussionen. Die schottischen Covenanter waren sauer auf ihre englischen Waffenbrüder, da man sie an den Verhandlungen nicht beteiligt hatte. So schickten sie eigene Emissäre. Ihre Verhandlungsposition war auch stärker als die des englischen Parlaments. Nachdem die letzten Positionen von MacColla in Schottland gefallen waren, hatten die Royalisten keine Stützpunkte mehr außer der Isle of Man, den Kanalinseln und den Scilly-Islands.[158]

Die schottischen Covenanter waren natürlich immer noch darauf aus, den Presbyterianismus als Staatsreligion auf der ganzen Insel zu etablieren. Man glaubte durchaus daran, dass ausgerechnet der König dabei hilfreich sein könne. Der Covenant spaltete sich in eine liberale Fraktion, die die Einführung des Presbyterianismus in England für eine Versuchszeit befürwortete, und eine radikale Fraktion, die von derartigen Kompromissen nichts hielt. Die Anhänger der ersten Gruppe schickten im Dezember 1647 drei Emissäre[159] zu Charles I. Man vereinbarte, dass der König mit der Hilfe einer schottischen Armee befreit werden sollte, dafür solle er nach der

---

[157] Vgl. Noonan, Damien: Castles & Ancient Monuments of England, London 1999, S.81. Im August 1650 wurden hier auch Kinder des Königs, Prinzessin Elizabeth und Prinz Henry, interniert. Einen Monat später starb die Prinzessin, Prinz Henry wurde 1653 freigelassen.

[158] Vgl. Young, Peter u. Roffe, Michael: The English Civil War, London 1998, S.4.

[159] Es waren der Duke of Hamilton, sein Bruder, der Earl of Lanark und der Earl of Lauderdale.

Rückkehr zur Macht für drei Jahre in England den Presbyterianismus einführen. Dieses Abkommen vom 26. Dezember 1647 (zwei Tage vorher hatte Charles die Four Bills abgelehnt) nannte man „Engagement", seine Verfechter „Engagers". Die meisten Adligen in Schottland waren für das Engagement, Argyll war allerdings dagegen.

Nicht nur in Schottland, auch in England hatte Charles noch einige Anhänger, die nur auf eine günstige Gelegenheit warteten. Dazu kam, dass sich die neue Obrigkeit bei der Durchsetzung fundamental-religiöser Vorstellungen sehr auf die Hilfe der Armee stützte, besonders des radikaleren Flügels der Truppe. So wurde Weihnachten 1647 in Canterbury eine Menschenmenge mit Gewalt auseinandergetrieben, die nichts weiter getan hatte, als lautstark die Beibehaltung der (von den Behörden nun verbotenen) lokalen Weihnachtsbräuche zu verlangen. Am 9. April rotteten sich in London Lehrlinge zusammen, um für bessere Arbeitsbedingungen zu demonstrieren – so etwas war damals wie heute schon einmal mit Plünderungen verbunden. Kavallerie griff ein. Ernster wurde es, als sich in Wales die Garnison von Pembroke Castle unter Colonel John Poyer für den König erklärte. Der Grund war unbezahlter Sold. Sein Schwager Rowland Laugharne schlug sich sofort auf Poyers Seite. Mit dem Sieg über eine regierungstreue Truppe bei Carmarthen schlug Poyer gleich das erste Gefecht des Zweiten Bürgerkrieges.[160] Im Norden wurde es brenzlig: Sir Marmaduke Langdale war wieder aufgetaucht, hatte versprengte schottische und englische Royalisten (und auch einfach habgierige Borderer) an sich gezogen und am 28. April Berwick erobert. Am Tag darauf fiel Carlisle an schottische Truppen. Auf der Seite des Parlaments hatte man aber Fairfax, der sich auf seine Standing Army verlassen konnte. Diese aus 14 Kavallerieregimentern, 17 Infanterieregimentern und 30 unabhängigen Kompanien bestehende Streitmacht war im Februar 1648 aus der New Model Army und Truppen der Northern Association gebildet worden. Alle lokalen Milizen und Stadtwachen hatte man aufgelöst und nach Hause geschickt. Fairfax schickte Cromwell sofort nach Südwales. Newcastle wurde durch zwei Regimenter unter Hesilrige gesichert. Gloucester und Oxford bekamen Garnisonen. Im Norden wurde ein kleine Feldarmee zusammengestellt, deren Befehl Generalmajor John Lambert (1619-1683) erhielt.

Betrachtet man die Hobbys dieses Mannes genauer, dann könnte man falsche Schlüsse ziehen. Lambert liebte die Blumenzucht, das Malen und textile Handarbeiten. Dann war er aber auch einer der härtesten Generäle des Parlaments.

Fairfax kalkulierte richtig: Er musste zunächst jeden Aufstand in den Kerngebieten unterdrücken, bevor er sich den Randgebieten zuwenden konnte. Das hieß: Die Revolten in Kent, London usw. mussten schnell zerschlagen werden, bevor schottische oder gar irische Royalisten auftauchten. In Wales hatte Cromwell derweil leichtes Spiel, die Rebellion war schon halb zusammengebrochen, er musste nur noch Pembroke und Chepstow Castle belagern. In Südengland war die Situation eher kritisch: Teile der Flotte hatten sich mit Royalisten in den Hafenstädten solidarisiert. Rochester und Sandwich waren in der Hand der königstreuen Rebellen. Schnell

[160] Vgl. Haythornthwaite: The English Civil War, S.117.

wurde Warwick wieder als Befehlshaber der Flotte eingesetzt. Der Prince of Wales übertrug fatalerweise das Kommando der königstreuen Kräfte in England dem Earl of Holland (Warwicks Bruder). Jener wiederum gab den Befehl der Grafschaften rings um London an einen gewissen George Goring weiter. Das wäre exzellent gewesen, wenn George Goring jun., der berühmte General des Bürgerkrieges, gemeint gewesen wäre. War es aber nicht, der neue Befehlshaber war George Goring sen., Earl of Norwich und Vater des Generals. Er war ein gealterter Höfling ohne militärische Erfahrung, aber mit guten Manieren. Letztere nützten ihm gar nichts, denn mit nur 11.000 ungeübten, oft zwielichtigen Elementen zweifelhafter Loyalität konnte er so nicht gegen Faifax mit seiner kampferprobten Truppe bestehen. Am 1. Juni 1648 erschien Fairfax vor Maidstone, dem Zentrum des Aufstands. In fürchterlichen Straßenkämpfen machten seine Leute die 4.000 Mann starke Truppe Norwichs nieder. Es waren die einzigen einigermaßen trainierten Soldaten gewesen, die Norwich gehabt hatte. Norwich zog sich nach London zurück, erhielt aber dort kaum Zulauf.

In Kent eroberten die Royalisten Deal Castle und Walmer Castle. Dover Castle griffen sie zwar an, die Besatzung konnte den Angriff aber zurückschlagen. Während Walmer Castle rasch von den Parlamentstruppen zurückgewonnen werden konnte, hielt Deal Castle einer Belagerung bis August 1648 stand.

Am 4. Juni erhoben sich die Royalisten in Essex. Teile der Trained Bands dieser Grafschaft schlossen sich an, das Kommando erhielt Sir Charles Lucas. Sir George Lisle und Lord Capel stießen zu ihm. Im Norden von Essex erklärten sich aber weitere Teile der Trained Bands für das Parlament, die Arsenale der Grafschaft blieben in den Händen der parlamentstreuen Kräfte. Norwich und Lucas zogen sich nach Colchester zurück. Von dort stammte Lucas, und der Name seiner Familie hatte in der Gegend einen guten Klang. Man hoffte, dass das Rekruten bringen würde. Lord Byron war derweil aus Frankreich zurückgekehrt und hatte gleich Anglesey genommen.

Sir John Owen hatte in Nordwales Royalisten um sich geschart und gegen die Streitkräfte des Parlamentes unter Sir Thomas Myddleton losgeschlagen. Am 5. Juni wurde er in dem Gefecht von Y Dalar Hir geschlagen. Man sperrte ihn in Denbigh Castle ein, wo seine Getreuen mehrfach versuchten, ihn zu befreien. Langdale hatte sich derweil in Pontefract mit seiner starken Burg eingenistet. Die Burg wurde belagert und die Eingeschlossenen versuchten, den Kommandeur der Belagerer, Colonel Thomas Rainborow, zu entführen. Das gelang nicht, im sich entwickelnden Gefecht wurde Rainborow getötet. Pontefract richtet sich auf eine lange Belagerung ein, Langdale setzte sich mit einigen Kavalleristen ab.

Fairfax erschien mit 5.000 Mann vor Colchester und griff am 13. Juni Lucas an. Lucas zog sich in die Stadt zurück und widerstand dort allen Angriffen Fairfax'. Dem rannte nun die Zeit davon, denn derweil hatte sich endlich eine schottische Armee in Marsch gesetzt.

Hamilton, der hinter dem Engagement-Abkommen steckte, suchte schon lange eine Allianz der moderaten und konservativen Anhänger des Covenants mit englischen und irischen Royalisten. An einem Bündnis mit den schottischen Royalisten war er aber nicht interessiert. Damit nahm er sich eine gewichtige militärische Option, erkaufte sich aber zunächst das Stillhalten Argylls. Die Engagers hatten im April 1648 die Kontrolle über das schottische Parlament gewonnen und begannen, eine Armee aufzustellen. Schon der Anfang war schlecht. Es gab Kreise, die das Engagement aus religiösen Gründen ablehnten, besonders stark waren diese Kräfte in Fife, Galloway und Lothian. Man überschüttete das Parlament mit Petitionen. Dadurch wurde die Aufbringung der Truppen sehr behindert. Es gab sogar bewaffneten Widerstand. Am 12. Juni mussten die Engagers einen bewaffneten Aufstand von Rebellen aus der kirchlichen Partei niederschlagen (bei Mauchline Moor). Anfang Juli hatte Hamilton 14.000 bis 15.000 Mann unter seinem Kommando, das war nicht einmal die Hälfte der erwarteten Truppenstärke. Sowohl Leven als auch David Leslie lehnten das Kommando ab, deshalb führte Hamilton die Armee (9.000 Mann) selbst über die Grenze nach England. Einige Kilometer hinter der englischen Grenze stießen rund 4.000 englische Royalisten unter Langdale zu Hamilton. Hamilton musste schnell handeln. Tat er aber nicht. Er versuchte, in Lancashire protestantische Puritaner zu rekrutieren, aber der Widerstand der schottischen Kirche verhinderte dies. Außerdem beaß Hamilton zu wenig Artillerie, dafür umso mehr eigenwillige Unterführer.

Da gab es einen General George Munro (eben erst aus Ulster zurückgekehrt), der es ablehnte, von Hamiltons Generalleutnanten (Baillie und dem Earl of Callander) Befehle entgegenzunehmen. So hingen Munros erfahrene Truppen (rund 1.900 Mann) hinter der Hauptarmee Hamiltons zurück. Dort beschützten sie aber wenigstens die Verbindungslinien nach Schottland. Im Hauptquartier gab es regelmäßig Streit zwischen Hamilton und seinen Kommandeuren. Ohne Nachschub, in grauenvollem Wetter rückte die Armee der Engagers nach Süden. Am 19. August 1648 traf diese traurige Truppe das Desaster. Bei Winwick wurde ein völlig kopfloser Hamilton von dem taktisch weit überlegenen Cromwell geschlagen. Cromwell, der, nachdem er das königstreue Pembroke Castle in Südwales gestürmt hatte, mit seinen Verbänden nach Norden marschiert war, hatte seine Truppen mit denen General Lamberts vereinigt. Mit 9.000 Mann griff Cromwell an. 1.000 Schotten verloren in der Schlacht ihr Leben, 2.000 gerieten in Gefangenschaft (noch einmal 2.600 kapitulierten in der folgenden Nacht in Warrington). Hamilton wurde am 25. August bei Uttoxeter gefangen.

Schon am 17. waren die englischen Royalisten Langdales bei Preston geschlagen worden – Callander war fatalerweise dagegen gewesen, den englischen Royalisten schottische Verbände zur Hilfe zu schicken. Hamilton hatte sich nicht durchsetzen können, war aber wenigstens selbst zu Langdale[161] geritten. Er hatte die Niederlage Langdales miterlebt, war entkommen, um gerade noch rechtzeitig zur Niederlage der schottischen Armee zu eben dieser zu stoßen.

Colchester ergab sich.

Man hatte parlamentsseitig eine Kapitulationsaufforderung den Belagerten zukom-

[161] Langdale wurde gefangengenommen, entkam aber in Verkleidung auf den Kontinent, wo er sich als Söldner durchschlug.

men lassen. Das Papier war an einem Drachen befestigt, den man hatte steigen und über die Stadt hatte treiben lassen.

Das Strafgericht, das über die englischen Anhänger des Königs hereinbrach, war furchtbar. Im Ersten Bürgerkrieg waren kaum Leute nach ihrer Kapitulation getötet worden. Aber nach der Schlacht von Preston wurden die Anführer der Royalisten vor Gericht gestellt und zum Tode verurteilt. Auch Lucas und Lisle wurde mit einer recht fadenscheinigen Begründung verurteilt (ebenfalls vor Gericht gestellt wurde Sir Bernard Gascoigne). Dahinter stand wohl Ireton, aber Fairfax musste sich den Vorwurf gefallen lassen, das nicht energisch genug verhindert zu haben.

Zunächst wurde Lucas erschossen. Lisle stand neben der Leiche, als das Erschießungskommando nachlud. Er wies die Leute an näherzukommen. Einer warnte ihn, man würde ihn treffen. Darauf schmunzelte Lisle nur und sagte: „Freunde, ich stand näher bei euch, als ihr mich schon verfehltet."

Eine besonders fürchterliche Strafe hatte man sich für Laugharne und Poyer, wie erwähnt Schwäger, ausgedacht. Beide waren nach der Kapitulation Pembrokes in die Hände Cromwells gefallen und vor ein Kriegsgericht gestellt worden. Man verurteilte beide zum Tode, „gestattete" ihnen aber, um ihr Leben zu würfeln. Laugharne gewann.

Hamilton wurde vom High Court of Justice angeklagt, zum Tode verurteilt und exekutiert. Er war einer der so genannten „Seven Great Delinquents", von denen der Earl of Norwich und Sir John Owen mit dem Leben davonkamen (Owen blieb allerdings bis 1655 inhaftiert), außerdem Lord Loughborough,[162] der aus seiner Gefangenschaft in Windsor fliehen konnte. Lord Capel wurde wie Lucas, der Earl of Holland und Hamilton exekutiert.

Und die Position des Königs wurde langsam unhaltbar, bei einem Feldgottesdienst der Armee in Windsor wurde er als „Man of Blood" bezeichnet. Noch während des Vormarsches der Schotten hatte Charles I. mit dem englischen Parlament den Vertrag von Newport geschlossen, in dem er alle früheren Erklärungen annullierte und dem Parlament die Kontrolle über die Truppen zugestand. Dafür sicherte das Parlament den Weiterbestand der Monarchie zu. Mit 129 zu 83 Stimmen nahm das Parlament den Vertrag an. Cromwell schäumte vor Wut. Er hatte die Armee auf seiner Seite und gedachte, sie notfalls auch gegen das Parlament einzusetzen.

In Schottland tat sich auch etwas. In Galloway entstand die Bewegung der „Whiggamores", benannt nach ihrem Schlachtruf. Es waren radikale Vertreter der Kirchenpartei. Den Auftakt machte Colonel Robert Montgomery, der Sohn des Earls of Eglinton, der mit einigen Gesinnungsgenossen eine Schwadron von Lanarks Kavallerie angriff. Andere wichtige Gentlemen der Lowlands schlossen sich den Whiggamores (oder „Whigs") an, auch Argyll schlug sich auf ihre Seite. Am 5. September nahmen

[162] Henry Hastings, Lord Loughborough, 1609 - 1667, er hatte bei Beginn des Bürgerkrieges Verbände von Kavallerie und Dragonern aufgestellt. Er hatte unter Prinz Rupert gedient und war zum Colonel-General einiger Grafschaften in den Midlands ernannt worden. Im Zweiten Bürgerkrieg war er Commissary-General der Garnison von Colchester.

die Whigs Edinburgh Castle ein, am 11. September wurden sie von den Engagers bei Linlithgow geschlagen. Einen Tag später schlugen die Engagers Argyll bei Stirling. Trotz ihrer militärischen Überlegenheit schlossen die Engagers mit den Whigs am 27. September das Abkommen von Stirling. Beide Armeen wurden aufgelöst. Nur kurze Zeit später überschritt Oliver Cromwell mit mehreren Reiterregimentern die Grenze. Er verbündete sich mit Argyll und den Hardlinern der Kirchenpartei. Unter dem Schutz von Cromwells „Ironsides" (drei Kavallerieregimenter Cromwells blieben in Schottland) wurde im Januar 1649 der „Act of Classes" verabschiedet, der alle Engagers vom Zugang zu öffentlichen Ämtern ausschloß.[163]

Prozess und Meuterei

Pontefract Castle hielt noch bis zum 25. März 1649 gegen Lambert aus. Dem König schwanden jetzt die Optionen. Charles gestand nun dem Parlament endgültig die Kontrolle über die Armee zu, zeigte sich aber obstinat in kirchenpolitischen Fragen. Colonel Edmund Ludlow setzte sich nun an die Spitze der republikanischen Bewegung. Ihm waren alle diese Verhandlungen mit dem König zuwider. Da er kein Gehör bei Fairfax fand, wandte er sich an Ireton. Man entwarf die „Remonstrance", eine Eingabe der Armee an das Parlament. Der Rat der Armeeoffiziere schloss sich der Remonstrance an, dann ließen sich auch Cromwell und Fairfax überzeugen. Am 6. Dezember wurde das Parlament eröffnet. Die Parlamentswache (normalerweise Leute der London Trained Bands) war durch reguläre Soldaten ausgetauscht worden. Colonel Thomas Pride verweigerte jedem Parlamentarier, der sich nicht der radikalen Haltung der Armee anschließen wollte, den Zutritt. 186 MPs kamen erst gar nicht hinein, 45 wurden gar festgenommen. Führende Presbyterianer wurden von den Sitzungen ausgeschlossen, egal welche Verdienste sie sich im Bürgerkrieg erworben hatten. Am 6. Dezember 1648, an eben jenem Tag, wurde ein Gerichtshof zur Aburteilung des Königs geschaffen. Am 23. Dezember brachte man den König nach Windsor. Das Unterhaus stimmte einem Prozess gegen den König zu, das Oberhaus (inzwischen bestand es nur noch aus 13 Lords) lehnte ab. Daraufhin beschloss das Unterhausam 4. Januar 1649, das Oberhaus abzuschaffen. Cromwell berief in den Sondergerichtshof 135 Juristen, Offiziere und Abgeordnete. Rund die Hälfte erschien erst gar nicht zu den Sitzungen. Auch Fairfax lehnte ab. Cromwell aber wollte den Kopf des Königs: „I tell you we will cut off his head with the crown upon it." Eigentlich sollte der Lord Chief Justice of England den Vorsitz im Sondergerichtshof führen, er lehnte aber ab. Cromwell hatte Schwierigkeiten, jemand zu finden, der die undankbare Aufgabe übernehmen wollte. Schließlich wurde ein obskurer Provinzrichter mit dem Namen John Bradshaw Lord President des Gerichtes. Die Anklageschrift wurde von einem niederländischen Professor für Alte Geschichte, Isaac Dorislaus, abgefasst.

Die Sicherheitsvorkehrungen waren streng, alles wurde penibel überprüft und bewacht. Bradshaw trug einen Hut, der unter der Kalotte mit Eisenbändern ver-

[163] Vgl. Furgol: The Civil Wars in Scotland, S.64 - 65.

stärkt war, so wie ihn vielfach Kavalleristen getragen hatten. Er misstraute wohl den Sicherheitsmaßnahmen.

Im Publikum machte auch eine sehr prominente Person ihrem Abscheu Luft. Das war Lady Anne Fairfax, Ehefrau des hochgeachteten Sir Thomas. Charles I. zeigte gegenüber den 70 anwesenden Richtern eine stolze und herablassende Haltung. Er lehnte die Zuständigkeit des Gerichts ab: „A king cannot be tried by any superior jurisdiction on earth." Ganz ungeschickt verteidigte er sich nicht. Er hatte sogar ein Rede vorbereitet, Bradshaw erlaubte ihm nicht, sie vorzutragen – zwei Tage später wurde sie veröffentlicht. Am 27. Januar wurde er als Tyrann und Verräter zum Tode verurteilt. Als das Urteil verlesen wurde, platzte Lady Anne Fairfax endgültig der Kragen. Als die Sentenz „in the name of the people of England" verlesen wurde, schrie sie laut dazwischen: „Not half, not a quarter of the People of England. Oliver Cromwell is a traitor!"

Jetzt legten die Musketiere der Saalwache unter Daniel Axtell auf Lady Anne an. Schnell wurde sie aus dem Saal geführt.

59 Unterschriften standen letztendlich unter dem Todesurteil, Cromwell hatte sogar zu massiven Drohungen gegriffen, um die Unterschriften zusammenzubekommen. Charles I. nahm das Urteil genauso gelassen wie den Prozess, den er stellenweise fast gelangweilt verfolgt hatte. Auf dem Weg zum Richtplatz schritt er so energisch aus, dass der Henker Mühe hatte, mit ihm Schritt zu halten. Der Erzbischof von Armagh leistete geistlichen Beistand.[164] Am frühen Morgen des 30. Januar 1649 wurde Charles I., König von England und Schottland, auch König von Irland, nach eigenem Anspruch König von Frankreich, Oberhaupt der anglikanischen Kirche und Verteidiger des Glaubens, in Whitehall neben der Banqueting Hall enthauptet.[165] Eine Woche später wurde in England die Monarchie abgeschafft und im Mai die Republik ausgerufen. Derweil wurde das politische Testament des König, Eikon Basilike, veröffentlicht, rasant schnell verkauft und immer wieder aufgelegt. Große Teile der Öffentlichkeit begannen mehr und mehr, in Charles I. Stuart eine Art Märtyrer zu sehen.[166] Andere profitierten vom Dahinscheiden des König. Im März 1649 besetzten Leute aus der Bewegung der „Digger" Ödland am St. George Hill in London, das früher dem König gehört hatte. Diese radikalen Ableger der Leveller lehnten jede Privateigentum ab und machten sich dadurch bei den Nachbarn unbeliebt, die Schläger anheuerten, die „Diggers" zu verjagen. Damit hatten sie auch nach einigen Monaten Erfolg. Einer der Anführer der Digger war William Everard, er war einst Spion des Scoutmaster-Generals Sir Samuel Luke gewesen. Im März 1649

---

[164] James Usher, Archbishop of Armagh (1581-1656), war zwar ein Mitglied der Episkopalkirche, erfreute sich aber des Respekts des Parlaments und vieler radikaler Protestanten, weil er immer Distanz zu den Katholiken gehalten hatte, was wohl eine Folge der speziellen Umstände in Irland war. Vgl. Bennett, Martyn: The English Civil War, A Historical Companion, Stroud 2004, S.34.

[165] Dass gelegentlich der 19. Januar als Datum angegeben wird, hat damit zu tun, dass damals in England noch der julianische Kalender galt. Das Kommando über die Vorbereitung und Durchführung der Exekution hatten Colonel Francis Hacker, Colonel Hercules Hunkes und Colonel Robert Phayre.

[166] Dorislaus wurde das Opfer royalistischer Racheanschläge. Vier Monate nach der Hinrichtung des Königs wurde er in Den Haag ermordet.

hatte er die Ehre, zu einer Aussprache zu Sir Thomas Fairfax vorgelassen zu werden. Fairfax hielt den Kerl schlichtweg für wahnsinnig. Später sollte er sich bestätigt finden. 1650 kam Everard wegen offensichtlichen Irrsinns ins Gefängnis von Bridewell.

Im Mai revoltierten einige Regimenter der Armee, in denen die Leveller starken Zulauf erhalten hatten. Die Leveller verlangten die Annahme ihres Programms „Agreement of the People", sie wollten den General Council of the Army wied ereinführen und sie stellten das moralische Recht der Engländer gegenüber Irland in Frage. Obwohl sich die Baptisten einigermaßen entäuscht von den Levellers abgewendet hatten, fanden diese noch Zuspruch in der Armee. Einige Regimenter in London meuterten aufgrund säumiger Soldzahlungen, ein Soldat, Richard Lockyer, wurde bei St. Paul exekutiert. Der Agitator William Thompson scharte bei Banbury unzufriedene Truppen um sich. Cromwell marschierte mit zuverlässigen Truppen von London los und überraschte die Meuterer bei Burford am 14. Mai 1649. Thompson wurde erschossen. 340 Soldaten wurden gefangengenommen und zum Tode verurteilt, drei wurden am 17. Mai. tatsächlich auf dem Kirchhof von Burford erschossen: Cornet James Thompson (ein Bruder William Thompsons), Corporal Church und Corporal Perkins.

Doch was tat Rupert zu dieser Zeit? Er mutierte vom Reiterführer zum Freibeuter, tauschte also den Pallasch mit dem Entermesser sozusagen. Und natürlich reüssierte er auch auf diesem Gebiet. Nach der Niederlage war es um den dynamischen Prinzen etwas ruhiger geworden. Im Januar 1649 trat er wieder in Erscheinung – mit einem Paukenschlag.

Zwischen der Armee des Parlaments und der Flotte, die im Kampf gegen die Royalisten im Ersten Bürgerkrieg eine wichtige Rolle gespielt hatte, war es zu erheblichen Differenzen gekommen. Es gab Meutereien und Desertionen, schließlich liefen ganze Kriegsschiffe samt Besatzung zum Prince of Wales über, der in der Form von (vor allem irischen) Freibeutern über eine kleine Seestreitmacht verfügte. Die prinzliche Flotte operierte in der Folge (recht glücklos) von den Niederlanden aus. Dort wurden die Schiffe der Royalisten von der englischen Flotte blockiert. Der Prince of Wales musste sich etwas einfallen lassen, um die Pattsituation zu beenden. Er ernannte Prinz Rupert zum Flottenkommandeur. Diese Ernennung versprach Dynamik, aber auch internen Streit, denn Rupert stand für Kompromisslosigkeit. Dass der Prinz kaum nautische Meriten vorweisen konnte, ärgerte erfahrenere Kapitäne. Es drohte also Ärger. So kam es dann auch, Ruperts Ernennung missfiel Batten, einem Flottenoffizier, der von der Parlamentsflotte zu den Royalisten übergelaufen war. Batten wechselte erneut die Seiten, viele Kapitäne folgten ihm.

In der Nacht vom 8. zum 9. November 1648 und am darauffolgenden Tage kam es zu einem kuriosen Gefecht bei Sluis. Da das Treffen in holländischen Gewässern stattfand und man aus politischen Gründen die Neutralität der Niederlande respektieren wollte, wurde kaum ein Schuss abgefeuert. Am Ende waren einige royalistische Schiffe aufgebracht, der Rest entkam in den inneren Hafen von Sluis. Erstaunlicherweise hob der parlamentarische Befehlshaber Warwick die Blockade am 21. November auf und segelte mit der ganzen Flotte heimwärts. Er dachte, Rupert würde seine verbliebenen Schiffe nicht vor dem Frühling seefertig machen können. Da hatte er sich gründlich verrechnet. Am 21. Januar stach Rupert in See und sammelte dort ein Geschwader von rund einem Dutzend royalistischer Schiffe. Er segelte nach Kinsale in Irland. Die englische Flotte legte einen Blockadering vor den Hafen, wagte aber nicht, dessen starke Befestigungen anzugreifen. Rupert war nun in Irland, wo sich einige entscheidende Ereignisse abgespielt hatten: Der königliche Befehlshaber Ormond hatte mit den katholischen Rebellen einen Pakt geschlossen, die so genannte „Treaty of Kilkenny". Die katholische Konföderation sollte gegen die Zusage der Religionsfreiheit und der Unabhängigkeit des irischen Parlaments Ormond 15.000 Mann zur Verfügung stellen. Zum Einsatz dieser Streitmacht in England kam es aber nicht mehr, da Ormond bei Rathmines besiegt wurde. Mittlerweile blockierte Admiral Blake Kinsale, bis ein Sturm seine Schiffe am 20. Oktober auf die hohe See trieb. Rupert nutzte die Chance sofort und entkam mit sieben Schiffen aus Kinsale. Er segelte nach Portugal, wo ihn König Joao IV. zwar aufnahm, aber klarmachte, dass an einen längeren Aufenthalt nicht zu denken sei. Während die portugiesischen Behörden den sich jetzt sehr dickfellig gebärdenden Rupert drängten, wieder in See zu stechen, erschien eine englische Flotte unter Blake im März 1650. Blake griff sofort an und verletzte die portugiesische Souveränität. Nun stellten sich die Portugiesen an die Seite Ruperts, es kam zu einigen ergebnislosen Gefechten. Englische Angriffe auf portugiesische Kauffahrer zwangen den König in Lissabon, Rupert fortzuschicken. Der versegelte zusammen mit seinem Bruder Moritz und sechs Schiffen am 12. Oktober. Er fuhr ins Mittelmeer und griff dreist englische Schiffe in spanischen Häfen an. Da Spanien dem parlamentarischen Admiral Blake Zugang zu seinen Häfen gewährte, nahm sich Rupert die Freiheit, englische Kauffahrer in Malaga, Velez und Motril aufzubringen. Als Rupert und Moritz gerade mit ihrem Flaggschiff eine Prise jagten, griff Blake am 3. November bei Carthagena den Rest des royalistischen Geschwaders an. Ein Schiff wurde aufgebracht, die anderen auf den Strand gejagt. Rupert segelte nun nach Toulon, das ihm die französischen Behörden großzügigerweise als Zuflucht anboten, dann verließ er aber doch im April 1651 das Mittelmeer, jetzt hatte er nur noch zwei Schiffe. Mit der „Constant Reformation" und der „Swallow" brachte er mehrere Prisen auf. Dann versuchte er sein Glück in der Karibik. Die „Constant Reformation" schlug während eines Sturmes am 30. September 1651 leck und sank. 300 Seeleute starben, Rupert entkam in einem Boot. Nach dieser Katastrophe kaperte er noch etwas vor den Azoren, dann vor der afrikanischen Küste, schließlich wieder bei Barbados. Am 13. September 1652 sank die „Defiance" (eine Ex-Prise) in einem Hurricane mit Prinz Moritz und vielen Seeleuten. Rupert segelte mit der „Swallow" zurück nach Europa. Portugal hatte inzwischen mit der englischen Republik bessere Beziehungen hergestellt. Rupert steuerte die „Swallow"am 4. März 1653 in die Mündung der Loire, um sie auf Land zu setzen und den wurmstichigen Rumpf zu überholen. Allerdings waren alle Ausbesserungsversuche umsonst, das Schiff war nicht mehr seeklar zu machen. Ruperts seemännische Karriere wurde durch eine Zwangspause einstweilen unterbrochen. Das war besonders misslich, denn seit 1652 tobte nun der englisch-niederländische Seekrieg. Die englische Republik war innerhalb kurzer Zeit zur allerersten Seemacht aufgestiegen und operierte erfolgreich in der Nordsee, in der Ostsee, in der Karibik und im Mittelmeer. Dass ausgerechnet Rupert zu einem der führenden Admiräle dieser Navy aufsteigen könnte, lag wohl noch jenseits jedes Vorstellungsvermögens.

Der Dritte Bürgerkrieg

Die Nachricht von der Hinrichtung des Königs hatte die Royalisten in Schottland nicht entmutigt, im Gegenteil. Nur sahen ihre militärischen Optionen dürftig aus. Am 23. März 1649 wurde der Marquis of Huntly, das politische Oberhaupt der schottischen Royalisten, in Edinburgh enthauptet.

Montrose, der Champion und das militärische Genie der schottischen Königstreuen, war 1646 aus Schottland geflohen. Er hatte intensive Kontakte zu europäischen Fürstenhöfen geknüpft und war nach Ermutigung durch den Kronprinzen Charles wieder auf die militärische Bühne getreten. 1649 hatte er sich auf den Orkneys etabliert, im Frühjahr 1650 war er auf dem nordschottischen Festland gelandet. Am 27. April 1650 wurde er von Streitkräften der Covenanter bei Carbisdale geschlagen. Ein Laird der MacLeods lieferte ihn aus und er wurde am 21. Mai 1650 in Edinburgh hingerichtet. Derweil waren die Verhandlungen des Covenants mit dem im Exil weilenden Kronprinzen Charles (den man in Schottland schon am 5. Februar 1649 als Charles II. zum neuen König proklamiert hatte) weit gediehen.

Am 1. Mai aber unterzeichnete Charles II. in den Niederlanden den Vertrag von Breda. Er erklärte den schottischen Emissären seine Bereitschaft, den Covenant zu unterschreiben und akzeptierte eine formale Einladung zu seiner Krönung in Schottland. Er setzte sich aber nicht für den inzwischen gefangenen Montrose ein. Die Covenanter zeigten sich ohnehin hartnäckig und wollten weder mit früheren Royalisten noch Engagers zusammenarbeiten. Am 24. Juni 1650 landete Charles jun. in Garmouth an der Mündung des Spey in die Nordsee. Er unterschrieb den Covenant trotz schwerer Bedenken. Dafür stellten die Covenanter eine große Armee auf, 16.000 Infanteristen und 7.000 Reiter, aber der „Act of Classes" wurde idiotischerweise nicht aufgehoben. Damit waren viele erfahrene und kampferprobte Royalisten und Engagers vom Heeresdienst ausgeschlossen. Die Covenanter verboten diesen Königstreuen, für den König zu kämpfen, für den sie selbst gerade eine Armee aufstellten![167] Und sie hätten dabei jeden Mann bitter nötig gehabt, denn in Irland erlahmte der Widerstand der Konföderierten, der bislang englische Truppen gebunden hatte. Cromwell hatte jeden Widerstand äußerst blutig erstickt und war dabei nicht vor unterschiedslosen Massakern zurückgeschreckt. So hatte er im September 1649 mit 10.000 Mann die irische Stadt Drogheda gestürmt. Die Verteidiger, 2.600 Mann (meist protestantische Anglo-Iren) wurden mitsamt ihrem Kommandeur Sir Arthur Aston[168] ermor-

[167] Vgl. Prebble: The Lion in the North, S. 265.
[168] Der unglückliche Aston wurde angeblich mit seinem eigenen Holzbein erschlagen.

det – nebst 2.000 Zivilisten. Die wenigen Überlebenden wurden nach Barbados deportiert. Einen Monat später kamen beim Sturm und dem anschließenden Massaker von Wexford 2.000 Iren ums Leben. Die Ereignisse in Schottland riefen Cromwell auf die Hauptinsel zurück. Er ließ seinen Schwiegersohn Henry Ireton als Kommandeur in Irland zurück. Der nach Irland zurückgekehrte Ormond musste mehrere schwere Rückschläge hinnehmen. Seine letzte Feldarmee, die „Armee von Ulster" war zwar noch 6.000 Mann stark, stand aber nach dem Tode von Owen Roe O'Neill am 6. November 1649 unter dem Kommando des militärisch völlig unerfahrenen Ever MacMahon, Bischof von Clogher. Sie wurde am 21. Juni 1650 bei Scarrifhollis in Donegal geschlagen. Am 22. Juni kapitulierten die Reste der „Armee von Munster" bei Ross Castle in der Nähe Killarneys. Daraufhin brach der Widerstand der verbliebenen Garnisonen in Leinster und Munster zusammen.[169]

Als es dem englischen Parlament unabwendbar schien, einen neuen Krieg gegen die Schotten führen zu müssen, entschied man sich in London für einen Präventivschlag. Fairfax lehnte es am 26. Juni 1650 ab, das Oberkommando zu führen, Cromwell nahm an. Am 22. Juli 1650 überschritt die Armee die Grenze nach Schottland. Cromwells Streitmacht bestand aus 8 Reiterregimentern und 9 Infanterieregimentern, zusammen rund 16.000 Soldaten. Am 30. und 31. Juli gab es Gefechte bei Musselburgh. Am 6. August wurde Cromwell eine Meile vor den Mauern Edinburghs von 22.000 Schotten unter David Leslie aufgehalten. Leslie manövrierte Cromwell geschickt aus, der fiel auf Dunbar zurück, wo er von den Schotten blockiert wurde. Leslies Vorgehen wurde von der Überlegung bestimmt, dass er zwar die größere Armee hatte, aber bei weitem nicht so kampferfahrene Soldaten wie Cromwell. Seine Strategie bestand darin, außerhalb Dunbars auf einer sicheren Höhenstellung (auf den Lammermuir Hills) zu bleiben und Cromwells Leute auszuhungern. Anfang September war Cromwells Streitmacht auf eine Ist-Stärke von 11.000 Mann abgesunken. Sie waren zwischen den Bergen und der See, zwischen Leslies Truppen und der Stadt Dunbar eingeschlossen. Cromwell hatte wirklich Grund zur Beunruhigung. Er schrieb an Sir Arthur Hesilrige, er benötige dringend ein Wunder. Es geschah. Die Feldgeistlichen der Covenanter bewegten Leslie, die Blockade aufzugeben und eine Generalattacke anzuordnen. Am 2. September 1650, um 4 Uhr nachmittags, konnte Cromwell verwirrt durch das Fernglas beobachten, wie die schottischen Linien sich von den Hügeln herunterbewegten. In der folgenden Nacht bereitete er den Überraschungsangriff vor. Im Schutze der Dunkelheit und eines fürchterlichen Sturmes formierte Cromwell seine Truppen. Die Artillerie und die Dragoner wurden so aufgestellt, dass sie die linke Flanke der Schotten bedrohten, der Großteil der Armee überschritt die Schlucht „Brox Burn", um Leslies rechten

[169] Ormond ernannte den Earl of Clanricard zu seinem Stellvertreter und verließ das Land Richtung Frankreich. Trotz der internen Streitereien über die beste Art, den Krieg fortzuführen, taten die Konföderierten eben dies: sie führten den Krieg weiter. Am 27. Oktober 1651 fiel Limerick, am 12. April 1652 Galway. Die letzte formelle Kapitulation der Konföderierten bei Cloughoughter, County Cavan, am 27. April 1653 beendete den Bürgerkrieg in Irland. Vgl. Ohlmeyer: The Civil Wars in Ireland, S.100.

Flügel anzugreifen. Viele schottischen Kommandeure hatten vor dem Sturm in Häusern Schutz gesucht und ihre Einheiten verlassen. Generalmajor Holborn hatte der Infanterie befohlen, ihre Lunten zu löschen (das einzige Infanterieregiment, das später ein wirkungsvolles Abwehrfeuer unterhielt, war mit Steinschlossmusketen ausgestattet – die hatten keine Lunten). Die englische Vorhut rückte noch vor Sonnenaufgang vor, angeführt von General Lamberts Kavallerie und mit drei Infanterieregimentern unter General Monck dahinter. Sie wurden von der schottischen Kavallerie aufgehalten, die mit ihren Lanzenreitern in der vordersten Linie die Höhen herabdonnerte. Da trat Cromwell selbst in Aktion. Er hatte bemerkt, dass der schottische rechte Flügel keinen Raum zum Manövrieren hatte. Cromwell führte nun sein eigenes Regiment von „Ironsides", gefolgt von einem Infanterieregiment, nach vorne. Obwohl die schottische Infanterie mit verbissener Gegenwehr auf diese Flankenattacke reagierte, wurde sie von den eigenen Reitern durcheinandergebracht. Die Engländer gewannen an Boden. Die Geistlichen der Covenanter sprachen ihren Soldaten Mut zu, sie predigten solange, bis englische Schwerter ihren Sermonen ein abruptes Ende machten. Cromwell stieß mit seinen Leuten vor, da brach die Morgensonne durchs Gewölk. Durch dieses Omen inspiriert rief Cromwell: „Now let God arise, and his enemies shall be scattered." Die englische Flankenattacke rollte den ganzen rechten Flügel der Schotten auf. Als der letzte organisierte schottische Widerstand zusammenbrach, hielt Cromwell seine Leute an und sang mit ihnen den einhundertsiebzehnten Psalm. Die Geschwindigkeit und Präzision der englischen Attacke hatten nur geringe englische Verluste zur Folge, bewirkten aber die völlige Vernichtung von Leslies Streitmacht: 3.000 Schotten wurden getötet, 10.000 gefangengenommen.[170] Cromwell behauptete, er habe nur 20 bis 40 Mann verloren, Zahlen, die etwas untertrieben wirken.

Ein schottischer Priester lamentierte bitterlich: „For the scripture said, resist the Devil and he will flie from you-- but resist Oliver and he will flie in your face." Dabei waren es die Geistlichen der Covenanterarmee gewesen, die mit ihrer unbegründeten Siegeszuversicht die Katastrophe herbeigeführt hatten.

Cromwell und sein General Monck okkupierten die östlichen Lowlands. Im Südwesten Schottlands hatte sich eine radikale Fraktion der Kichenpartei gebildet, die sich „Western Association" nannte. Diese Leute verhandelten mit Cromwell und hofften, er würde sich aus Schottland zurückziehen und ihnen das Kommando überlassen. Cromwell dachte jedoch nicht daran, sich von religiösen Fanatikern etwas vorschreiben zu lassen. Am 1. Dezember zersprengte er am Südufer des Clyde bei Hamilton die Aufgebote der „Western Association" und beendete den Spuk.[171] Von Zeit zu Zeit schlug eine verwegene und bunt zusammengewürfelte Truppe irregulärer Kavalleristen zu, die unter dem Kommando eines gewissen „Augustine" Attacken auf Cromwells Truppen unternahm. Diese Truppe aus deutschen und kroatischen Söldnern, schottischen Moss Troopers und anderen Elementen brachten es sogar

[170] Vgl. Guest: British Battles, S. 168 - 169.
[171] Vgl. Furgol: The Civil Wars in Scotland, S.65.

fertig, am 13. Dezember 1650 von Norden über den Firth of Forth zu setzen, ins belagerte Edinburgh Castle einzudringen und wieder zurück durch den Belagerungsring zu verschwinden. Ihr Anführer „Augustine" war höchstwahrscheinlich identisch mit Captain Augustin Hoffman, einem Deutschen, der bei Marston Moor in David Leslies Regiment gekämpft hatte.

Charles II. wurde am Neujahrstag in Scone gekrönt, die makabre Zeremonie hatte einen Hauch von Morbidität. Ausgerechnet Argyll setzte dem jungen König die Krone aufs Haupt. Nach einer Predigt von drei Stunden Länge, während der er auf die Untaten seiner Dynastie in der Vergangenheit hingewiesen wurde, schluckte Charles II. so manche Kröte und stimmte allen Bestimmungen des Covenants zu. Es war eine Demütigung, während der Nacht betete Argyll mit Charles und konnte beobachten, wie dem jungen König die Tränen herabliefen. Charles sollte Argyll dessen arrogante Haltung nie vergessen. Charles II. war aber nur der König der Highlands, d.h. genauer gesagt herrschte er nur nördlich des Forth, südlich davon kontrollierte Cromwell Schottland. Und auch hier gab es eine kleine Schar hartnäckiger Schotten, die in ihrer Garnison, der kleinen Inselfestung Bass Rock vor der Küste Lothians, unentwegt aushielten.

Nach dem Desaster von Dunbar schlossen sich alte Royalisten und moderate Presbyterianer zusammen und warfen den „Act of Classes" im Frühsommer 1651 über Bord. Charles II. stellte nun die einzige echte schottische Armee der Epoche auf. In ihr waren alle Grafschaften Schottlands vertreten, Covenanter und alte Royalisten, Lowlander und Highlander. Nur einige wenige Adlige waren aus politischen oder moralischen Erwägungen vom Dienst in der Armee ausgeschlossen worden. Die Kirche unterstützte die Aufbringung dieser Truppen vehement. Allerdings kam es vielfach zu Reibereien. Manche Werbeoffiziere hatten gerade ihre Quoten an Rekruten anwerben können, da tauchten die Chiefs der Gegend auf und unterstellten die Männer ihrem eigenen Kommando. Viele Highland-Chiefs wurden Obristen in der neuen Armee. Zur besseren Bewaffnung trug die Kaperung eines englischen Schiffes bei, das im Februar 1651 nach Bute eingebracht worden war: neben Kleidung waren 500 Musketen und 250 Karabiner an Bord.

Cromwell war die meiste Zeit des Winters und des Frühjahrs 1651 krank, was die militärische Aktivität der Engländer etwas einschränkte. Im Juli landete General Lambert mit englischen Truppen in Fife und bedrohte die Ostflanke der Schotten. In der Schlacht von Inverkeithing am 20. Juli erlitt eine schottische Armee von knapp 5.000 Mann unter den Generälen Holburn und Sir John Brown eine katastrophale Niederlage. Die Lowlandregimenter flohen, die Clanaufgebote der MacLeans und Buchanans wichen nicht und wurden niedergemacht. Augustin Hoffman, der inzwischen zum Colonel befördert ein Regiment befehligte, entkam dem Desaster und zog zusammen mit Captain Patrick Gordon (genannt „Steilhand the Mosser") in die Grampians, wo er bis 1652 Kleinkrieg führte, dann entwich er nach Norwegen.

Am 2. August 1651 fiel Perth, am 14. (oder 15.) August kapitulierte Stirling Castle. Am 30. August fiel St. Andrews, Burntisland konnte sich jedoch gegen die englischen Angriffe behaupten. Am 1. September fiel Dundee, das von den Soldaten General George Moncks gestürmt und geplündert wurde. Nur wenige Tage zuvor hatten Moncks Truppen bei Alyth (einige Meilen nördlich von Dundee) das Committe of Estates, Lord Leven und 800 schottische Soldaten gefangengenommen.

Mittlerweile hatte sich allerdings der junge König Charles II. an der Spitze eines Heeres in Richtung England begeben. Er hatte rund 13.000 Mann unter seinem Kommando, die durch Cumbria, Nantwich und Newport südwärts zogen. An seiner Seite standen David Leslie und Keith. Clanaufgebote, wie das der Mackenzies oder das der MacLeods, kämpften unter der Fahne des jungen Königs. Allerdings hatten viele Clans des Westens Zurückhaltung geübt, sie waren beunruhigt, weil Ewen Cameron of Lochiel mit Waffengewalt Pachtzahlungen eintrieb. Überflüssig zu erwähnen, dass der gerissene Lochiel nicht mit von der königlichen Partie war. Am 22. August 1651 erreichte die königliche Armee Worcester. Charles II. hatte gehofft, es würden sich ihm viele englische Royalisten anschließen. Doch er sah seine Hoffnungen betrogen, denn England war eines neuerlichen Bürgerkrieges überdrüssig.[172]

Cromwells Dispositionen waren realistischer gewesen. Er hatte (noch in Schottland) gar nicht erst den Versuch gemacht, die Versammlung der königlichen Armee auf den Stirling Plains zu stören. Er war vielmehr der Armee des Königs etwas östlich versetzt nach Süden gefolgt und hatte Verstärkungen „eingesammelt", während die schottische Streitmacht durch Marschverluste schwächer wurde. Die Schotten hatten die Brücken über den Severn im Norden und im Süden von Worcester zerstört, Charles II. hoffte, dass er so einen Angriff von der Seite Cromwells gegen die schwer befestigte Ostseite von Worcester würde kanalisieren können. Cromwell plante jedoch, unter den Augen des Feindes mit Pontonbrücken über den Fluss zu gehen. Ein Teil seiner Streitmacht (unter Generalleutnant Fleetwood) sollte einen Überraschungsangriff von Süden unternehmen. Der Plan war gut, allein er funktionierte nicht. Fleetwoods Attacke (am 3. September) wurde durch den erbitterten Widerstand der Highlander aufgehalten. Cromwell war ängstlich bemüht, den Angriffsschwung zu erhalten und führte persönlich drei Brigaden an Verstärkungen über die Pontonbrücken, um Fleetwood (seinem Schwiegersohn) zu helfen. Damit schwächte er aber seinen rechten Flügel. Diese Truppenbewegung wurde von dem jungen Charles II. vom Turm der Worcester Cathedral beobachtet. Charles stürmte die Treppenstufen hinunter, sammelte alle Truppen, die er finden konnte, und jagte mit ihnen durch das Sidbury Gate dem Feinde entgegen. Der Angriff traf Cromwells rechte Flanke schwer. Als der Oberbefehlshaber vom linken Flügel zurückkehrte, fand er den rechten am Rande der Niederlage. Drei Stunden wogte der Kampf hin und her. Hatten die schottischen Musketiere sich verschossen, so nahmen sie ihre Musketen bei den Läufen und griffen weiter an, ihre Schusswaffen wie Keulen

[172] Einzig Lord Derby hatte nennenswerte englische Kräfte aufbauen können, hauptsächlich aus Lancashire und von der Isle of Man. Auf dem Marsch südwärts geriet er am 25. August 1651 bei Wigan Lane in einen Hinterhalt und wurde geschlagen. Er fiel in Gefangenschaft, wurde abgeurteilt und in Bolton enthauptet.

schwingend. Die Essex- und Cheshire-Miliz auf der anderen Seite hatte einen schweren Stand. Trotzdem wurden die Schotten langsam zurückgedrängt. Jetzt wäre der Moment gewesen für eine donnernde Kavallerieattacke, wie sie Prinz Rupert in der Vergangenheit so oft und so trefflich durchgeführt hatte. Doch der Kommandeur der schottischen Kavallerie, David Leslie, war untätig. Leslie sank in eine tiefe Depression und ritt unschlüssig hin und her. Cromwells Truppen rückten nun auf der ganzen Linie vor. Die Schotten strömten jetzt zum Silbury Gate zurück. Auch der König war dabei. Als er das Tor zu Pferd erreichte, war der Einlass durch einen umgestürzten Munitionskarren versperrt. Charles II. stieg ab und ging zu Fuß in die Stadt. Er ließ sich ein frisches Pferd geben und tat folgenden Ausspruch: „Ich hätte es lieber, ihr erschießet mich, als dass ich die traurigen Folgen dieses fatalen Tages sehen will". Seine Bemühungen, einen Gegenangriff zu organisieren, waren nicht erfolgreich. Mittlerweile hatte Fleetwood mit seinen Leuten den südlichen Flügel der Schotten zurückgedrängt. Immer mehr Schotten strömten nach Worcester hinein. Mit Einbruch der Dunkelheit wurde aus der Schlacht ein verbissener Straßenkampf. Die Linien der Royalisten gerieten in völlige Auflösung.[173] Die Hoffnung, doch noch siegen zu können, sank bei den Royalisten. Man überzeugte den König, sein Heil in der Flucht zu suchen. Charles II. hatte verloren, es hatte aber gewiss nicht an seiner Person gelegen. Im Gegenteil: Auf dem Schlachtfeld machte er seinen Ahnen alle Ehre, er hielt sich tapfer und beeindruckte die Zeitgenossen. Die Verluste der Royalisten waren ungeheuer: In den Straßen Worcesters türmten sich buchstäblich die Leichen. Rund 2.000 Schotten verloren ihr Leben, 10.000 waren gefangengenommen worden, bzw. wurden auf dem Rückzug in die Heimat gefangengenommen. Allein 700 MacLeods kamen um. Der 2. Duke of Hamilton[174] war ebenfalls getötet worden, Leslie und andere Generäle wurden gefangengenommen und in den Tower geschafft.[175] Charles II. entkam, eine Zeitang musste er sich sogar auf einem Baum verstecken (auf der Eiche von Boscobel[176]), am 14. Oktober konnte er sich schließlich in Brighton Richtung Frankreich einschiffen (andere Quellen sprechen davon, dass er in Shoreham einen Kohlenfrachter nach Frankreich bestieg).

So war der Dritte Bürgerkrieg ins Land gezogen und hatte mit der totalen Niederlage von Charles II. geendet. Der musste wie gesagt erneut ins Exil – was nur mit ganz knapper Not überhaupt glückte. In den Niederlanden hatte er einen Exilhof aufgebaut und wartete ab (1655 hatte er nämlich aufgrund eines Vertrages zwischen Frankreich und dem England Cromwells Frankreich verlassen müssen). 1657 war George Goring in Madrid verstorben, er hatte in seinen letzten Jahren Verbände englischer Söldner in spanischen Diensten kommandiert. Rupert war aber bei

[173] Vgl. Guest: British Battles, S.171.
[174] William Stewart, 2nd Duke of Hamilton, Bruder des 1649 exekutierten 1st Duke of Hamilton.
[175] Leslie blieb bis zur Restauration im Tower. General Massey, ein ehemals parlamentarischer General, der nach Pride's Purge zu den Royalisten gestoßen war, fiel verwundet in Gefangenschaft, konnte aber fliehen und sich nach Holland durchschlagen.
[176] Tagsüber versteckte sich der junge König auf der Eiche im Park von Boscobel House, nachts hielt er sich im Hause auf. Die heutige Eiche, die gerne dem Besucher gezeigt wird, ist ein Ableger des ursprünglichen Baumes.

bester Gesundheit und hatte auch gar nicht vor, auf irgendetwas zu warten. Er suchte eine neue Beschäftigung.

Nach England konnte der Prinz nicht zurück, zumindest vorerst nicht. Die Pfalz wäre noch geblieben, dort hatte sein älterer Bruder nun die (politisch geminderte) Kurwürde inne und versuchte, mit der Hilfe Schweizer Einwanderer das kriegszerstörte Land wieder aufzubauen. Aber es gab familiäre Zwiste. Der neue Kurfürst verweigerte seiner Mutter die Rückkehr in die Heidelberger Residenz.

Der Hof seines Cousins in den Niederlanden war Rupert kein angenehmer Aufenthaltsort, es war ihm schlicht zu langweilig. Ohnehin eckte er geradezu chronisch bei allen Hofschranzen an. Da erklärte König Friedrich III. von Dänemark am 1. Juni 1657 Schweden den Krieg. Die Sache verlief zunächst desaströs für den Dänenkönig, bis ihm die Niederlande, der Kaiser, Brandenburg und Polen zu Hilfe kamen.[177] Nun fand Prinz Rupert einen militärischen Kommandoposten, der ihn gerade so lange beschäftigte, bis seine Dienste in England wieder gebraucht wurden.[178]

Rupert, der später einer der Mitbegründer der Hudson-Bay-Company werden sollte, waren bei seinen Kaperfahrten vermutlich die englischen Kolonien in Nordamerika etwas entgangen. Die waren von den Ereignissen der Bürgerkriege im Mutterland wenig berührt worden, was nicht verwundern mag, denn es herrschte von Zeit zu Zeit Krieg zwischen Siedlern und Indianern, so von 1644 bis 1646 zwischen den Siedlern in Virginia und einigen Indianerstämmen. Weiter im Norden lagen auch schwedische und holländische Kolonien, die sich gegenseitig (analog ihren Mutterländern) heftig bekämpften – und damit ihre Abwehrkraft gegenüber „revisionistischen" Indianern kräftig untergruben. Am Ende wurden sie dann alle von den englischen Kolonien absorbiert. Einmal – im März 1655 – kam es in der Kolonie Maryland zu religiös motivierten Unruhen zwischen verschiedenen Fraktionen der englischen und anglo-irischen Siedler. Diese Unruhen mündeten in einen regelrechten Bürgerkrieg, der durch ein Gefecht zwischen Puritanern und Katholiken am Severn River entschieden wurde. 40 Männer, meist Katholiken, verloren dabei ihr Leben. Daraufhin wurden Katholiken, aber auch Baptisten und Quäkern, ihre Bürgerrechte abgesprochen.[179]

Die Quäker gehörten auch im englischen Kernland, obwohl sie eine protestantische, gleichsam puritanische Sekte waren, zu den Staatsfeinden, so jedenfalls sah sie die Obrigkeit. Andererseits waren die Quäker damals noch nicht die friedfertige, quietistische Religionsgemeinschaft, wie sie später beispielsweise in Pennsylvania auftrat. Das Sektiererwesen bildete einen idealen Nährboden für jede Art politischer

---

[177] Vgl. Findeisen, Jörg-Peter: Dänemark, Regensburg 1999, S.135.

[178] Er erhielt in England hohe Ämter, unter anderem war er Admiral der Royal Navy (mit ganz exzellenten Ergebnissen), er hatte Teil am Kronrat und gehörte verschiedenen Kommissionen an. Außerdem war er Mitbegründer der Hudson Bay Company. Daneben betätigte er sich als Maler, erfand eine Art schußsicheren Glases und verbesserte chirurgisches Besteck. Er hinterließ eine uneheliche Tochter, Ruperta, und starb 1682.

[179] Vgl. Chartrand, René und Rickman, David: Colonial American Troops, Band 2, London 2002, S.33. Erst mit der Amerikanischen Revolution bekamen diese Konfessionen ihre vollen Bürgerrechte wieder.

Hasardeure, wenngleich die Führung eisenhart durchgriff. Manche Sektierer waren so weltabgewandt, dass man sie nur belächeln mag. Da gab es die Sekte der „Ranters", die so schnell auf der Bildfläche erschien und wieder verschwand, dass einige Historiker ihre bloße Existenz schon in Zweifel ziehen. Im Zentrum stand ein gewisser Lawrence Clarkson, einige Frauen spielten eine Rolle wie Mary Middleton oder Anna Trapnel. Die Ranters lehnten jede kirchliche Autorität ab und hielten sich nicht an moralische Obligationen wie Ehe usw. Dieser Aspekt erschien den Außenstehenden als der bedrohlichste oder faszinierendste. Die Sekte löste sich in Nichts auf, als Mary Adams, die tatsächlich glaubte, sie sei mit dem neuen Messias schwanger, ein totes Kind zur Welt brachte und Selbstmord beging. Viele Sekten wurden durch den „Millenarianism" inspiriert. Dieser Glaube an die bevorstehende tausendjährige Herrschaft Christi und seiner Heiligen war immer weit verbreitet, und im Englischen Bürgerkrieg und im Dreißigjährigen Krieg sahen nicht wenige den großen Kampf zwischen Christ und Antichrist. Nicht alle „Millenarianisten" glaubten an die unmittelbar bevorstehende Übernahme der Herrschaft durch göttliche Scharen, andere, wie die radikalen „Fifth Monarchists", taten es. Diese glaubten an die fünfte (göttliche) Monarchie nach dem Fall der ersten vier: Babylon, Ägypten, Rom und die römisch katholische Kirche. Zunächst sahen sie in Cromwell sozusagen den Vollstrecker des göttlichen Ratschlusses, dann ab 1655/56 wandten sie sich enttäuscht von Cromwells Regime ab und sahen ihn als Vertreter der vierten (katholischen) Monarchie. Diese trachteten sie zu bekämpfen. Ihr prominentester Vertreter war Colonel Thomas Harrison.

Die Gesetze gegen Blasphemie wurden durch religiöse Fanatiker auf eine Probe gestellt. Bei James Naylor konnte man das ganze noch mit Humor nehmen. Am Palmsonntag 1656 betrat er Bristol, wie einst Jesus in Jerusalem eingezogen war. Er war in Begleitung von sieben Frauen. Dafür verhaftete man ihn und schickte ihn nach London. Ihm wurde die Zunge durchbohrt, ein „B" (für Blasphemator) eingebrannt und er wurde drei Jahre lang eingesperrt. Der Aufstandsversuch von Thomas Venner 1657 war ernster. Er wollte durch Waffengewalt das Millenium erzwingen, wurde aber verhaftet, bevor er losschlagen konnte.[180]

So ganz unumschränkt konnte Cromwells Regime in England nun doch nicht schalten und walten. Cromwells Entscheidung, Major-Generals als Provinzgouverneure einzusetzen und aus entlassenen Soldaten die „Select Militia" zu bilden, hatte einen realen Hintergrund. In England war ein Geheimorganisation tätig, die alle royalistischen Aktionen zu koordinieren suchte. Sie nannte sich „Sealed Knot". Ursprünglich umfasste sie sechs Mitglieder, darunter Lord Belasyse und Lord Loughborough. 1653 war Sir Richard Willys beigetreten, ehemals Colonel der royalistischen Streitkräfte und ein enger Bekannter des Prinzen Rupert. Man geht heute davon aus, dass Willys John Thurloe, den Sekretär Cromwells, über die Aktivitäten des „Sealed Knot" informierte.

Im Winter von 1655 planten die Royalisten eine Reihe von Aufständen. Sehr

[180] 1659 wurde er entlassen, hatte aber offensichtlich nichts dazugelernt. Am 6. Januar 1661 besetzte er mit seinen Anhängern die St. Pauls Cathedral. Nach mehreren Tage dauernden Kämpfen gegen die London Trained Bands wurde er gefangen und am 19. Januar 1661 gehängt, gestreckt und gevierteilt.

konspirativ fanden sich in Salisbury, Chester und York Verschwörergruppen zusammen, die aber so klein waren, dass sie sich wieder verliefen. Lediglich die Gruppe von Salisbury unter Colonel John Penruddock machte noch einigen Ärger, und das mehr aus Zufall. Als sich die Gruppe einmal konspirativ traf, ritt zufälligerweise ein Richter auf dem Weg zu einer Verhandlung vorbei, die Königstreuen nahmen ihn gefangen. Dann machten sie sich nach Westen auf und konnten sogar einige Anhänger sammeln, bevor ein Detachement der New Model Army bei South Molton am 14. März dem Spuk ein Ende machte. Nach einem halbherzigen Gefecht wurden die Verschwörer entwaffnet und gefangengenommen. Einige wurden gehenkt, der Rest nach Barbados deportiert. Von Frankreich und Holland aus konspirierten alte Royalisten wie der Earl of Norwich mit unzufriedenen Gruppen in England, Norwich dachte tatsächlich an ein Bündnis mit Radikalen wie den Levellers und Edward Sexby. Der war ein Offizier in Cromwells Regiment gewesen und hatte sich immer mehr zu dessen Gegner entwickelt. 1651 war er, inzwischen Colonel, kassiert worden. Er war der Autor einer Flugschrift („Killing No Murder"), in der er vorschlug, ein Attentat auf Cromwell zu verüben. Er starb 1658 im Tower of London. Ebenfalls 1658 starb Lord Henry Wilmot (seit 1652 Earl of Rochester), der vom Exilhof Charles'II. geheime Kontakte zu englischen Royalisten hielt.

Im selben Jahr, am 3. September, starb auch Oliver Cromwell und das war der Anfang vom Ende für das Protektorat und die Republik, wenn auch das Militärregime zunächst im Amt blieb. Cromwells Sohn Richard, den er zu seinem Nachfolger ernannt hatte, war eine politisch zu schwache Person, um den wachsenden Gegensatz zwischen Armee und Parlament zu überbrücken. Die tatsächliche Macht im Lande hatten die Major-Generals, die auch als Militärgouverneure der einzelnen Regionen fungierten.

Im Sommer 1659 suchten die englischen Royalisten diese Situation auszunützen. Unter dem Kommando von Sir George Booth erhoben sich in der Gegend von Manchester hartgesottene Königstreue. Die lokalen Behörden waren mit der Londoner Regierung so unzufrieden, dass sie nichts unternahmen und die weitere Entwicklung einfach abwarteten. Deshalb war General Lambert genötigt, sich mit 2.000 Mann von London auf den Weg zu machen. Verstärkungen aus Irland und aus Yorkshire brachten seine Armee auf 5.000 Mann. Booth hätte eine Woche Zeit gehabt, in die Waliser Berge zu verschwinden, sich in die Wälder und Sümpfe von Lancashire zurückzuziehen oder gar Chester zu nehmen. Aber er tat gar nichts und wartete in fester Position auf den Feind. Bei Winnington Bridge in der Nähe von Warrington kam es zur Schlacht, der letzten des Englischen Bürgerkrieges. Hunderte wurden getötet, der Rest von Booth' Armee zersprengt oder gefangen.[181]

Es gab auch Beispiele von Eskapismus der besonderen Art: Lady Anne Clifford, Countess of Dorset, Pembroke und Montgomery, geboren 1590 auf Skipton Castle,

[181] Vgl. Morill, John: Between War and Peace 1651 - 1662, in: Kenyon u. Ohlmeyer: The Civil Wars, S.306 - 328, Hier: S.313.

war eine überzeugte Royalistin und bewunderte den Stil ihrer Vorfahren. Das Leben in London unter Cromwells Herrschaft empfand sie als nicht fashionabel und so kam sie zu dem Entschluss, sich in den Norden zurückzuziehen. Hier baute sie mehrere Burgen ihrer großen Vorfahren wieder auf, erst Brough, dann Appleby, Brougham und Skipton. Cromwell gab seine Erlaubnis, sie solle bauen, was sie wolle. Ganz so liberal war man dann aber doch nicht, denn schwer befestigen durfte Lady Anne die Burgen nicht. Auf Skipton Castle sind schön die dünneren Mauern auf den alten, dicken Mauern der mittelalterlichen Bausubstanz zu erkennen.[182]

Lady Anne Clifford erlebte noch die Wiedereinführung der Monarchie, sie starb 88-jährig im Jahre 1678 auf Brougham Castle.

Einer, der ebenfalls noch die Restauration erleben durfte, war der alte Kämpfer Langdale. Allerdings konnte er es sich nicht leisten, an den Krönungsfeierlichkeiten teilzunehmen. Er hatte sich im Dienste der Könige Charles I. und Charles II. so hoch verschuldet, dass er völlig verarmt war. Er starb am 5. August 1661.

Ein Epilog

Als drei Bürgerkriege zu Ende waren, hatte England 84.000 Soldaten auf den Schlachtfeldern verloren, nicht gerechnet die vielen Tausende, die an Krankheiten verstarben. England, vielleicht nicht so sehr Schottland, war müde eines Krieges, der Nachbar gegen Nachbar und Bruder gegen Bruder in gegnerischen Armeen kämpfen ließ. Eine solide Nachkriegsordnung musste her, die Parlament und Monarchie versöhnte. Zwischenzeitlich regierte Cromwell mit eiserner Hand England, sein „Commonwealth" war in der Realität eine Militärdiktatur, allerdings bestimmt nicht die schlechteste. Mit Cromwells Tod ging aber diese historische Episode vorüber.

Als Charles II. an seinem dreißigsten Geburtstag in London einritt, war die Freude allgemein und riesengroß. In Edinburgh, das er drei Wochen später aufsuchte, verhielt es sich ähnlich. Der 19. Juni 1660 wurde zum „Day of Public Thanksgiving" erklärt. Vielen erschienen nun die dazwischen liegenden Jahre der englischen Republik („Commonwealth") wie ein Spuk. Allerdings waren die politischen Ereignisse nicht alle einfach umkehrbar. Es gab keine Rückkehr zu den Zeiten der Monarchie vor dem Bürgerkrieg. Wenn auch Charles II. versuchte, eine Monarchie ausgerichtet am absolutistischen Vorbild Frankreichs unter seinem Sonnenkönig aufzurichten, er hielt eine Balance zwischen Krone und Parlament. Sein Bruder und Nachfolger James II. hingegen brachte mit seinen Rekatholisierungsbemühungen das Land gegen sich auf und löste eine zweite englische Revolution aus, die ihn zwar nicht den Kopf, aber doch die Krone kosten sollte.

Doch das ist eine andere Geschichte.

[182] Vgl. Noonan: Castles and Ancient Monuments in England, S.227.

Weiterführende Literatur:
Asquith, Stuart u. Warner, Chris: New Model Army, London 1998.
Barnes, R. Money: A History of the Regiments & Uniforms of the British Army, London 1967.
Barudio, Günther: Das Zeitalter des Absolutismus und der Aufklärung, Frankfurt a.M. 1994.
Beckett, James C.: Geschichte Irlands, Stuttgart 1977.
Bennett, Martyn: The English Civil War, A Historical Companion, Stroud 2004.
Blackmore, David: Arms and Armour of the English Civil Wars, London 1990.
Burne, Alfred H. u. Young, Peter: The Great Civil War, Moreton-in-Marsh 1998
Delderfield, Eric R.: Kings & Queens of England & Britain, Newton Abbot 1990.
Dowding, Taylor u. Millman, Maggie: Civil War, London u.a. 1992.
Evans, Martin Marix: The Military Heritage of Britain & Ireland, London 1998.
Evans, Martin Marix u. Burton, Peter u. Westaway, Michael: Naseby Barnsley 2002.
Fry, Plantagenet Somerset: Castles of Britain and Ireland, London 1996.
Guest, Ken u. Denise: British Battles, The front lines of history in colour photographs, London 1996.
Haythornthwaite, Philip: The English Civil War, London 1994.
Heath, Ian:.Armies of the Sixteenth Century, St. Peter Port 1997.
Kenyon, John u. Ohlmeyer, Jane: The Civil Wars, A Military History of England, Scotland and Ireland, 1638 - 1660, Oxford 1998.
Kluxen, Kurt: Geschichte Englands, Von den Anfängen bis zur Gegenwart, Stuttgart 1985.
Montcrieffe, Iain: The Highland Clans, London 1961.
Montgomery, Bernard: Kriegsgeschichte, Weltgeschichte der Schlachten und Kriegszüge, Frechen o.J.
Morrill, John (Hg.): The Oxford illustrated history of Tudor and Stuart Britain, London u.a. 1996.
Noonan, Damien: Castles and Ancient Monuments of England, London 1999.
Philippson, Martin: Geschichte des Dreißigjährigen Krieges, Berlin 1893.
Prebble, John: The Lion in the North, Thousand Years of Scotland's History, London 1971.
Reese, Peter:.The Scottish Commander, Edinburgh 1999.
Reid, Stuart: Campaigns of Montrose, Edinburgh 1990.
Robert, Keith u. McBride, Angus: Soldiers of the English Civil War, Band 1: Infantry; London 1989.
Seehase, Hagen u. Oprotkowitz, Axel: Montrose, Der Feldzug in den Highlands, Greiz 2002.
Tincey, John u. Turner, Graham: Ironsides, English Cavalry 1588 - 1688, London 2002.
Tincey, John u. Turner, Graham: Marston Moor 1644, The beginning of the end, London 2003.
Williams, Noel St. John: Redcoats & Courtesans, London 1994.
Young, Peter u. Roffe, Michael: The English Civil War, London 1998.

The Sealed Knot

Im Oktober 1967 fand im Castle Inn bei Edgehill eine kleine Ausstellung statt. Es ging darum, ein Buch des Brigadegenerals Peter Young, DSO, MC, über den Englischen Bürgerkrieg zu promoten. Young hatte nach seinen Einsätzen im Zweiten Weltkrieg einen Dozentenposten an der Königlichen Militärakademie Sandhurst inne und gehörte zu den ausgewiesenen Kennern des Englischen Bürgerkrieges. Seine Werke sind die Hauptinspirationen zu unserem Buch „Ironsides“. Bei der kleinen Ausstellung waren Darsteller in historischen Kostümen und dieses Detail kam so gut beim Publikum an, dass man eine Gesellschaft gründete: „The Sealed Knot.“ 1968 hielt Brigadier Young eine Gartenparty ab, um Interessierte für die Gesellschaft zu begeistern. Damals war die Idee noch sehr exzentrisch, doch im exzentrischen Großbritannien fanden sich genug Enthusiasten, um schon 1969 die erste Schlacht nachstellen zu können.
Heute gehört das zu den einfacheren Übungen von Sealed Knot. Heute gehört The Sealed Knot zu den größten Reenactment Societies weltweit. Sie hat es sich zur Aufgabe gesetzt, Wissen um die Zeit des Englischen Bürgerkrieges und das 17. Jahrhundert allgemein anschaulich zu vermitteln. Sowohl der National Trust of England als auch English Heritage arbeiten eng mit The Sealed Knot zusammen, die Auftritte von The Sealed Knot sind historisch so authentisch, dass Auftritte in Film- und Fernsehproduktionen inzwischen sehr zahlreich sind. Außerdem wurde The Sealed Knot durch die Königin schon durch einen Einsatz als Royal Guard of Honour gewürdigt. Es vergeht kaum ein Wochenende in Großbritannien, an dem nicht irgendein Festival

stattfindet, an dem The Sealed Knot nicht beteiligt wäre.
Die Bandbreite reicht dabei von Auf -tritten im Einmannformat bis hin zu Schlachtdarstellungen von bis zu 3.000 Teilnehmern. The Sealed Knot ist in zwei Armeen organisiert: die kö-nigliche und die Parlamentsarmee. Jede besteht aus mehreren Brigaden (Tertios bzw. Associations), von denen jede wiederum mehrere Regimenter umfasst. Da sich The Sealed Knot sehr genau mit Kostümfragen ausein-andersetzt und das Reenactment sich möglichst genau am historischen Vor-bild orientiert, bietet sich dem Zu-schauer eine faszinierende Zeitreise.
Zu den Mitwirkenden zählen Pikeniere, Musketiere, Kavalleristen und Dragoner, Artillerie ist vorhanden ebenso wie „Camp Followers", die zivilen Handwerker o.a. im Umfeld einer Armee des 17. Jahrhunderts. Bei der Artillerie war sogar ein Originalstück aus den Napoleonischen Kriegen, „Hesketh", die beim Regiment von Colonel Thomas Ballard eine zweite „militärische" Karriere machte (5.000 mal abgeschossen mit nur zwei Fehlzündungen in 20 Jahren). Es gibt eine schottische Brigade inklusive einiger Highlander und und und ...
Nicht vergessen sollte man das Erste-Hilfe-Team von The Sealed Knot, das zwar in zeitgenössischen Kostümen auftritt und Darstellungen von frühneuzeitlicher Schlachtfeldchirurgie durchführt, gleichzeitig aber aus ausgebildeten Ärzten und Pflegern besteht und den Darstellern eine (moderne) Sanitätsversorgung gewähr-leisten kann.
The Sealed Knot unterstützt lokale Bildungsträger im Umfeld historischer und kulturhistorischer Bildung. Außerdem unterstützt The Sealed Knot Museen beim Ankauf historisch bedeutsamer Artefakte.
Bei The Sealed Knot sind auch Frauen und Kinder willkommen, als Neugieriger kann man auch für einen kurzen Zeitraum Mitglied werden, um etwa bei einem Wochenendauftritt dabeizusein. The Sealed Knot leistet sich ein rühriges Public Relations Team und lädt Veranstalter ein, von den Broschüren, Postern, Diaschauen, Filmen und Bildern Gebrauch zu machen.
Sehr interessant ist die Website von The Sealed Knot:
www.sealedknot.org.uk.

The Sealed Knot Ltd
Burlington House
Botleigh Grange Business Park
Southampton
Hampshire
SO30 2DF
United Kingdom

Handgemenge.
Linda and Nigel Hillyard of actiontake1.com.

Anreiten der Kürassiere.
Linda and Nigel Hillyard of actiontake1.com.

Feuernde Musketiere.
Linda and Nigel Hillyard of actiontake1.com.

Angreifende Reiterei.
Linda and Nigel Hillyard of actiontake1.com.

Feuernde Musketiere.
Linda and Nigel Hillyard of actiontake1.com.

Angreifende Reiterei.
Linda and Nigel Hillyard of actiontake1.com.

Feuernde Artillerie.
Linda and Nigel Hillyard of actiontake1.com.

Kurz vor dem Handgemenge.
Linda and Nigel Hillyard of actiontake1.com.

Artillerie.
Linda and Nigel Hillyard of actiontake1.com.

Feuernde Artillerie.
Linda and Nigel Hillyard of actiontake1.com.

Reiterei formiert sich.
Linda and Nigel Hillyard of actiontake1.com.

Kampf der Musketiere.
Linda and Nigel Hillyard of actiontake1.com.

Trommler nach der Schlacht.
Linda and Nigel Hillyard of actiontake1.com.

Versorgung von Verwundeten.
Linda and Nigel Hillyard of actiontake1.com.

Formierung der Schützen.
Linda and Nigel Hillyard of actiontake1.com.